Rudolf Schmidbauer

Elektronische Text- und Bildverarbeitung

Fachbegriffe

Verlag Beruf + Schule

Gesamtherstellung: Graphische Werkstätten GmbH, D-2400 Lübeck
Printed in the Federal Republic of Germany

ISBN 3-88013-360-3

INHALT

Vorwort

Die fortschreitende Integration von Bild und Text ist eine der Entwicklungen, die den Wandel zu Systemtechnologien deutlich macht. Mikroelektronik, Rechnerarchitekturen, Software-Erstellung, Vernetzung, um nur einiges zu nennen, charakterisieren die Entwicklungstendenzen. Diese werden die Druckindustrie in den kommenden Jahren stark beeinflussen und auch verändern. Um diesen Wandel zu meistern, ist die Bereitschaft zu ständiger Wissensaufnahme Voraussetzung. Sicher ist es nicht immer einfach, den Strukturwandel gerade in der Reprotechnik zu verkraften. Jedoch aufzuhalten ist er nicht. Die technologischen Weiterentwicklungen der integrierten Bild-/Text-Ausgabe setzen auch vermehrte Kenntnisse über die Zusammenführung zweier unterschiedlicher Datenströme und aller damit zusammenhängenden Abläufe voraus. Die Anstrengungen, verschiedene Technologien miteinander zu verbinden, werden in Zukunft noch stärker werden, und gerade dies erfordert fachliche Flexibilität. Die Rechnertechnologie steht erst am Anfang einer gewaltigen Entwicklung, wie z. B. optische Speichermedien als RAM, künstliche Intelligenz, Inhouse- und öffentliche Netze, Telematik und vieles andere mehr.

Die EDV-Fachausbildung ist z. B. von größtem Vorteil für die Arbeit an einer Bildmontagekonsole. Nur besteht das große Problem darin, daß die Ausbildung geeigneter Fachleute mit der schnellen Entwicklung nicht Schritt hält. Das Berufsbild der Reprotechnik wird sich immer mehr verändern durch neue Techniken und durch neue Formen der Bildverarbeitung. Die Grenzen zwischen den Verfahren Reproduktionstechnik und Satzherstellung sind fließend geworden. Repros werden vom Setzer in den Text eingebracht, und der Reprotechniker kombiniert Bild und Satz, wobei der Satz wie eine Strichreproduktion behandelt wird. Aus dieser Überlegung heraus müssen viele Reprotechniker umgeschult werden, damit sie die neuen Techniken beherrschen lernen.

Es ist daher außerordentlich wichtig, daß sich der Reprotechniker bei der in Bewegung geratenen Neuordnung des gesamten Fachbereiches die Chancen erhält, die er unzweifelhaft hat. Es darf von ihm verlangt werden, daß er sich

Basiskenntnisse in Informatik aneignet, wobei er nicht das umfassende EDV-Wissen eines ausgebildeten Informatikers brauchen wird. Er wird aber Bescheid wissen müssen über Bits und Bytes, und er wird einen hard- von einem softsektorierten Datenträger unterscheiden können müssen. Es gibt vieles, was relativ einfach erlernbar ist. EBV, EDV, ESM, ETV usw. sind Systeme der Reprotechnik und konfrontieren mit einer großen Anzahl neuer und z. T. noch nicht geläufiger Fachausdrücke.

Aufgabe dieser mit zahlreichen Abbildungen versehenen Broschüre »Elektronische Text- und Bildverarbeitung — Fachausdrücke« soll es sein, Arbeitsabläufe zu erläutern, mit Systemen verschiedenster Hersteller bekanntzumachen, Zusammenhänge von Texterfassung, Layoutgestaltung über Bildschirme, Scannertechnologien, Bilddatenerfassung, Aufzeichnungsmöglichkeiten zu erkennen sowie neueste internationale Fachbegriffe aus diesem komplexen Bereich zu erklären. Das Werk kann damit den notwendigen Einstieg in nationale und internationale Fachliteratur wesentlich erleichtern.

Ing. Rudolf Schmidbauer

Elektronische Bilddatenverarbeitung und Satzherstellung haben als komplexe Systeme bereits Einzug in die Reprotechnik gehalten. Layoutsysteme kombinieren Bild- und Textdaten, deren Ergebnis dann als Hardcopy oder Softcopy vorliegt. Dazu kommt noch der mehr und mehr in den Vordergrund gelangende Grafikcomputer für den Gestalter. Die Computergrafik wird somit weiterentwickelt zum Zeichnen und Gestalten über Terminals. Layoutstationen werden zum Ersatz für Layouter und Setzer, wobei Bilddaten aus einem EBV-System abgerufen und zusätzlich jene aus der Systemkamera verarbeitet werden können. Ein integriertes System ermöglicht auch die Installation eines hochauflösenden Bildschirms in einer Agentur, die dann über das öffentliche Netz Korrekturen durchgeben kann. Diese Entwicklungen zeigen aber auch, daß die Konsequenz solcher Systeme Grafiker, Layouter, Reprotechniker zu Operatern an Rechnersystemen machen kann.

Abb. 1: Arbeitsplatz Scantext 2000 Commander.

Die enorme Geschwindigkeit der Elektronik in Verbindung mit der Präzision von Lasern ermöglicht schnellste Belichtung hochwertiger Filme. Durch das Flachbettprinzip neuer Scannergenerationen können Komplettseiten mit farbigen Grafiken, Abbildungen und Texten in einem einzigen Arbeitsgang hergestellt werden. Hohe Leistungen der Raster-,

Strich- und Textausgabe auch bei großformatigen Zeitungsseiten, verbunden mit hervorragender Farbqualität, zeichnen diese Techniken aus. Positiv- und Negativbelichtungen sind ebenso möglich wie der Zugriff zu Hunderten von digitalisierten Schriften. Zur Herstellung von Farbauszügen sind optische und elektronische Techniken in diese Systeme integriert, und mit dem Laser werden viele hundert Linien pro Sekunde in ausgezeichneter Rasterqualität mit quadratischen, runden und elliptischen Punkten geschrieben.

Digitalisierungstabletts bringen die Vorzüge des Zeichentisches in den Arbeitsablauf der Workstationen. Elektronisch erzeugte Entwürfe werden zur endgültigen Seitenmontage an die Systeme übertragen. Die Arbeitsstationen — online oder offline für die CAD-Anwendung eingesetzt — verringern Datenleitungsfehler auf ein Minimum. Mit ihnen werden geometrische Formen erzeugt, freihändige Zeichnungen ausgeführt, für das Einfügen von Abbildungen Fenster vorbereitet, Texte gefärbt, Über- und Unterlappungen und vieles mehr hergestellt. Mit einem Cursor oder einer Maus werden Seitenparameter und Koordinaten eingegeben. Die Seitenelemente können gedreht, auf Format gebracht und positioniert werden. Die Ergebnisse sind sofort auf einem hochauflösenden Farbbildschirm zu überprüfen. Texte, die gescannt, von einem Satzsystem oder über Personal-Computer erfaßt werden, können gefärbt und montiert werden, gescannte Strichvorlagen werden automatisch berichtigt. Montierte Farb- und Schwarzweißseiten werden als Endfilme über hochauflösende Laserplotter oder über Schnittstellen durch Ausgabestationen von Scannern ausgegeben.

Text-/Bildsysteme sind in der Regel um elektronische Seitenmontagesysteme gruppiert. Sie rationalisieren die Farbarbeiten in den Druckvorstufen, in dem sie die manuelle bzw. materielle Text- und Bildverarbeitung erübrigen und somit die mögliche Zahl von Übertragungsfehlern verringern.

Halbton- und Strichabbildungen sowie Texte lassen sich auf verschiedene Art in diese Systeme eingeben. Sie sind kompatibel mit allen Farbscannern moderner Baureihen. Text-/Bildsysteme können auch von Werbeagenturen gesendete Telefotos empfangen, und Texte unterschiedlicher Setzsysteme werden von den Text-/Bildsystemen übernommen, wenn sie die Steuercodes der jeweiligen Belichtungseinheiten angeben.

Durch eine Kombination von Setzsystemen mit rechnergesteuerten Farbänderungs- und Seitenmontagefunktionen können Text-/Bildsysteme z. B. online mit Redaktionssystemen gekoppelt werden.

Elektronische Gestaltungssysteme verschaffen Layoutern und Gestaltern eine Direktverbindung zur Reprotechnik. Mit Rechnerunterstützung lassen sich alle Arten von mehrfarbigen Grafiken herstellen. Solche Systeme bestehen aus Farbmonitor, Bildschirmgerät mit Tastatur, Plotter zur reproreifen Ausgabe und einem Digitalisierungstablett mit Maus sowie leistungsfähigem Rechner.

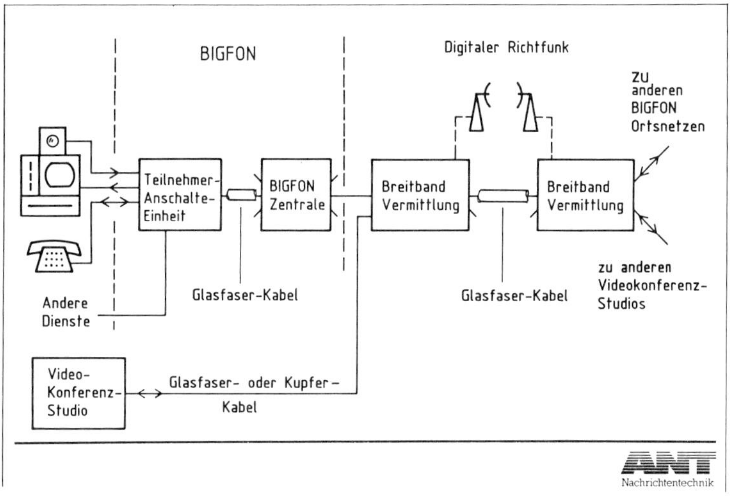

Abb. 2: Möglichkeit der Datenvernetzung.

Die eigentliche Bildbearbeitung, d. h. die Manipulation gescannter Daten, findet auf hochauflösenden Monitoren statt. Die Manipulationsmöglichkeiten sind sehr vielfältig, und zwar Ausschnitterzeugen, Duplizieren, Größendefinitionen, Bildüberlappungen, Verlaufsretuschen, Pixelretuschen, Freistellungen, Positiv-/Negativumwandlungen, Bilddrehungen, Konturenerstellungen und vieles mehr.

Abb. 3: Komplettseiten-Montagestation mit hochauflösendem Farbbildschirm Studio 830 von Crosfield.

Das Zusammenführen von Bild und Text in digitalisierter Form ist heute bereits ein ganz normaler Vorgang. Der Aufbau einer ganzheitlichen Reproduktion wird letztlich nur ein Software-Problem darstellen.

Nach Beendigung der Satz- und Montagearbeiten werden die Seiten zum Belichter überspielt. Der Laserstrahl des Scanners mißt den Dichteumfang des Bildes aus, und nach der Eingabe eines Bildausschnittes wird das Bild zeilenweise gescannt, die Größe des Rasterpunktes ermittelt und simultan zeilenweise belichtet. Der von der Vorlage reflektierte Strahl bewirkt in Abhängigkeit des Grauwertes eine bestimmte Signalstärke, die ein Pixel ergibt.

Die Qualität der Ausgabe wird durch Definition der Mindestpunktgrößen für die Lichter und auch der Punktgrößen für die Tiefen bestimmt.

Textherstellung und Bildverarbeitung sind eine Form der elektronischen Datenverarbeitung. Das bedeutet, daß alle Techniken, die in der kommerziellen Datenverarbeitung (EDV) gebräuchlich sind, auch in der Text-/Bildverarbeitung angewendet werden können. Es gibt eine Vielzahl von Textverarbeitungssystemen, die im Bürobereich vor allem zur Brief- und Protokollherstellung und ähnlichem eingesetzt werden. Diese Systeme sind aber auch zur Satzherstellung zu verwenden. Textverarbeitungssysteme besitzen Speichermöglichkeiten in Form von magnetisierbaren Datenträgern (Floppy Disks), die sofort in Setzsysteme eingelesen und typografisch aufbereitet werden können. Dies wird als Fremddatenübernahme bezeichnet. Da die Daten von Fremdsystemen oder PCs in der Regel eine andere Sprache »sprechen«, müssen sie in die Sprache der Setzsysteme umgewandelt, d. h. konvertiert werden. Um mit elektronischen Geräten arbeiten zu können, müssen Programme eingesetzt werden. So kommt der Software eine immer größere Bedeutung zu. Alle Setzsysteme besitzen Bildschirmgeräte, die es möglich machen, Satzarbeiten vor der Belichtung in Originalschrift und -größe auf dem Bildschirm darzustellen, zu kontrollieren und zu korrigieren.

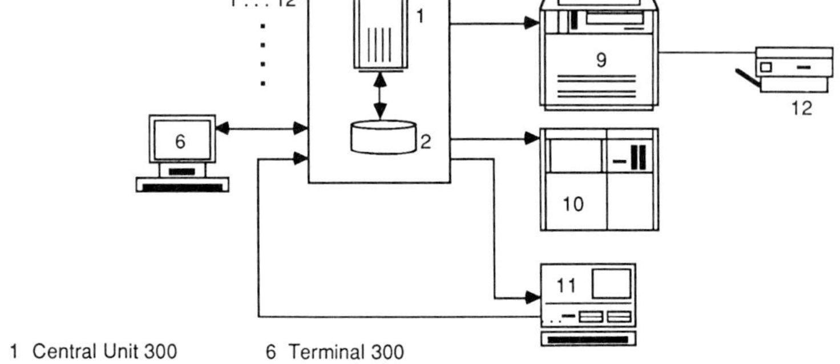

1 Central Unit 300
2 Plattenspeicher
3 Streamer Tape (Option)
4 Typeview 300
5 CRTerminal 300
6 Terminal 300
7 Typeview 300
8 Dotprint 300
9 Linotronic 300/500
10 Linotronic 100
11 CRTronic 360
12 Laser Printer 8/4

Abb. 4: Kabellängen bis zu 1000 m erlauben weiträumige Installationen.

Im Satzbereich erfolgt der Ganzseitenumbruch elektronisch, wobei der Text mit vorher gescannten Abbildungen zusammengeführt wird. An sogenannten Workstationen erfolgt die Zusammenstellung von Texten, Grafiken und Abbildungen zu Komplettseiten.

Lichtsetzanlage zur Direkteingabe

Die Lichtsetzanlage 512 von Monotype ist für den Bereich Information und Dokumentation, Werbestudios und Druckereien konzipiert. Sie hat eine neue Belichtungstechnik, und zwar einen elektronischen Verschluß (LGA) und benutzt einen RIP zum Aufbereiten von Texten. Alle Zeichenformen werden mit einer horizontalen Auflösung von 394 Linien/cm aufgezeichnet. Textelemente können in 1-Grad-Schritten gedreht werden. Die Ausgabeleistung der Anlage beträgt etwa 288000 Zeichen/Stunde.

Abb. 5: Lichtsetzanlage Monotype 512

Groß-System

Das System 8 von Linotype bedeutet die Vernetzung vieler Systemrechner mit einer gemeinsamen Datenbasis. Jeder dieser Systemrechner unterstützt eine Vielzahl von Peripheriegeräten einschließlich Page Manager 400 und Graphic System für die Gesamtintegration aller Abläufe zur Ausgabe von Komplettseiten mit Texten, Grafiken und Abbildungen. In der Verarbeitungsebene sind die Systemrechner mit der angeschlossenen Peripherie angesiedelt. Die Silbentrennprogramme, Dicktentabellen usw. befinden sich auf einem zu jedem Rechner gehörenden lokalen Plattenspeicher. Mit dem Systemrechner wird auch der Terminaldialog abgewickelt.

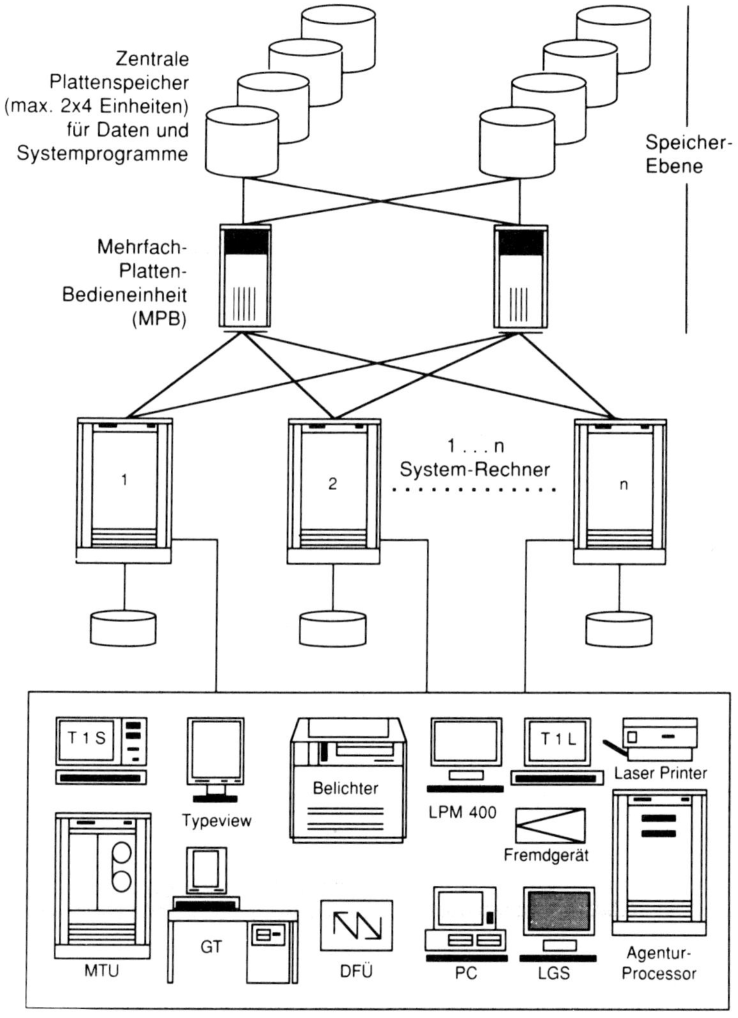

Abb. 6: System 8, Großsystem für den Zeitungs- und Verlagsbereich.

Erst bei abgeschlossenen Satzarbeiten erfolgt dann die zentrale Abspeicherung. In der Speicherebene stehen zwei zusätzliche Plattenspeicher zur Verfügung, und zwar in Abhängigkeit von der zu verwaltenden Datenmenge. Sämtliche Datenströme zwischen den Systemrechnern und den zentralen Plattenspeichern werden über Mehrfach-Platten-Bedieneinheiten gesteuert. Eine hohe Übertragungsgeschwindigkeit in beide Richtungen wird durch moderne Technik ermöglicht. Einen wesentlichen Beitrag leisten hier ausbaubare Halbleiter-RAM-Speicher.

Textdaten-aufbereitung

Die Hardware des Systems 400 von Miles33 besteht aus Ein/Ausgabe-Stapelverarbeitungsanlage, Finch-Dialogsatzterminal, Laser- oder Zeilendrucker für die Ausgabe von Korrekturen. Das LAN, mit den Data General-Rechnern betrieben, erstreckt sich bei bis zu 128 angeschlossenen Einheiten über rund 1 Kilometer. Dem System liegt das Prinzip dezentraler Verarbeitung zugrunde. Die Systemeingabe erfolgt über das Text-Input-Programm von externen Quellen, so z. B. Textverarbeitungsanlagen, PCs, Diskettenlesern und DFÜ-Einrichtungen. Mit einer Stapel-Paginiermethode ist das System zur schnellen Paginierung umfangreicher Texte ausgelegt. Durch das sogenannte Pagination Design können Kombinationen mehrerer Spalten und Abbildungen, Tabellen, Fußnoten usw. eingegliedert werden. Für den Umbruch komplizierter Seiten wird Pagination Plus eingesetzt.

Durch Datenbankbearbeitung kann man Daten auf mehreren Ebenen sortieren und mischen. Wird das System zur Texteingabe von Kleinanzeigen eingesetzt, erscheinen zusätzliche Informationen, wie z. B. Zeilenanzahl, Gebührensatz, Name und Adresse.

Typeview 300

Bei komplexen Satzarbeiten mit vielen Sonderzeichen ist es möglich, schon vor der Belichtung das Satzergebnis auf dem Bildschirm in Originalschriften-Darstellung zu überprüfen. Durch den Direktanschluß des Typeview an den Systemrechner wird er wie eine zusätzliche Belichtungseinheit angesteuert. Damit ist eine Übertragung von mehreren Arbeitsplätzen aus möglich. Über eine Maus- und Menütechnik werden alle darzustellenden Satzarbeiten aus der

Warteschlange zur Darstellung aufgerufen. Ein eigener RIP sorgt für die Aufbereitung der Rechnerdaten zur fertigen Satzarbeit. Für Speicherung von Schrift- und Dickteninformationen stehen beim RIP wahlweise zwei Diskettenlaufwerke oder eine Festplatte für die Speicherung zur Verfügung.

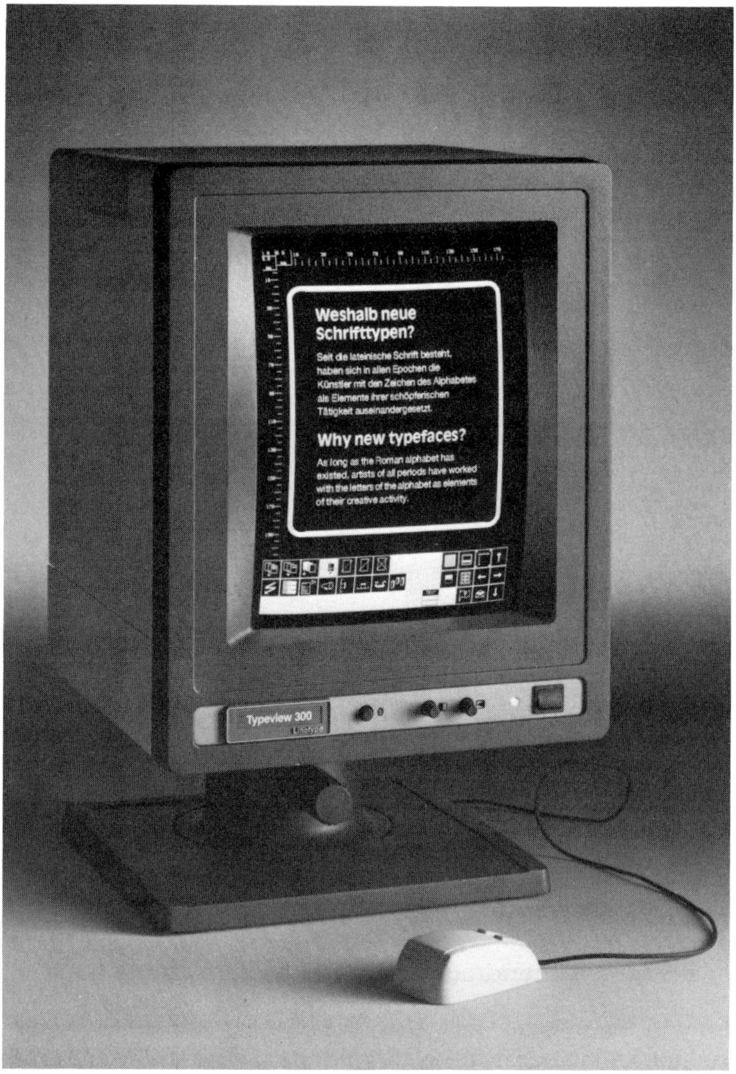

Abb. 7: Typeview 300 für die Kontrolle von Satzergebnissen.

PC-Daten direkt in ein Setzsystem

Zentralrechner, PCs sowie Fotosetzsystem sind Bausteine zeitgemäßer Satzherstellung. Neue Hard- und Software lassen die Rechner direkt miteinander kommunizieren, und PCs liefern Daten an entfernt aufgestellte Datenstationen, wobei die PCs direkt Fotosatzbelichter beschicken. Die unterschiedlichen Sprachen von PCs und Fotosetzsystemen werden durch spezielle Software kompatibel. Ein solches Konvertierungsprogramm überträgt Daten von MS-DOS-Datenträgern auf Datenträger der Fotosetzanlage, d. h. von PCs erstellte Texte werden direkt in ein Fotosetzsystem eingegeben, so daß Zwischenschritte komplett entfallen. Über Software-Pakete sind die PCs direkt an modernste Kommunikation angeschlossen, und über Interfaces empfangen sie Daten von entfernten Stationen. Sie können auch selbst an andere Rechner senden, wobei ein Prüfsystem fehlerfreie Übermittlung gewährleistet.

Abb. 8: PC für Texterfassung und zur Herstellung von Grafiken.

Die Textverarbeitung über PCs wird in zunehmendem Maße weiterhin an Bedeutung gewinnen. Mit ihnen wird heute bereits Fotosatzqualität erreicht, da die erfaßten Texte direkt in einen Satzbelichter eingebracht werden. Somit stehen einem PC-Benutzer die üblichen typografischen Funktionen zur Verfügung, beispielsweise Gestalten mit Mehrspaltensatz, Linienprogramme, Unterschneidungen, u. a. m.

So wie man Texte und Abbildungen auf Bildschirmen gestalten kann, besteht die Möglichkeit, dies auch mit grafi-

schen Darstellungen aller Art zu machen. Dafür wird eine ganze Reihe von CAD-Systemen angeboten, wobei die Eingabe von Grafiken in erster Linie über PCs erfolgt. Statistische Grafiken werden programmtechnisch verwirklicht, so daß zeitaufwendige Reinzeichnungen entfallen können. Mit speziellen programmierbaren Systemen werden die Texte erfaßt, sortiert und in unterschiedlichen Formen für den Satz ausgegeben. Diese Art der Texterfassung wird als Datenmehrfachnutzung bezeichnet. Ein Vorteil beim Einsatz von PCs ist die Verwendbarkeit von Programmen zur Rechtschreibfehler-Erkennung, die unter der Bezeichnung »Speller« bekannt sind. Nach der Texterfassung vergleicht ein Wörterbuch den zu prüfenden Text Wort für Wort. Diese Programme erkennen aber keine Interpunktionsfehler, Textauslassungen und -verdoppelungen, falsche Zahlen und Stilfehler. Bei der Erstellung fremdsprachlicher Texte aber sind die Speller besonders gut einsetzbar.
Fremdtexte aus PCs enthalten für jedes Zeichen und jeden Befehl bestimmte Codierungen, die erst in den Code eines Setzsystems umgewandelt werden müssen. Dafür stehen zwei verschiedene Code-Konvertierungen zur Verfügung, und zwar die Analyse-Codierung für die Feststellung noch unbekannter Code-Formen und die direkte Code-Konvertierung zur Umwandlung von PC-Texten in den Code eines Setzsystems. Ist die Codierung nicht bekannt, so kann der Bediener nach erfolgter Analyse-Codierung auf einem Konverter die spezielle Codierung der Zeichen und Befehle ablesen. Jeder Code eines PC-erfaßten Fremdtextes kann in den Code des verfügbaren Setzsystems umgewandelt werden. Für die Konvertierung von mehreren bestimmten Codes des Fremdtextes in andere Zeichen und Befehle des Setzsystems wird die sogenannte String-to-String-Konvertierung vorgenommen. Konverter gibt es in mehreren Versionen, und zwar mit Einweg- und Zweiwegverbindung und als Floppy-Disc-System. Das Einsatzgebiet der Konverter ist also dort zu finden, wo mehrere unterschiedliche Textverarbeitungssysteme installiert sind. Der PC ist in der Lage, sich selbständig Textnummern und Inhaltsverzeichnisse aus dem Setzsystem zu holen. Erfaßte Rohdaten, die bereits mit einigen Satzbefehlen vorstrukturiert sind, können auch per Datenfernübertragung in den Konverter und von dort in das Setzsystem gelangen. Der PC kann mit grafischer Darstellung auf dem Bildschirm versehen werden; damit kann der Arbeitsablauf jederzeit kontrolliert werden.

Hochleistungsnetzwerk und Lasertechnik

Mit dem Ethernet-Hochleistungsnetzwerk schließt Compugraphic den Kreis der Rechnertechnik. IBM-kompatible PCs werden damit zum rechnenden Satzarbeitsplatz. Zu diesem gehören ein Laserbelichter und ein Grafik-System mit Komplettseiten-Umbruch. Abbildungen und Grafiken werden über einen Laser-Scanner direkt eingegeben.

Das Ethernet-Hochleistungsnetzwerk ermöglicht die Verknüpfung von Textverarbeitung, Bildschirmterminals und Gestaltungsplätzen des MCS-Satzsystems. Bis zu acht Arbeitsplätze lassen sich anschließen und in beliebiger Kombination nutzen. Mit zusätzlicher Software werden somit die PCs zu rechnenden Arbeitsplätzen. Es besteht direkter Zugriff auf alle Arbeiten. Festplattenspeicher und Belichter können von allen Netzwerk-Arbeitsplätzen gemeinsam benutzt werden.

Die aus den Nachrichtentechniken übernommenen Bildzerlegungs- und Bildsignalverarbeitungs-Verfahren haben die Reproduktionstechniken total gewandelt. Durch die Kompressionsmethoden, die eine Fernübertragung ganzer Text-/Bilddaten erst ermöglichen, lassen sich Arbeitsteilungen und -trennungen realisieren. Rot-, Blau- und Grünsignale können nun mittels Fernübertragung auf einem Bildschirm sichtbar gemacht werden. Diese Signale werden auf einem Fotoprinter in Yellow-, Magenta- und Cyan- sowie Tiefenanteile umgewandelt.

Netzwerke dienen dem schnellen Austausch von Informationen, so z. B. von Texten, Schriftdaten, Grafiken, Abbildungen mit speziellen Codefunktionen zwischen einzelnen System-Bausteinen. Komponenten eines Netzwerks sind Kontroller, Transceiver sowie Koaxialkabel als Netzleitung. Das Ethernet-Prinzip ermöglicht das gleichzeitige Übertragen großer Datenmengen von verschiedenen Systembausteinen zu jeweils anderen.

Am elektronischen Gestaltungsplatz werden Texte, Abbildungen und Grafiken komplett montiert. Ein feinauflösender Laserbelichter löst die Vorlagen in einem Arbeitsgang in Halbtöne und Raster auf. Interne und externe Festplattenspeicher und ein Streamer zum Auslagern stehen zur Verfügung. Der MCS 1000 Logoscanner ermöglicht, Firmen- und Sonderzeichen sowie Symbole direkt einzubeziehen.

Arbeitsvorbereitung in der Systemtechnik

Ein wesentlicher Teil der Arbeit sowohl für den Scanner als auch für die Seitenmontagestation wird in einem separaten Arbeitsgang vorbereitet.

Um dem Auftraggeber eine Vorstellung geben zu können, wie die Seitenmontagen aussehen werden, müssen Layouts erstellt werden. Zu diesen Layouts werden standgerechte Überleger, sogenannte Geometrie-Layouts, geschaffen. Diese werden dann auf das Digitizer-Tablett gespannt.

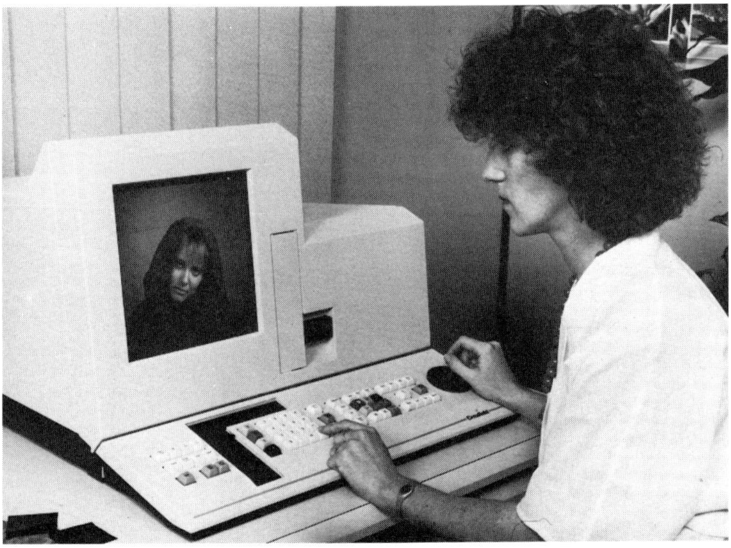

Abb. 9: Arbeitsvorbereitung für den Scantel-Flachbettscanner von Crosfield.

Bei der Arbeitsvorbereitung für die Scan-Station werden für jedes Einzelbild die Jobs, das sind die Scannereinstellungen, in Form von Checklisten erfaßt. Auf einer Diskette werden die über Tastatur erfaßten Parameter — Bildgrößen, Maßstab, Linienzahl, Nummer der Festgradation — abgespeichert. Diese Daten steuern dann den Scanner. Geometrische Formen lassen sich vom Layout auch mittels Fadenkreuz abnehmen.

Für die Montage-Station wird vom Bediener festgelegt, welcher Job nun für welche Stelle im Seitenlayout bestimmt ist.

Vom Layout wird die Abbildungsgeometrie abgetastet. Diese kann auch über die Funktionstastatur eingegeben werden. Alle geometrischen Formen sowie eventuelle Verläufe werden abgenommen, und es wird definiert, welcher Ton aus einem Bild für den Verlauf zu übernehmen ist. Durch den Aufbau auf dem Bildschirm hat der Bediener sofort die Möglichkeit einer Kontrolle über die aufgebaute Seitengeometrie.

Nun werden noch die Parameter für die Farbauszüge, die Wahl der Ausgabe und die Rasterwerte und Rasterwinkelungen festgelegt.

Abb. 10: Digitizer-Tableau eines LP 307 Layout-Programmers von Hell.

Durch diese vorbereitenden Arbeiten werden die Rechnereinheiten des Scanners und der Montage-Station wesentlich entlastet.

Alle elektronischen Seitenmontage-Systeme bestehen im wesentlichen aus den drei Hauptbereichen *Datenerfassung, Datenverarbeitung* und *Datenausgabe.*

Der erste Arbeitsschritt an einem System ist die Datenerfassung. Die zu verarbeitenden farbigen Auf- oder Durchsichtsvorlagen werden von einem Scanner abgetastet oder mit einer Videokamera erfaßt und digitalisiert. Die erfaßten Signale werden auf Magnetplatten abgespeichert.

Bestimmte Stellen für die geometrische Seitengestaltung müssen präzisiert werden. Dafür ist vor dem Bildschirm ein sogenanntes Tablett angeordnet, auf dem sich mittels einer Maus die Koordinaten für jeden Punkt vom Layout abnehmen und erfassen lassen. Über eine Tastatur werden die Arbeitsbefehle (Montage- und Färbebefehle) eingegeben. Der Dialog zwischen Bediener und System wird über einen zweiten System-Bildschirm angezeigt.

Layout-Programmer und Scale-Programmer bieten die Möglichkeit, mehrere Teilmasken zu einer Gesamtmaske zu kombinieren, wobei jede Maske für einzelne Abbildungen aus Teilrechtecken zusammengesetzt wird. Die so erzeugten Elemente lassen sich sowohl zu rechtwinkeligen Vielecken zusammenfügen oder aber mit gleichen Bildinhalten unabhängig voneinander positionieren. Durch einen Hardware-Zusatz wird der Layout-Programmer systemfähig, und als Baustein im Chromacom-System entlastet er den Bediener am zentralen Arbeitsplatz des Systems. Der Scale-Programmer bietet im System und am Stand-alone-Scanner die Möglichkeit, Bilddrehungen, exakte Maßstabs- und winkelrichtige Bildausschnitterfassungen im direkten Vergleich mit dem Layout schon in der Arbeitsvorbereitung durchzuführen.

In der AV wird nicht nur die Layout-Geometrie der Seiten festgelegt, sondern darüber hinaus werden auch kundenspezifische Farbprofile einprogrammiert.

Bilddaten werden über Farb-Flachbettscanner, die sich selbst kalibrieren, in die AV-Stationen eingelesen oder von Videokameras eingespielt.

Zur Vereinfachung des Arbeitsablaufes am Chromagraph DC 33 ER kann ein AV- und Codezahlen-Rechner (ACR) eingesetzt werden, der schnell exakte Aussagen über einzustellende Vertikal- und Horizontal-Codezahlen ermöglicht. Bei allen Arbeiten gibt der Rechner nach Eingaben, wie Vorlagengröße und gewünschte Reproduktionsgröße, automatisch die Prozentzahl und die erforderlichen Codezahlen an.

Die Verbindung Optiscan-Projektor und Digitizing Board Plotter ermöglicht das Markieren des richtig verwinkelten Standes von Diapositiven sowie das Ausschnittbegrenzen nach Layouts. Bis zu 24 Dias werden nach Originalgröße standrichtig auf den Scannerzylinder übertragen.

Durch die Möglichkeiten der Digitalisierung werden die Grenzen zwischen Design und Produktion immer fließender.

Ein zentral angeordneter und in die Bedienungskonsole integrierter monochromer Planungsbildschirm stellt alle Seiten- und Seitenelementumrisse sowie alphanumerische Daten und Systemmeldungen dar. Der Bediener baut durch Signalgeberkommandos die jeweilige Seite auf. Dieser Signalgeber dient auch als Densitometer. Er ermöglicht das Abrufen der Dichte- und Rasterpunktprozentwerte aller Koordinatenpositionen innerhalb eines Bildes. Die abgetasteten und digitalisierten Einzelbilder und die Daten der montierten Seiten werden auf Plattenstapeln gespeichert. Diese Stapel mit allen Daten der montierten Seiten lassen sich zur Abtasteinheit zurückbringen und vor der Filmbelichtung oder Schnelldruckerausgabe auf einem Farbbildschirm überprüfen.

Scanview 600

Mit diesem Gerät werden die Scans sichtbar gemacht, bevor sie auf Film belichtet oder auf Magnetplatten abgelegt werden. Die Bildeinstellung und Farbkorrektur wird auf einem hochauflösenden Farbbildschirm vorgenommen, und während des Scannens kann der Bildaufbau mitverfolgt werden. Von einer Vorlage wird ein Schnellscan erstellt, der auf dem Bildschirm sichtbar gemacht wird. Bilddarstellung und Farbkorrektur erfolgen unter Sichtkontrolle.

Layout-Design-Station

Bei einer Layout-Design-Station werden die Abbildungen nicht durch einen Scanner, sondern durch eine Videokamera digitalisiert. Die Auflösungsfeinheit beträgt dabei 512 Linien/cm, was geringer ist als bei einem Scanner. Mit den so gespeicherten digitalisierten Daten kann nun gestaltet werden. Die Texte werden auf die gleiche Art digitalisiert.

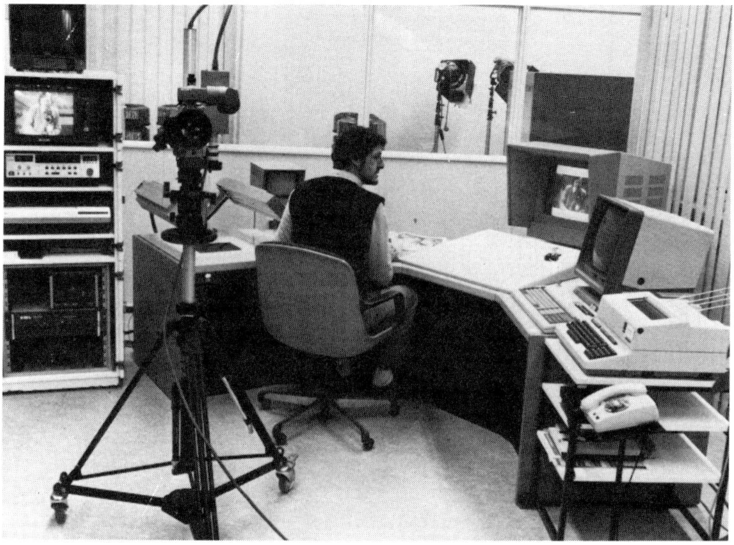

Abb. 11: Die Layout-Design-Station von Hell: Über Tastatur, Digitizer nach Bildschirmkontrolle kann der Bediener alle Montage- und Retuschefunktionen ausführen sowie Textspots und Headlines generieren oder Dummytexte abbilden.

Die Layout-Design-Station ist ein Arbeitsplatz zur elektronischen Layoutgestaltung über einen Farbmonitor. Strich- und Halbtonvorlagen in Durchsicht oder Aufsicht werden von einer Videokamera erfaßt und als Großbilddaten im gewünschten Ausschnitt gespeichert. Kleinere dreidimensionale Gegenstände lassen sich ebenfalls aufnehmen, um sie dann in die Layoutgestaltung mit einzubeziehen, bevor die reproverbindlichen Vorlagen fotografiert werden. Abbildungen auf Videobändern, Bildplatten oder direkt aus einer Video-Studiokamera werden über ein zusätzliches Interface als Vorlagen zur Layoutgestaltung übernommen.

Der Bediener kann über Tastatur, Digitizer und Bildschirmkontrolle alle Montage- oder Retuschefunktionen ausführen, Textspots und Headlines generieren oder aber Dummytexte abbilden. Sämtliche Eckdaten eines Layouts werden auf Datenträger gespeichert. Sie sind damit für den sofortigen Einsatz im System aufbereitet. Der Farbbildrecorder liefert Hardcopies, die dem späteren Fortdruckergebnis angepaßt sind.

Abb. 12: Automatisches Planungsgerät. Es baut auf einem leistungsfähigen CAD/CAM-System auf.

Mit Hilfe der **CAD-Technik** wird das Konstruieren mit Rechnerunterstützung, das Erstellen von Reinzeichnungen und Standbögen und das Schneiden von Masken realisiert.

Bei der Arbeit mit elektronischen Systemen werden die Vorlagen gescannt oder mit einer Videokamera aufgenommen, die digitalisierten Daten gespeichert und bei Bedarf in das System gerufen. Über Ausgabescanner — auch als Recorder bezeichnet — werden die Komplettseiten als Farbauszüge auf Film ausgegeben.

Durch den Einsatz extern aufgestellter Geräte werden vorbereitende Arbeiten außerhalb der Systeme erledigt. Gestalter können nun ihre Layouts mit derartigen Anlagen erstellen, die erfaßten Daten werden dann in ein Text-/Bildsystem übertragen und dort für die Ausgabe aufbereitet.

Die Stärke der CAD-Systeme liegt in der schnellen Vorbereitung von Seitenaufbau-Masken mit den Elementen Quadrat, Rechteck, Parallelogramm, Kreis und Ellipse. Freie Figuren sind über ein festes Kommando oder durch Nachfahren der Umrisse mit dem elektronischen Stift oder der Maus einzugeben.

In **Verbundsystemen** ist jede Arbeitsstation des Systems mit jeder Speichereinheit zu verbinden. Ein Proof-Recorder übernimmt die digitalisierten Bilddaten vom Magnetplattenstapel und gibt sie dann auf Farbaufsichts- oder Farbdurchsichtsmaterial aus. Für Kontrollzwecke stellt ein Halbtonplotter eine Schwarzweiß-Wiedergabe in Videoauflösung her. Die gespeicherten Daten lassen sich aber auch auf einem Scanner des Bildverarbeitungssystems als gerasterter Farbsatz aufzeichnen. Die mittels Videokamera digitalisierten Bilder erhalten durch den sogenannten Interpolations-Rechengang gesteigerte Schärfe.

Abb. 13: Monotype Graphic-System.

Bei der Herstellung von Katalogen, wobei in kürzester Zeit Layoutserien gestaltet werden müssen, oder bei Anzeigenserien ist der Einsatz der elektronischen Gestaltung nicht mehr wegzudenken. Einen zusätzlichen Vorteil bietet die Möglichkeit, verschiedene Layoutvarianten erstellen zu können, und zwar dann, wenn vom gleichen Bildmaterial auszugehen ist oder nur Videodaten zur Verfügung stehen. Werden präzise Seitenlayout-Zeichnungen verlangt, so können diese über einen Plotter ausgegeben werden. Dadurch werden Textpositionieren und bildbezogenes Arbeiten beschleunigt.

Montage- und Kopiermaschine

Die vollautomatische und mikrorechnergesteuerte Montage- und Kopiermaschine Step-Matic 1753 von Bacher hat einen automatischen Vorlagenwechsel und eignet sich für Repetierkopierarbeiten auf Film oder Druckplatten. Durch das automatische Vorlagenwechselsystem läßt sich die Anlage zur Montage von Mehrfacharbeiten einsetzen. Sie besteht aus den Anlageteilen Bildschirmarbeitsplatz mit hochauflösendem 8-Farben-Monitor und der eigentlichen Montage- und Kopiereinrichtung. Die Programmierung erfolgt über den Bildschirm mit Bedienerführung, die Dateneingabe wird nach fertigen Menüs abgewickelt. Über eine Nutzengrafik kann der Arbeitsablauf verfolgt werden, so daß größere und aufwendige Montagearbeiten übersichtlich programmiert und alle Arbeitsabläufe exakt gesteuert werden können. Die Software ermöglicht grafische Darstellung der Nutzeneinteilung während des Programmiervorganges, größtmögliche Ausnutzung des jeweiligen Druckformats durch Einstellungsvorschläge des Programmrechners, Verwaltung und Korrektur bereits vorhandener Programme, maschinelle Errechnung kürzester Montagezeiten und Erstellen von Bestückungslisten für das Vorlagenmagazin sowie Ermittlung der Basisbelichtungszeiten für unterschiedliche Materialien durch das Belichtungstestprogramm. Eingegebene Programme werden direkt auf Datenträger abgelegt. Diese Daten können über Bildschirm kontrolliert werden. Alle eingegebenen Programme können mit der Stapelfolge für den automatischen Wechsel über Schnelldrucker ausgegeben werden. Die Programmierung erfolgt offline, während Step-Matic bereits wieder an einem anderen Programm arbeitet. Über das Bedienpult werden alle wesentlichen Anlagefunktionen gestartet und automatische Programmabläufe gesteuert und überwacht. Der Betriebszustand ist über eine optische Anzeige abzulesen. Vorgelochte Vorlagen und Masken werden in die Fächer eines Magazins eingelegt. So können bis zu 16 Vorlagen nach der Stapelliste verarbeitet werden.

Das IPDS-System von Misomex besteht aus Bildschirmarbeitsplatz, Mikrorechner, Digitalisierer und Schnittstellen zum Anschluß von Plottern oder Kopiermaschinen. Das Seitenmontagesystem ML 9000 ist für Gestaltung des Seitenaufbaus und für Belichtung von Filmen und Offsetdruckplatten bestimmt. Rahmenwechsel und Makierungseinrichtung sind für alle gängigen Formate ausgelegt und arbeiten vollautomatisch.

Interaktive Gestaltung von Text, Bild und Grafik

Die Workstation ist im Bereich von Systembausteinen ein autonomer Arbeitsplatz für die integrierte Verarbeitung von Text, Bild und Grafik. Softwarepakete stehen für den Komplettseitenaufbau — Texte, Linien, Reinzeichnungen, Bildmontage — zur Verfügung. Dieser Prozeß wird unterstützt von einer Datenverwaltung, der Definition von Parametern, einer Sofortdarstellung aller Eingaben und des Ergebnisses sowie der Möglichkeit, Pixelgrafik, Layoutbilder, Ausschnittbestimmung und Maßstabsveränderung darzustellen. Der Bediener entscheidet, ob er Befehle über Tastatur eingeben will oder ob er mit Hilfe einer Maus die Auswahl in Menüfenstern trifft. Fenstertechnik und Maus bilden eine Einheit zur schnellen Auswahl, Aktivierung und zum Abschluß von Funktionen aller Art. Aufrufen eines bestimmten Fensters bedeutet sofortiges Bereitstellen eines Prozesses. In der jeweiligen Kopfzeile eines Fensters kann der Bediener die Auswahl zwischen verschiedenen Möglichkeiten treffen.

Abb. 14: Aesthedes, elektronisches Design-System von Crosfield.

Einschaltbilder zeigen dem Bediener, welche Arbeitsprozesse zur Verfügung stehen. Je nach Programmausrüstung des Bildschirmterminals sind der Text- oder Bildprozeß oder die Pixelgrafik usw. anwählbar. Alle Prozesse werden in bildhafter Form auf dem Bildschirm angezeigt. Wird ein bestimmtes Fenster gewünscht, so erscheint es nach Anwahl des Seitensymbols.

Abb. 15: Sirius-Workstation von Crosfield.

Abb. 16: Magpie, interaktives Page make-up Terminal von Miles33.

Der Rechner einer Workstation aktualisiert automatisch, d. h. es kann an jeder Stelle korrigiert werden, ohne ein Programm zusätzlich einzulesen. Im Gestaltungsfenster können sowohl Originalschriften als auch Pixelgrafik und Layouts dargestellt werden. Ein netzwerkeigenes System erlaubt direkte Zugriffe zu anderen Systemen, z. B. angeschlossenen Eingabestationen. Dies bedeutet, daß Daten von einer Station zur anderen gesendet werden können. Die Kontrolle von Befehlswirkungen kann der Bediener in mehreren Fenstern gleichzeitig ausführen.

Abb. 17: Berthold-Workstation mit Graphic-Terminal, DataTower und LogoScanner.

Sind alle Seitenelemente zu einer Komplettseite zusammengestellt, übernimmt es das System, alle Einzelteile bei einer Korrektur automatisch bereitzustellen. Komplettseiten können vor der Belichtung — einschließlich Abbildungen und Grafiken — kontrolliert werden. Eine wichtige Funktion der Workstationen ist die Farbtrennung, die es ermöglicht, alle Farben einer Arbeit gemeinsam zu setzen. Die Erstellung der Farbauszüge übernimmt dann das Programm.

Text- und Bildintegration sowie Seitenumbruch werden mit Rechnerunterstützung durchgeführt, Texte und Abbildungen werden im Satzspiegel passend gemacht. Dokumentationssysteme mit erweiterter Software bieten sich ebenfalls an.

Abb. 18: Berthold-Workstation, der autonome Satzarbeitsplatz für die integrierte Verarbeitung von Text, Bild und Grafik.

Digitale Layout-Konsole

Die Keyline-Konsole von Scitex ist eine automatisierte Workstation zur Vorbereitung digitaler Vorlagen. Mit ihr lassen sich geometrische Formen erstellen, Fenster vorbereiten, Stricharbeiten und Text tönen und färben, Farbunterbrechungen anzeigen sowie Unter- und Überlappungen erstellen. Die Workstation verfügt über eine große Anzahl von gebräuchlichen Standardformen, so u. a. Quadrate, Rechtecke, Parallelogramme, Kreise, Sterne, Bogen und Linien. Diese können anderen Formen hinzugefügt oder entfernt werden. Die Workstation ermöglicht Arbeiten auf vorgespeicherten Rasterformaten in verschiedenen Maßsystemen. Um Seitenelemente auf einem Layout zu verschieben oder einzupassen, zu drehen oder zu positionieren, wird die Maus über das Digitalisierungstablett geführt. Auf einem hochauflösenden Farbbildschirm wird das Ergebnis sofort sichtbar gemacht.

Seitenlayouts können zur Montage und Farbkorrektur zu einer Farbseiten-Editierstation übertragen werden. Montierte

Seiten werden dann entweder als fertige Filme auf einem Laserplotter oder über ein Interface auf einem Scanner ausgegeben.

Abb. 19: Keyline-Konsole von Scitex.

Assembler

Die Workstation von Scitex ist ein Arbeitsplatz mit speziellen Funktionen für rechnerunterstützte Montage von Farbbildern und Komplettseiten. Über diese Workstation kann der Bediener Layouts vorbereiten, nach vorgespeicherten Rastern und Formaten arbeiten, eine Vielzahl geometrischer Formen erstellen und montieren, Stricharbeiten und Text verändern und färben, Masken erstellen und positionieren, Umrisse herstellen, Farbbilder schneiden und montieren sowie Über- und Unterlappungen anfertigen.

Alle Arbeitsgänge der Seitenmontage werden mit Hilfe eines Cursors oder einer Maus interaktiv an der Konsole der Workstation durchgeführt, und das Ergebnis wird auf einem hochauflösenden Farbbildschirm sichtbar. Bildschirmmenüs führen den Bediener durch die verschiedenen Arbeitsgänge. Das Archivierungssystem ermöglicht den Zugriff auf erforderliche Seitenelemente.

Abb. 20: Assembler-Workstation.

Berthold Workstation

Die Workstation ist kompatibel zur Serie D, so daß auf den Tasteinheiten dieser Serie erzeugte Arbeiten auf der Workstation weiter bearbeitet werden können. Über eine serielle Kabelverbindung kann auf jeden Job der Systemzentrale zugegriffen und eine Bearbeitung durchgeführt werden. Umgekehrt läßt sich über die Workstation jedes Ausgabegerät der Zentrale ansteuern. Sie ist im Rahmen einer Netzwerk-Architektur in beiden Richtungen mit der Serie D vernetzt. Software für automatische Doppelaufzeichnung auf Magnetplatten, für das Speichern und Verwalten von niedrig- und hochaufgelösten Bildern, für Ganzseiten-Darstellung und für Text und Linien steht zur Verfügung. Programmpakete der Programmbibliothek sind »Logotype«, »Reinzeichnung«, »Bildmontage«. Zum Scannen von Logos und Vorlagen für Reinzeichnungen sowie zum Erfassen von Layoutbildern niedriger Auflösung wird der LogoScanner eingesetzt.

Interaktive Workstationen ermöglichen grundsätzlich die Ausführung von Arbeiten im Vordruckbereich, wie Texteinbau, Seitenlayouts und Seitenmontage. Es sind Arbeitsplätze für Ganzseitenherstellung mit der Möglichkeit, ihre Leistungen mit zusätzlichen Software-Paketen noch zu erweitern.

Bildvorlagen werden auf einem hochauflösenden Flachbettscanner mit weißem Halogenlicht abgetastet. Dadurch ist auch das Abtasten von Farbvorlagen möglich. Der Scanner kalibriert sich selbst, d. h. er gleicht sich so ab, daß sowohl die Lichter als auch die Tiefen der Vorlage optimal reproduziert werden. Das Halbtonbild wird in Bildpunkte (Pits) zerlegt und pro Bildpunkt in elektronische Signale umgesetzt. Die Daten werden dann auf einem Datenträger gespeichert und stehen somit abrufbereit für die Bearbeitung auf dem Bildschirm zur Verfügung. Durch die hohe Auflösung von 189 bzw. 295 Bildpunkten erscheinen die Graustufen so klar und deutlich wie auf dem Original. Die Bearbeitung erfolgt interaktiv, d. h. unter Sichtkontrolle. Mit der Maus werden einzelne Bearbeitungsschritte eingeleitet.

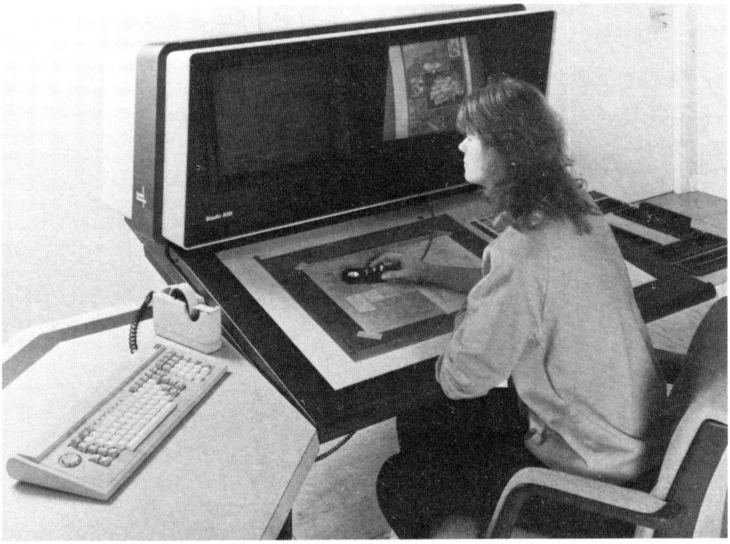

Abb. 21: Studio 830 von Crosfield. Workstation mit hochauflösendem Farbbildschirm.

Menüfelder erleichtern dem Bediener die Arbeit wesentlich. Manipulationen wie Bildaufruf, Ausschnittbestimmung, Gradationsveränderung bis zur Strichumsetzung, Kompression der Graustufen, Freistellungen und Negativ/Positiv-Umwandlung werden ausgeführt. Nach der Bildgestaltung werden die so bearbeiteten Daten auf einer zweiten Platte abgelegt. Pinselretuschen und Korrekturen lassen sich an jedem einzelnen Bildpunkt vornehmen. Bildgröße, Rasterform, Rasterwinkelung und Rasterweite werden festgelegt. Anschließend erfolgt unter Einbeziehung des Verkleinerungs- oder Vergrößerungsfaktors die Umrechnung in die gewünschte Rasterstruktur. Dieses Umrechnen geschieht im sogenannten Postprozeß. Die Daten werden dann auf einem weiteren Datenträger abgespeichert und über einen Laserbelichter ausgegeben.

Für die Bildpositionierung auf der Seite werden die benötigten Daten als Koordinaten eingegeben. Ausgegeben wird eine komplett umbrochene Seite mit Texten und Bildern.

Abb. 22: Scantext 2000 Commander.

Die vom Image Scanner 1015 erzeugten Strich-, Raster- und Halbtonbilder gelangen als Sichtdatei für die Darstellung auf den Bildschirm des Scantext 2000 Commander. Das geschieht mittels Diskette, Streamer oder über das ELAN 2000. Die Korrekturen erfolgen an der Sichtdatei. Beim Korrigieren entsteht dann eine Befehlsdatei. Die Halbtondatei wird entweder vom Rasterpunktgenerator oder direkt im Commander in eine Rasterdatei umgerechnet. Ein zusätzlicher Arbeitsgang dreht das Rasterbild um 90° und macht es fertig für die Ausgabe.

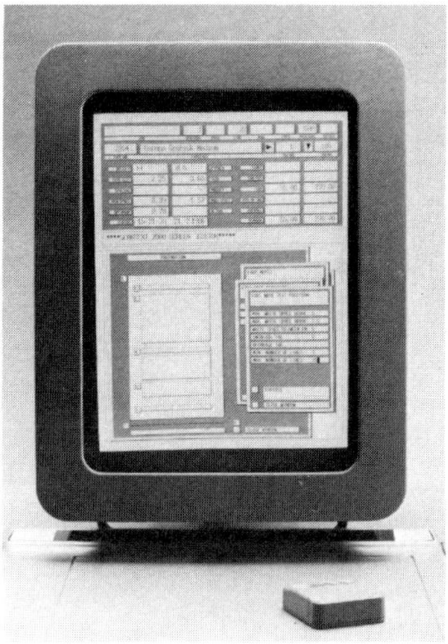

Abb. 23 und 24: Monitor des Scantext-2000-Systems mit Halbtondatei.

Scanskop

Mit dem Scanskop kann der Bediener einer Scan-Station anfallende Arbeiten sowohl visuell als auch meßtechnisch kontrollieren. Bereits beim Scannen wird auf dem Farbbildschirm die abzutastende Vorlage Bildlinie für Bildlinie aufgezeichnet, und das Ergebnis der Scannereinstellung wird als Softproof kontrolliert. Zu wiederholende Scans können schnell erstellt werden. Ist die Vorlage noch auf der Walze, wird der Scanner gestartet, nachdem die Einstellung korrigiert ist. Am Scanner läßt sich jetzt definieren, ob auf dem Bildschirm des Scanskop das Gesamtbild oder ein Teilausschnitt dargestellt werden soll. Es können auch zwei Bildbereiche, und zwar eine Gesamt- und eine Ausschnittdarstellung (Feinbild) definiert und auf dem Bildschirm aufgerufen werden. Das Messen von Punktgrößen und Dichten mit einer Anzeige aller vier Farbwerte in Rasterprozenten oder Dichtwerten sind weitere Funktionen der Anlage. Bei der Erfassung von Bilddaten für das System kann Scanskop ständig mitlaufen. Die erfaßten Daten werden vom System-Scanner auf 300-MB-Platten gespeichert. Ist die Reproduktion fehlerfrei, wird der parallel entstandene Datenbestand im Speicher des Scanskop sofort gelöscht.

Abb. 25: Das Scanskop/ Lithoskop ist eine Einheit zur visuellen und meßtechnischen Kontrolle von Vorlagen und Farbauszügen.

Die Speicherkapazität von Halbleiterspeichern liegt bei rund 260 000 Bits. Es ist zu erwarten, daß in den nächsten Jahren zwischen 1 Million und 4 Millionen Bits auf ihnen gespeichert werden können. Die Informationsmenge von 1 Million Bits kann der Benutzer in weniger als einer Mikrosekunde abrufen. Magnetisierbare Plattenspeicher mit Kapazitäten von 300 MByte sind fest in Laufwerke integriert. Diese Datenträger werden mit Schreib-/Leseköpfen beschrieben und gelesen. Sie sind jedoch sehr anfällig gegen Fingerabdrücke, Feuchtigkeit und Staub, so daß sie eingekapselt werden müssen. Alle Datenträger dieser Art sind lösch- und überschreibbar, das bedeutet, daß die abgelegten Daten veränderbar sind.

Optische Speicher dagegen erreichen eine wesentlich höhere Integrationsdichte mit Kapazitäten von mehreren hundert MByte, und sie sind sowohl als Bild- als auch als Textdatenspeicher einsetzbar. Zum Schreiben und Lesen wird ein fokussierter Laser benötigt. Der Lichtstrahl wird mit hoher Frequenz an- und abgeschaltet. Der Halbleiterlaser vereinigt die Vorteile eines Lasers und die der enorm kurzen Schaltzeiten eines Halbleiters. Die Speicherplatte selbst hat eine informationsempfindliche Schicht, wobei die physikalisch veränderte Information vom Laserstrahl in Signale umgesetzt wird. Optische Speicherplatten werden auf Speicherkapazitäten von 50 MByte bis 4 Gigabyte ausgerichtet.

Vor der integrierten Komplettseitenausgabe einschließlich Text und Abbildung steht die Montage. Digital gespeicherte Text- und Bilddaten müssen zusammengeführt werden.

An Bildbearbeitungsplätzen können folgende Teilarbeiten ausgeführt werden: Teilbilder positionieren, Ineinanderkopierungen und Freistellungen von Bildern, Bildumrandungen aller Art, Erstellen geometrischer Elemente, Einfügen technischer Raster und Schriften, Eingeben von Färbebefehlen, Farbretuschen und Ausflecken. Am Bildbearbeitungsplatz werden also Informationen sichtbar gemacht und bearbeitet. Das Ergebnis sind dann fertig montierte Seiten, die wieder auf Magnetplatten abgelegt werden.

Abb. 26: Am Combiskop-Arbeitsplatz von Hell können sämtliche Montagen und elektronischen Retuschen unter ständiger Sichtkontrolle am Bildschirm durchgeführt werden.

Diese Technik ermöglicht es, Hochleistungsnetze zwischen den Systemkonfigurationen einzusetzen. Mit diesen Kabelverbindungen können alle Daten von den Eingabeplätzen, Scannern, Bearbeitungsstationen und Ausgabeeinheiten ohne Zentralrechner als Zwischenspeicher und Verteilungseinheit transferiert werden. Der Zugriff auf die Daten anderer Systeme wird dadurch erst möglich. Text- und Bilddaten werden auf Festplatten gespeichert, für Archivierung stehen Magnetbandstationen mit 500-MB-Bändern zur Verfügung.

Chromacom-System

Dieses elektronische Bildverarbeitungssystem von Hell hat eine Bildspeichereinheit mit zwei Modulen, so daß der Bediener die Darstellung der Vorlagen auf dem Farbbildschirm mit 512 x 512 oder 1024 x 1024 Bildpunkten betrachten und bearbeiten kann. Diese Auflösung erlaubt die Wiedergabe größerer Flächen in Feindatenauflösung im 60er Raster. Eine Anpassung des Bildschirms an die verschiedensten Druckbedingungen ermöglicht die integrierte DCC-Einheit. Die Bildspeichereinheit erlaubt Maßstabsveränderungen und Drehungen, wobei die Korrekturen auf dem Bildschirm sofort visuell überprüft werden können. Die Montagen erfolgen interaktiv. Durch das Softwarepaket kann jedem Maskenspeicher eine beliebige Farbe zugeordnet werden. Automatische Erstellung eines Job-Protokolls, Einkopieren von Verläufen, Realisierung von Verläufen senkrecht zu einer Kontur, Hilfsliniendarstellung im Maskenspeicher und Lichterdecker lassen sich durchführen.

Abb. 27: Chromagraph CS 410. Dateneingabe-Scanner für das System.

Als Dateneingabestationen in das System lassen sich alle systemfähigen Chromagraph-Scanner einsetzen. Beim CS 410 sind die Abtast- und Aufzeichnungsseite voneinander getrennt. Die Datenausgabe im System erfolgt über systemfähige Scanner sowie über Recorder.

Arbeitsablauf

Das gewünschte Seitenformat wird zuerst als weiße Fläche auf dem Farbbildschirm sichtbar gemacht. Durch eine Befehlseingabe wird eine Hintergrundfarbe erzeugt. Die gescannten oder mittels Videokamera aufgenommenen Teilbilder werden einzeln aus dem Datenspeicher abgerufen, bearbeitet und zu einer Seite zusammengestellt.

Abb. 28: Darstellung eines Ganzseiten-Aufbaus.

Für die Erstellung der Maske für das erste Teilbild (2) werden die Ellipsenkoordinaten und die Kommandos zur Bildpositionierung laut Layout eingegeben. Die Teilbilder zwei (3) und drei (4) sollen eine Umrandung erhalten. Das eine Bild (3) mit abgerundeten Ecken, das andere Bild (4) mit einem zweifarbigen Rahmen. Für jedes Teilbild wird die Maskenfläche definiert. Die Daten werden aus dem Speicher abgerufen und in der Maske positioniert. Für die Rahmengestaltung (8) werden Stärke und Farbe in das System eingegeben. Das vierte Teilbild (5) wird dann so positioniert, daß es die anderen Bilder teilweise überdeckt. Vom System werden die benötigten Aussparungen vollautomatisch erstellt. In das große Teilbild (6) wird der Freisteller aus dem dritten Bild (7) einkopiert. Die Freistellermaske wird vom System hergestellt, die Figur im großen Teilbild durch den Bediener plaziert. Signet und Headline werden aus dem Speicher abgerufen und positioniert. Die fertiggestellte Seite wird anschließend auf Magnetplatten zurückgelegt. Diese Datenträger sind austauschbar und können in das Laufwerk des Montagesystems eingelegt werden. Bei der Eingabe von Bilddaten auf die Speicherplatte des Systems läßt sich auf dem Bildschirm des Betrachtungsgerätes ein Farbbild aufbauen, das dem späteren Druckergebnis entspricht.

Abb. 29: Mit dem System-Baustein DPCM-4014 in Verbindung mit dem Telebildsender TS 1086 von Hell können per Telefonleitung übertragene Farbbilder am Chromacom-System weiterverarbeitet werden.

Die Chromacom-Konfiguration mit mehreren Rechnern läßt sich als Verbundsystem aufbauen, das den Zugriff von allen Rechnern auf alle Datenplatten ermöglicht. Für die Datenkompression stehen Software-Lösungen zur Verfügung. Die Datenfernübertragung zum Datenaustausch von Produktionssystemen an verschiedenen Orten oder zwischen Layout-Design-Stationen und verschiedenen Produktionssystemen ist eine Alternative zu bisherigen Produktionsschritten. Am jeweiligen Sende- und Empfangsrechner muß das Standard-Siemens-Programm für DFÜ (SINEC) vorhanden sein.

Sigmagraph 3000

Das System Sigmagraph 3000 von Dainippon Screen erlaubt grundlegende ESM und Montageplanung mit einfachen geometrischen Formen. Es beinhaltet eine grafische Steuereinheit für Masken- und Stricheingabedaten, die mit einem Offline-Zeichen-Maskenschneidesystem oder Grafikzeichensystem erstellt wurden. Die Einheit trennt die Maskendaten für Freisteller in der Montagestation und bestimmt Tonflächen. Eine getrennte Layout-/Retusche-Einheit montiert unter Sichtkontrolle über Farbbildschirm die Seiten mit den von einem Scanner eingespielten Abbildungen einschließlich der Maskendaten. Die Cursorbewegung erfolgt über Digitizer und Maus mit zusätzlichen Funktionstasten für die weitere Dateneingabe. Zwei oder vier Zentraleinheiten mit Festplatten-Laufwerken werden durch einen Operationsprozessor miteinander verbunden.

Das ESM-System verfügt über eine interaktive Workstation für zentrale Verarbeitung aller Aufgaben einschließlich Retusche, Zweiwegmaskierung, Erzeugung von Tonflächen, Tonwertänderung und Bildmontage. Alle Befehle werden mit einem elektronischen Stift und einem Menü eingegeben und über hochauflösenden Farbbildschirm überprüft.

Die Konfiguration dieses Systems umfaßt Scanner-Eingabe-/Ausgabeeinheit, Verarbeitungsrechner, Workstation, Operationsprozessor, Festplatten- und Magnetbandeinheit. Es können bis zu vier Festplatteneinheiten für gleichzeitigen Betrieb der Workstation und der Scanner-Eingabe/-Ausgabe hinzugefügt werden.

Der Laser-Flachbettscanner Scanica SF-222 ermöglicht monochrome Reproduktionen, so z. B. Zeitungsbilder mit einer Auflösung von 70 Linien/cm. CCD-Elemente lesen die Daten von Schwarzweiß- und Farbvorlagen. Die konstante Aufzeichnung wird mit einem He-Ne-Laser erzielt, wobei die Verarbeitungsgeschwindigkeit 410 mm/Minute bei groben und 205 mm/Minute bei feinen Rasterwerten beträgt.

Der Composing-Scanner SG-777 ermöglicht das Scannen mehrerer Vorlagen in Form rechteckiger Elemente zur Erstellung von Komplettseiten ohne Montagearbeiten. Vorprogrammierte Daten für mehrere Vorlagen oder Seiten werden über Tastatur und Menü eingegeben und abgespeichert. Diese Daten können dann über Farbbildschirm überprüft und auch beim Scanvorgang anderer Arbeiten eingegeben werden. Mehrere Zentraleinheiten steuern Abtast- und Aufzeichnungskopf vollautomatisch.

Page Manager

Mit dieser Anlage von Linotype sind interaktiver Komplettseiten-Umbruch, Erstellung von Layouts, Sichtbildschirmfunktion für die Überprüfung fertiger Seiten, Herstellung und Gestaltung schwieriger Anzeigen und Ansteuerung der Linotronic 300/500 möglich.

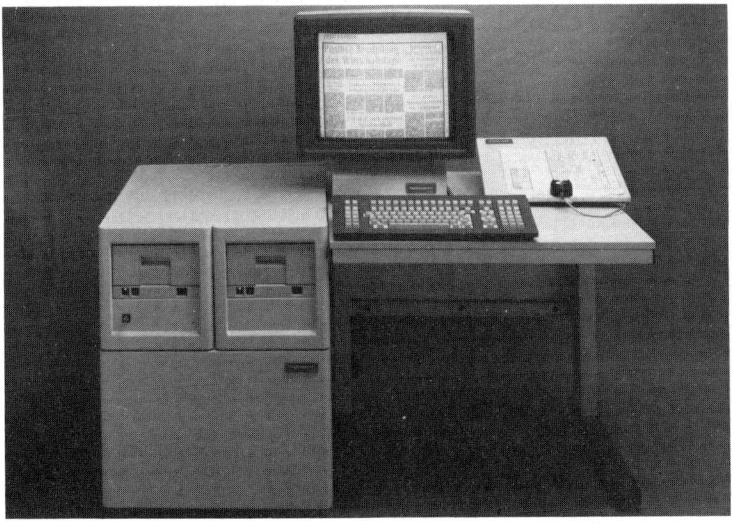

Abb. 30: Page Manager 400 für interaktiven Ganzseitenumbruch mit visueller Darstellung aller Abläufe.

Grafik-System für Text- und Bildmontage

Das System MCS 6000 von Compugraphic ermöglicht den Komplettseiten-Umbruch einschließlich aller Abbildungen und Grafiken. Die Seiten werden abgespeichert, sind jederzeit überprüfbar und können neu bearbeitet und geändert werden. Der Text wird an Terminals oder Bildschirmen eingegeben, und ein Laser-Scanner digitalisiert Halbtonvorlagen sowie Grafiken. Eine Maus-Technologie erleichtert dem Bediener die Arbeit. Bei der Gestaltung am hochauflösenden Darstellungsbildschirm können Abbildungen manipuliert, beschnitten, verschoben, auf den Kopf gestellt, gedreht, umgekehrt, in ihrer Größe verändert werden. Diese

Bilddaten können gespeichert und später ohne erneutes Scannen wiederverwendet werden. Fertiggestellte Seiten werden zum Laser-Scanner gesendet, der das Ergebnis ausgibt. Bis zu vier Eingabestationen können mit dem Gestaltungsplatz verbunden werden, der einen Festplattenspeicher und ein Streamer-Band für das Sichern und Archivieren von Texten und Abbildungen hat.

Abb. 31: Text- und Bildmontagesystem MCS 6000.

Der Laser-Belichter MCS 9600 liefert das Ergebnis schwarz auf weiß direkt auf Film. Bis zu vier Eingabe-Terminals können mit dem Gestaltungsplatz verbunden werden. Dieser hat einen 120-MB-Festplattenspeicher und zur Absicherung und Archivierung noch benötigter Text- und Bilddaten einen 45-MB-Streamer. Zuschaltbar sind zwei zusätzliche 120-MB-Festplatten, die erweiterte Speicherkapazität ermöglichen.

CombiTex

Das Front-End-System liefert dem Belichtungssystem die Textdaten. Die Texte sind bereits nach einem Layout umbrochen. Über NewsPlan (Bildbearbeitungssystem besonders für den Tageszeitungsbereich) gelangen die Bilddaten in das Belichtungssystem. Dabei kann die Bilddateneingabe über alle Videomedien oder über einen Systemscanner erfolgen. Ein integrierter Image Processor verknüpft dann Bild und Text zur Belichtung. Durch Eingabe eines Befehls an diesen Processor werden die Textdaten am Bildschirm von NewsPlan sichtbar gemacht. Allerdings können die Textdaten auch im materielosen Transfer in Feinbildauflösung übertragen und sichtbar gemacht werden. Texte und Strichabbildungen werden ohne Scanvorgang wie Halbtonbilder verarbeitet. Es lassen sich Chromacom-Funktionen wie z.B. Drehungen, Färbungen, Maßstabsänderungen usw. ausführen.

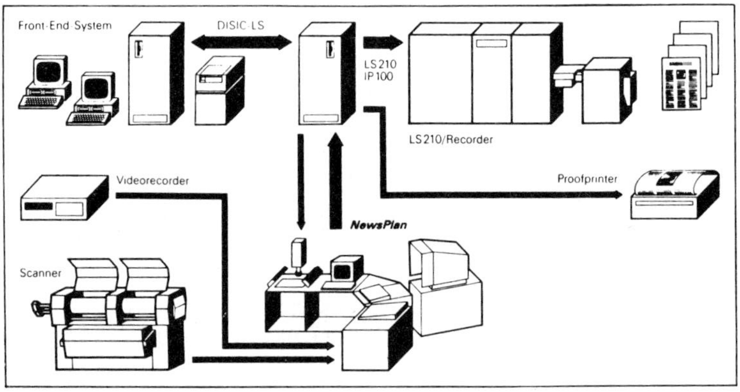

Abb. 32: Verbindung von LS 210 und NewsPlan als erste Ausbaustufe zum Endausbau mit CombiTex.

Mit diesem System können die als Feindaten in NewsPlan überspielten Textdaten noch unmittelbar vor der Belichtung korrigiert, neu gefaßt, gefärbt, gelöscht und ergänzt werden. Angewählt werden die zu ändernden Textstellen mit einem Cursor auf dem Farbbildschirm von NewsPlan. Die Korrektur erfolgt durch entsprechende Tastatur-Eingabe. Die Daten gelangen dann in einem erneuten Transfer auf einen gesonderten Textspeicher, wo sie keine Wartezeiten verursachen. Die Informationen werden in Grob- und Feinbilddaten umgerechnet und zur Kontrolle auf den Bildschirm gerufen. Die Belichtung kann mit Auflösungen von 360 — 800 Linien/cm erfolgen, die Rasterfeinheit beträgt 60 Linien/cm. Eine zusätzliche Ausgabe-Möglichkeit ist eine Schwarzweiß-Hardcopy über Proofprinter.

Graphic-System

Die verschiedenen Systemkonfigurationen dieses Systems von Linotype setzen sich aus den Modulen Flachbettscanner für Auf- und Durchsichtsvorlagen, grafischer Editierstation mit Bildschirm, Menüsteuerung, Tablett mit Maus, Rechner, Speichereinheiten und Softwarepaket zusammen.

Für den Scanvorgang wird der Scanner 1100 eingesetzt, der mit 189 Pixels/cm Bildbreiten bis 125 mm scannt. Die Formate bis 122 mm lassen sich zusätzlich mit 297 Pixels/cm abtasten. Strichvorlagen werden mit einer Feinauflösung von 378 bzw. 594 Pixels/cm gescannt.

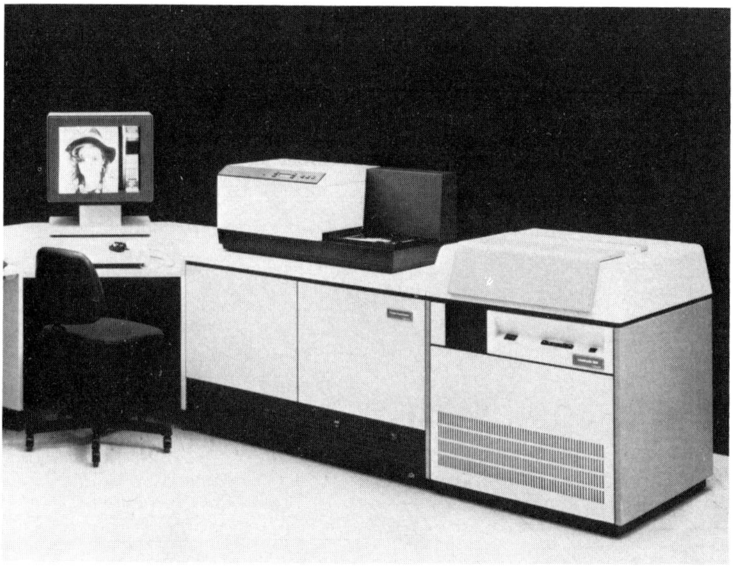

Abb. 33: Graphic-System für die Integration von Halbtonabbildungen, Texten und Grafiken mit elektronischer Bildbearbeitung.

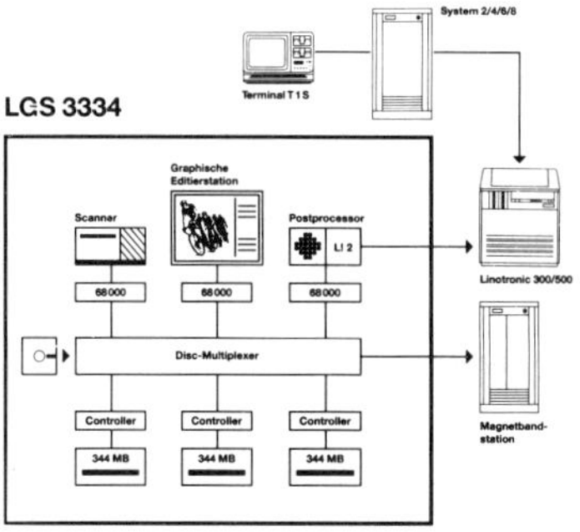

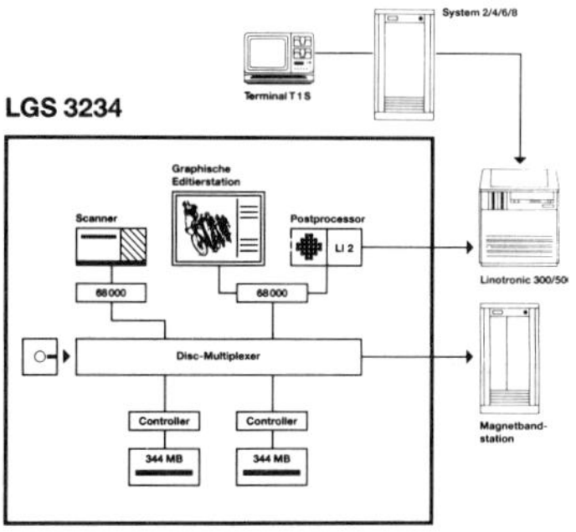

Abb. 34 und 35: System LGS 3334 für umfangreiche Bildmanipulationen (links) und die Konfiguration des LGS 3234 für normalen Editierumfang (rechts).

PagiCom

PagiCom von Hell ist ein modular aufgebautes Montagesystem, das aus einem Front-End-Adapter für die Texteingabe, einem Scanner für die Eingabe von Strich- und Halbtonabbildungen, der Page make-up Station, der Area make-up Station und einem File-Manager für die Speicherung aller Daten besteht. Für die Ausgabe der Komplettseiten ist ein Laserbelichter angeschlossen. Alle Anlagenteile sind über

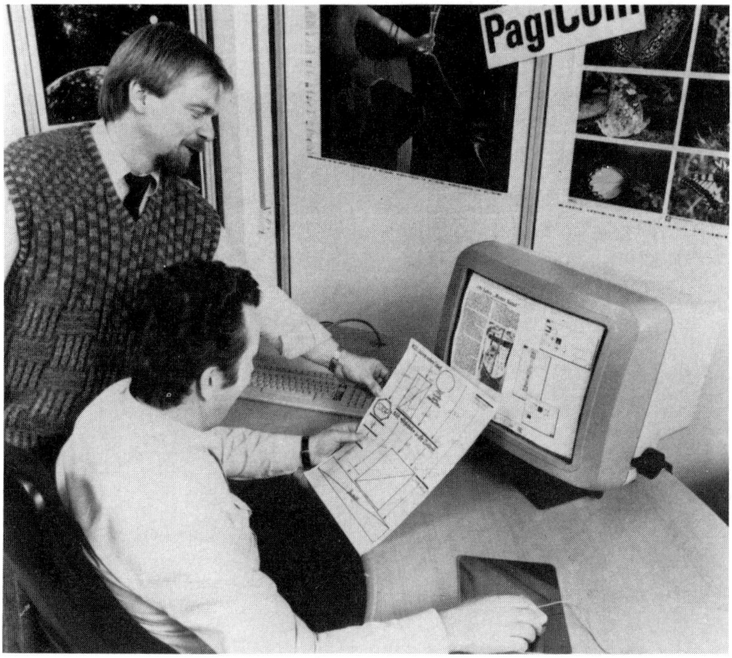

Abb. 36: PagiCom, interaktives Ganzseiten-Umbruchsystem von Hell.

eine Netzwerkstruktur verbunden. Die Texterfassung und -gestaltung kann an jedem Front-End-System erfolgen. Eingabe und Konvertierung erfaßter und gestalteter Texte erfolgen über einen Front-End-Adapter, danach stehen die Texte für die Bearbeitung im System zur Verfügung. Für die Bilderfassung werden System-Scanner benutzt, und die Bearbeitung der Abbildungen geschieht am Bildschirm der Area make-up Station. Retusche, Freistellung und Gradationsänderung werden vom Bediener visuell verfolgt. Die Auflösung beträgt 1024 Punkte/Linie und 1024 Linien/Bild.

Die Montage der eingegebenen Texte und der bearbeiteten Abbildungen erfolgt interaktiv nach vorgegebenem Layout. Schriften, Schriftgrößen, Abbildungen und Seitenelemente entsprechen der späteren Ausgabe. Für den Umbruch definierte Seitenlayouts werden gespeichert und können jederzeit in Originalgröße wieder auf den Bildschirm gerufen werden. Menü- und Fenstertechnik erleichtern die Bedienung. Linien und Umrandungen sowie Rasterflächen können in 254 Graustufen generiert werden. Das Infarbestellen von Seitenteilen für die Ausgabe über einen Laserbelichter geschieht problemlos, und Abbildungen können Größenveränderungen unterzogen, gedreht oder beschnitten werden. Der File-Manager erlaubt, Text- und Bilddaten auf Festplatten zu speichern. Die Anlage läßt sich mit dem Chromacom-System verbinden.

Interaktives Montagesystem für farbige Zeitungsseiten

NewsPlan ist ein Montagesystem für farbige Zeitungsseiten. Es besteht aus einem leistungsstarken Rechner mit Peripherie und ausgewogener Software. Wichtiges Bindeglied zwischen Bediener und System ist ein hochauflösender Farbbildschirm, auf dem Abbildungen, Grafiken und Seitenelemente interaktiv in das Layout plaziert und bearbeitet werden können. Die Textgestaltung kann nach vorliegendem Layout an jedem Front-End-System erfolgen. Damit werden Textbeiträge bereits dort als Artikel oder als ganze Seite umbrochen. Die Eingabe fertig gestalteter Texte erfolgt über einen RIP, der fester Bestandteil des Laser-Belichters ist.

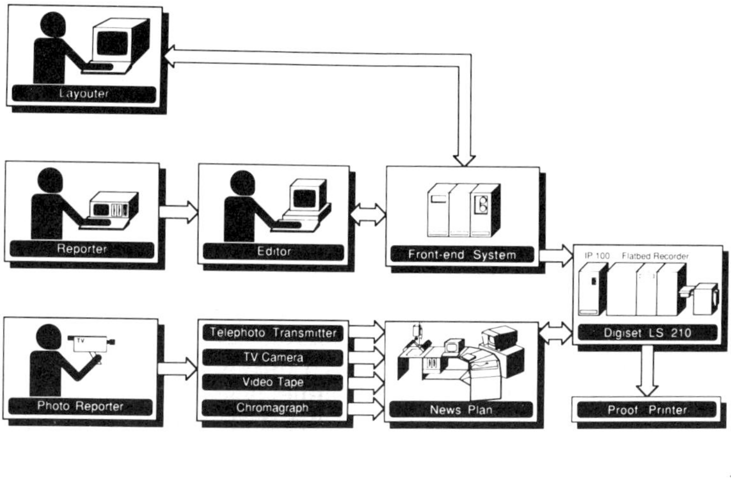

Abb. 37: NewsPlan, interaktives Ganzseiten-Montagesystem von Hell.

Abbildungen können über alle Video-Medien, CCD-Scanner, VideoScan-Kameras und System-Scanner eingegeben werden. Die VideoScan-Kamera erfaßt und verarbeitet äußerst schnell Durchsichts- und Aufsichtsvorlagen. Zusätzliche Bildeingabestation kann ein Video-Interface sein, über das Videogeräte angeschlossen werden. Zunächst werden übernommene Abbildungen vor der Montage in den Text bearbeitet. Sie können in ihrer Größe aufeinander abgestimmt, gedreht oder verzerrt werden. Ebenso können Linienrahmen, Farbflächen und Farbverläufe definiert werden.

An das NewsPlan-System wird der Laserbelichter LS 210 zur Ausgabe von Farbauszügen oder ein Schwarzweiß-Halbtonplotter zur Ausgabe der Montageergebnisse angeschlossen.

Farbmontage-Konsole

Legend von Scitex ist eine elektronische Farbkonsole mit Ausgabe für die gesamte Druckvorstufe. Damit können sämtliche Produktionsarbeiten — vom Seitenlayout bis zur Farb-Editierung und Seitenmontage — durchgeführt werden.

Die Funktionen für die Druckvorstufe umfassen vorgespeicherte Seitenrasterformate, Erstellung und Montage geometrischer Formen, Manipulation und Färbung von Stricharbeiten und Texten, Erstellung und Positionierung von Masken, Einpassen, Freistellen und Montieren von Farbbildern, Farbänderungen, Farbspritzen, Erstellung von Über- und Unterlappungen und Montage fertiger Seiten.

Sämtliche Arbeitsabläufe werden mit einem Cursor oder einer Maus durchgeführt, wobei der hochauflösende Farbbildschirm und das Digitalisierungstablett verstellt werden können. Menüs, die auf dem Bildschirm sichtbar gemacht werden, leiten den Bediener durch die Funktionen. Legend ist kompatibel mit allen Workstationen von Scitex, dadurch läßt sich ein leistungsstarkes Netzwerk in der Druckvorstufe aufbauen.

Hochgeschwindigkeitsrechner verringern den Zeitaufwand beträchtlich. Die Farbkonsole ist für schnellen Datentransfer zwischen entfernten Produktionsstätten geeignet.

Faksimile-Übertragung

Bei der Faksimile-Übertragung mit Pressfax-Übertragungstechnik wird eine Zeitungsseite mit Text und Abbildungen als »paste-up« abgetastet, wobei gerasterte Farbauszüge bis 60er Raster mit einer max. Zeilenauflösung von 800 Linien/cm abgetastet und übertragen werden können.

Abb. 38: Abtastung einer fertig montierten Seite über Pressfax-Sender P 100. Über Glasfaserleitungen wird übertragen, und am Empfangsort finden Aufzeichnung und Weiterverarbeitung statt.

Über eine Glasfaserleitung erfolgt die Übertragung der Daten mit 10 MBit/s, so daß eine Seite in etwa einer Minute übertragen werden kann. Die Ausgabe am Pressfax-Empfänger erfolgt auf Fotopapier, Positivfilm oder Negativfilm. Entscheidend für die Ausgabeart ist die Plattenkopie.

Mit dem Pressfax-System ist es möglich, fertig erstellte Zeitungsseiten im Format 483 mm x 620 mm in Form von Klebemontagen abzutasten und an verschiedene Druckstandorte zu übertragen. Dies läßt sich auch per Satellit vornehmen, wobei die Informationen mit einer Datenrate von zwei Mbit/s an verschiedene Druckstandorte gelangen können. Durch die enorm hohe Abtastgenauigkeit werden alle Seiten registergenau übertragen. Die Systeme sind erweiterbar, daß sie auch mit Datenkompression betrieben werden können, so daß die gesamte Leistungsfähigkeit der Scanner von 10 Mbit/s ausgenutzt werden kann. Dadurch ist eine Durchsatzrate von einer Seite/Minute möglich. Die bei der Abtastung gewonnenen Daten werden vor der Übertragung gespeichert, und die komprimierten Text-/Bilddaten werden blockweise mit Datensicherung überspielt. Der Recorder am Empfangsort beginnt erst dann mit der Aufzeichnung, wenn die Informationen einer ganzen Seite übertragen worden sind.

Datenübertragung in komprimierter Form spart Übertragungszeiten. Die zur Verfügung stehende Zeit und die Qualitätsanforderungen an das Produkt bestimmen die Art der Kompression. Die Kompressionsraten bei Scitex-Anlagen liegen zwischen 15:1 und 80:1, wobei die Farbrichtigkeit auch bei der höchsten Kompression beibehalten wird. Strichdaten werden grundsätzlich in komprimierter Form verarbeitet. Bei einem Übertragungskanal von 64 kbit/s (Europa-Standard) und bei einer Übertragungszeit von 56 Minuten in unkomprimierter Form wird durch die Kompression auf 25:1 die Übertragungszeit auf rund 2 Minuten, bei 50:1 auf 67 Sekunden reduziert. Beim Senden über Standard-Telefonleitungen sind Übertragungsleistungen von 9,6 kbit/s möglich. Hochaufgelöste Bilder mit 10 Pixel/mm können mit einer Rate von 20:1 komprimiert werden.

Mit dem DPCM-Konverter von Hell werden ankommende Analogsignale auf der Empfängerseite in einen digitalen Datenstrom umgewandelt. Dekomprimiert gelangen diese Daten über einen Rechner auf die Datenplatten des Chromacom-Systems und stehen damit zur Weiterverarbeitung bereit. Die durch Farbsender abgetasteten Bilder werden schnell verarbeitet. Die Übermittlung eines Farbbildes im Format 180 mm x 240 mm über das normale Telefonnetz dauert rund 20 Minuten.

Das Wort »Scannen« kommt aus dem Englischen und bedeutet soviel wie abtasten, bestreichen, zerlegen. Darunter wird das linienweise optoelektronische Abtasten einer Vorlage bei der Reproduktion verstanden, einschließlich Speicherung der so gewonnenen Information auf einen Datenträger oder Spezialfilm.

Scanner sind elektronisch arbeitende Anlagen, die zur Herstellung von Farbauszügen nach Farbvorlagen eingesetzt werden. Es können sowohl Aufsichts- als auch Durchsichtsvorlagen abgetastet werden. Die Helligkeits- und Farbwerte der Vorlagen werden durch Fotomultiplier oder Dioden in elektrische Impulse umgesetzt. Diese werden im Rechner so verarbeitet, daß die abgetastete Helligkeit auf der Schreibseite entsprechend korrigierte Auszüge ergibt. Die Scans werden in der gewünschten Endgröße angefertigt. Dabei ist die Farbkorrektur weitgehend steuerbar. Die Schärfe einer Abbildung wird durch Unscharfmaskierung gesteigert.

Scanner führen im Grunde drei wesentliche Funktionen aus, und zwar *Abtasten* (Eingabe), *Rechnen* (Verarbeiten), *Aufbelichten* (Ausgabe).

Die Vorlage wird mittels einer Spannfolie auf der Abtastwalze befestigt. Ein Vakuum sorgt für Planlage. Der Abtastkopf bewegt sich spindelgeführt an der rotierenden Abtastwalze entlang, so daß die Abtastoptik die gesamte Abtastwalze in einer Schraubenlinie bestreichen kann. Die Vorlage wird durch Halogenlichtquellen ausgeleuchtet. Das reflektierte Licht wird von der Abtastoptik erfaßt, durch Farbtrennfilter in seine Grundkomponenten zerlegt, in elektrische Impulse umgewandelt, elektronisch verstärkt und entsprechend der gewählten Betriebsart im Farbrechner aufbereitet.

Der Digitalbereich des Scanners umfaßt die Farberkennung, den Maßstabsrechner, die Bereinigungselektronik sowie die Elektronik für das Absparen und Überfüllen. Außerdem übernimmt der Prozeßrechner Funktionen wie programmgeführte Parametrierung, Farbmengenmessung, Slashing und Filmlinearisierung.

Zur Filmaufzeichnung, die simultan zur Vorlagenabtastung erfolgt — wenn direkt ausgegeben werden soll — werden die digitalisierten Daten in Analogsignale rückgewandelt und zur Steuerung der Belichtungseinheit verwendet. Die Belichtung der Filme erfolgt je nach Ausrüstung des Scanners durch eine steuerbare Glimmlampe oder eine Laserlichtquelle. Das Ergebnis sind Farbtrennungsfilme als Strich-, Halbton- oder Rasteraufzeichnung. Der Maßstab ergibt sich aus den verschiedenen Geschwindigkeiten von Abtast- und Schreibwalze. Die Schreiblinien des Scanners lassen sich mit einem Linienraster vergleichen. Sie berühren sich am Rande ohne Überlappung. Als Schreiblinien werden sie deshalb bezeichnet, weil alle Bildinformationen streifenförmig verarbeitet werden. Dabei werden die Streifen so eng eingestellt, daß nur geringste Informationsverluste auftreten.

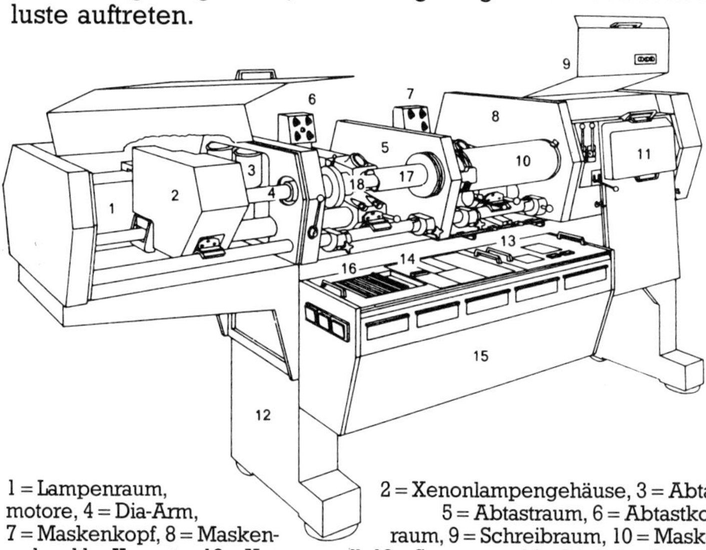

Abb. 39: Schematische Darstellung des Chromagraph DC 300 von Hell.

1 = Lampenraum, 2 = Xenonlampengehäuse, 3 = Abtastmotore, 4 = Dia-Arm, 5 = Abtastraum, 6 = Abtastkopf, 7 = Maskenkopf, 8 = Maskenraum, 9 = Schreibraum, 10 = Maskenwalze, 11 = Kassette, 12 = Untergestell, 13 = Steuersatz, 14 = Digitales Anzeigeinstrument, 15 = Farbrechner, 16 = Regler für selektive Farbkorrektur, 17 = Abtastwalze (auswechselbar), 18 = Dia-Vorsatz (auswechselbar).

In der elektronischen Reproduktion kommen bei den Bildkonturen statt exakter Begrenzungen Übergänge zustande, da beim Abtastvorgang ein Übergang von hell zu dunkel oder von dunkel zu hell als kurzer Verlauf registriert wird. Zum Ausgleich dafür wird neben einer Hauptblende eine weitere Blende (Umfeldblende) verwendet. Mit Hilfe dieser Blendenöffnungen und durch das Verarbeiten der mit ihnen begrenzten Signale kann die Wiedergabeschärfe im Vergleich zur Vorlage gesteigert werden.

Die um einen Zylinder gelegte Vorlage bewegt sich mit hoher Geschwindigkeit am Abtastkopf des Scanners vorbei. Der Zylinder führt dabei eine Bewegung um seine Achse, der Abtastkopf gleichzeitig eine seitliche Bewegung aus. Dabei wird die Vorlage spiralförmig erfaßt. Die Schreiblinien verlaufen senkrecht. Die Vorschubgeschwindigkeit ist von der Feinheit der Linien abhängig. Um z. B. einen 60er Raster herzustellen, werden 120 Schreiblinien/cm Vorschub auf der Schreibwalze benötigt.

Für die Abtastung stehen verschiedene Abtastwalzen zur Verfügung. Der Abtastkopf dient der Abtastung von Durchsichts- und Aufsichtsvorlagen. Die Abtastvorrichtung ist umschaltbar, dadurch können Vorlagen sowohl seitenrichtig als auch seitenverkehrt abgetastet werden.

Die in die Abtastoptik einfallende Strahlung wird durch Farbfilter in ihre roten, grünen und blauen Anteile zerlegt. Diese werden durch Sekundärelektronenverstärker (Fotomultiplier) in elektrische Signale umgewandelt, wodurch diese Informationen erst verarbeitet werden können. Die Farbkorrektur erfolgt in erster Linie im Rechner, welcher die standardisierten Eingangswerte erhält. Der Rechner bestimmt damit den Farbcharakter der Scans. Die Technologie der Farbbildschirme wird in den Arbeitsablauf der Bildherstellung einbezogen. Der Bediener kann in der Arbeitsvorbereitung das zu erwartende Druckresultat auf seinem Bildschirm beurteilen. An diesem Farbsimulator werden dann die Scannereinstellungen vorweggenommen.

Die Scannertechnik setzt natürlich ein Höchstmaß an Standardisierung voraus. Die Werte einer durch die Filmentwicklungsmaschine gelaufenen Filmprobe werden der Anlage eingegeben. Der Rechner wird also in seinen Einstellungen der Filmentwicklung angepaßt. Die Werte lassen sich auf einer Digitalanzeige ablesen. Nach der Scanner-Justierung werden sie für jeden einzelnen Kanal wiedergegeben.

Der für die Rechenvorgänge benötigte Farbrechner ist ein Analogrechner, welcher ganz aus integrierten Schaltkreisen gebaut ist. Das vom Farbrechner gelieferte Signal wird zunächst digitalisiert. Dazu wird der gesamte mögliche Dichtebereich in eine endliche Anzahl von Stufen unterteilt, so daß jedem eintreffenden Wert des stetig verlaufenden Signals eine ganz bestimmte Dichtestufe zugeordnet wird. Zu dem gekennzeichneten Zeitpunkt werden die gerade vorliegenden Dichtestufen erfaßt und im Speicher abgespeichert. Alle Speicherplätze sind numeriert. Die Nummer des Speicherplatzes wird als seine Adresse, die dort gespeicherte Zahl als Speicherwort (Dichtestufe) bezeichnet.

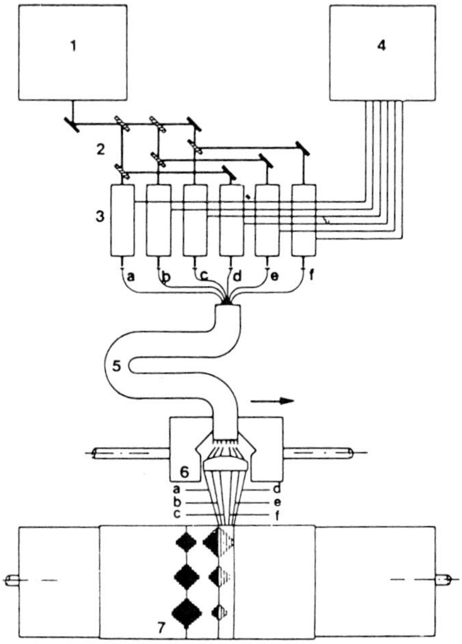

Abb. 40: Der Lichtstrahl des Lasers (1) wird von einem Spiegelsystem (2) in sechs Teilstrahlen gleicher Lichtintensität zerlegt. Diese gelangen zur Modulationseinheit (3), die aus sechs Modulatoren besteht. Dort werden die Teilstrahlen mit Hilfe eines digitalen Steuersignals aus dem Rasterrechner (4) einzeln ein- oder ausgeschaltet. Über ein Lichtleitkabel (5) gelangen die modulierten Teilstrahlen (a — f) zum Schreibkopf (6). Sie werden durch ein Zoom-Objektiv auf die Schreibwalze (7) projiziert und belichten den aufgespannten Film.

Der Rasterpunkt wird elektronisch erzeugt; es ist z. B. kein Kontaktraster notwendig. Das Rasterprogramm, das die Daten der Rasterpunkte für die verschiedenen Dichtewerte und für die verschiedenen Rasterwinkel beinhaltet, wird von einem Datenträger in den Speicher geladen. Als Lichtquelle für das gerasterte Aufbelichten wird ein Laser verwendet. Der elektronisch erzeugte Rasterpunkt ist gegenüber Schwankungen der Entwicklertemperatur und der Entwicklungszeit unempfindlicher als der mit einem Kontaktraster hergestellte. Die Rasterweite wird nach einer Tabelle eingestellt. Mit einem Regler wird das Laserlicht der Rasterweite und der Filmempfindlichkeit angeglichen. Im

Rasterrechner werden alle Daten, die erforderlich sind, damit der Rasterpunkt in der richtigen Form und Größe und an der richtigen Stelle geschrieben wird, miteinander verknüpft. Die Qualität der elektronischen Rasterung wird von folgenden Kriterien beeinflußt: Belichtung und Entwicklung des Filmmaterials, Einstellung der Schreiboptik auf exakte Schärfe, Einstellung der Brennweite der Schreiboptik und Gleichheit des Lichts.

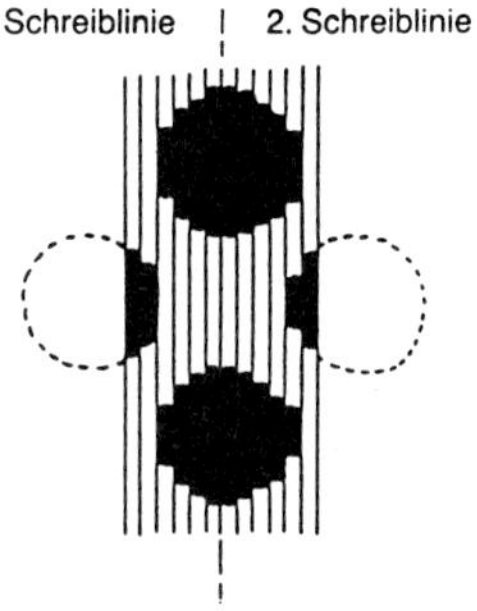

Abb. 41: Die Schreiblinien verlaufen senkrecht. Die Bildvorlagen werden in der Regel mit einer Auflösung von 150 bis 400 Linien/cm wiedergegeben.

Das System der elektronischen Rasterung besteht darin, den Rasterpunkt in einzelne Punktelemente zu zerlegen. Die Raster selbst haben zum Teil eine untereinander leicht abweichende Rasterweite, so daß die Rasterfeinheit nicht für alle Farben eines Farbsatzes gleich ist. Jede Rasterpunkteinheit setzt sich aus Teilstrahlen zusammen, wodurch es möglich wird, runde, eckige und elliptische Punkte zu erzeugen. Beim Aufbelichten eines Rasterpunktes im Scanner entstehen auch unterschiedliche Dichten.

Das Prinzip des elektronischen Rasterpunktaufbaus (ER) resultiert in randscharfen Rasterpunktformen sowie hohen Belichtungsleistungen. Es wird mit Linefilmen und Rapid-Access-Entwicklung gearbeitet, wobei die Vorteile die geringeren Scanner-Kalibrierungen sind.

Die benötigten Mikroelemente sind Linien. Eine komplette Rasterpunktreihe wird durch Aufbelichten von zwei Schreiblinien gebildet, wobei jede der Schreiblinien sechsfach unterteilt ist. Die Techniken der elektronischen Rasterung von Hell, Crosfield und Dainippon Screen ähneln sich.

Chromagraph DC 360

Für eine vorlagengetreue Reproduktion weist der Farbrechner des DC 360 eine Vielzahl von unterstützenden Funktionen auf, z. B. eine analoge oder eine in der Festgradation abgespeicherte Graubalance. Es ist möglich, innerhalb eines Farbauszuges die Gradation getrennt für Neutraltöne und Weißfarben oder Schwarzfarben einzustellen. So kann in einem Farbauszug die zeichnungsbestimmende Weißfarbe verändert werden, ohne damit die Sättigung der Eigenfarbe zu beeinflussen. Mit der Basisfarbkorrektur ist dem Farbrechner der Standard für das Offsetverfahren vorgegeben. Bei einem Großteil der Aufträge wird die originalgetreue, farbverbindliche Reproduktion wesentlich vereinfacht. Farbflächen und Verläufe werden durch getrennte Detailkontraststeuerung für Licht, Mittelton und Tiefe im Bildmotiv glatt reproduziert.

Durch umschaltbare Schwarzautomatik kann die automatische Anhebung der Schwarzgradation in Abhängigkeit von UCR und CCR entkoppelt werden. Für Bunt- und Unbuntaufbau können eigene Schwarzgradationen erstellt und eingegeben werden. Alle Parameter sind als Job-Protokoll in einer Symbolsprache über Bildschirm zu kontrollieren.

Chromagraph DC 370

Dieser Farbscanner hat einen analogen und einen digitalen Farbrechner. Damit sind alle Vorteile der analogen und digitalen Farbkorrektur-Bedienung zusammengefaßt. Über Knopfdruck wird eine gefundene analoge Einstellung abgespeichert, und beim anschließenden Scan- bzw. Recordervorgang ist der analoge Farbrechner ohne Funktion. Die gespeicherte Farbumsetzung wird in den digitalen Farbrechner geladen, wodurch sich die Möglichkeit ergibt, einmal festgelegte Farbkorrekturen beliebig oft zu wiederholen. Lediglich Weißabgleich und Detailkontrasteinstellung werden getrennt vorgenommen. Die digitale Einstellung erfolgt über einen Farbbildschirm. Für die Scanner- und Farbkorrekturfunktionen werden farbige Menüfelder bzw. Bildschirmmasken eingesetzt, wobei die Eingaben über Softkeys erfolgen.

Zusammen mit der digitalen Farbkorrektur verfügt der DC 370 auch über die Möglichkeit der digitalen Druckanpassung durch Aufrufen gespeicherter Gradationen sowie Graubalancen und eventueller Farbkorrekturen für das gewünschte Druckverfahren. Die Werte werden den Erfordernissen der Druckverfahren, der unterschiedlichen Tonwertzunahmen, den Bedruckstoffen und den Druckfarben angeglichen. PCR- und CCR-Abstufungen zwischen Bunt- und Unbuntaufbau sind möglich.

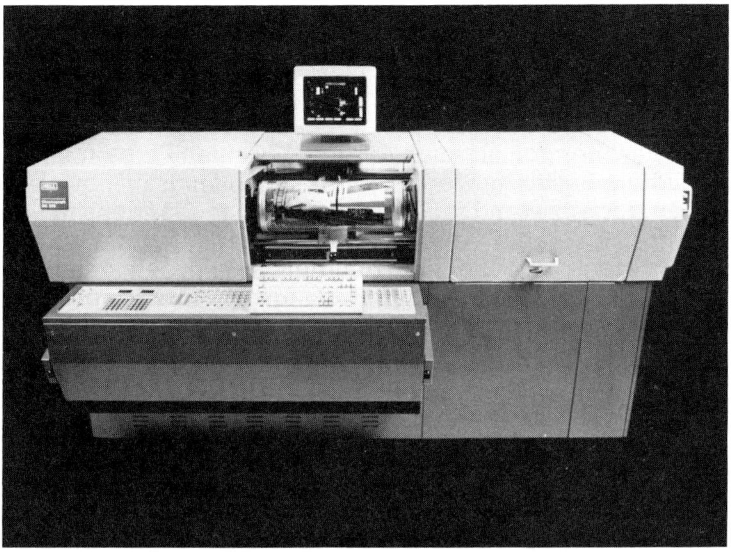

Abb. 42: Chromagraph DC 370 zur optimalen Farbkorrektur mittels analogen und digitalen Farbrechners.

Durch standardisierte und wiederholbare Reproduktionsmöglichkeit ist es möglich, Arbeitsvorbereitung und Farbkorrektur getrennt vom Scanner durchzuführen. Über eine Codierung werden verschiedene Standard-Farbkorrekturen festgelegt. Die Menütechnik über Farbbildschirm erlaubt schnelle und sichere Bedienbarkeit.

Der Chromagraph DC 370 ist ein Digitalscanner mit Digitalrechner, dadurch ist er für die direkte Datenübernahme aus AV-Systemen geeignet.

He-Ne-Laser sind weniger wärmeempfindlich als Argonlaser und haben eine viermal längere Lebensdauer. Das System ist einfacher und kompakter zusammengesetzt und kann daher schneller ausgetauscht werden.

CCD-Flachbett-scanner

CCD-Scanner können immense Mengen an Bilddaten mit einer Auflösungsfeinheit von rund 288 Linien/mm analysieren. Digitale Steuerungen, Spezialfarbenrechner und automatische Kalibrierungsmechanismen verringern Einstellzeiten, und softwaregesteuerte Menüs leiten den Bediener durch die Scanvorgänge. Mit Softproofs werden Änderungen der Farbqualitäten sofort beurteilt und die Abbildungen auf die Farb-, Bedruckstoff- und Druckbedingungen eingestellt. Notwendige Farbkorrekturen werden im Dialog mit dem Systemrechner ausgeführt, und integrierte Densitometer geben die Flächendeckung in Prozent- und Dichtewerten an. Unscharfmaskierungen können sowohl für nur einen Farbbereich als auch für den gesamten Farbton einer Abbildung bestimmt werden, wobei USM auch auf einzelne Farbauszüge anwendbar ist. Elektronische Blendensimulatoren ermöglichen, weiche Bildeinzelheiten scharf zu reproduzieren. So erstellte Abbildungen werden dann an Workstationen für die Ganzseitenmontage übertragen.

Die reprotechnisch einfache Einstellung sowie die Verlagerung von Arbeiten in den Bereich der Arbeitsvorbereitung sind wichtige Faktoren für den Einsatz von CCD-Flachbettscannern. Mit einer Berührung der druckempfindlichen Membrane ist der Scanner einsatzbereit.

Abb. 43: CCD-Flachbettscanner CD 30 zur zeilenweisen Abtastung von Schwarzweiß- und Farbvorlagen.

Die Abtastung einer Aufsichts- oder Durchsichtsvorlage erfolgt zeilenweise mit einer CCD-Zeile. Bevor aber die Vorlage abgetastet werden kann, ist der exakte Bildausschnitt festzulegen. Dazu wird eine Trägerfolie auf einem Leuchttisch in Registerstifte eingehängt. Darauf wird anschließend die Vorlage gelegt, mittels feiner Hilfslinien ausgerichtet und mit Klebestreifen an der Trägerfolie befestigt. Mit Winkellinealen wird der erforderliche Bildausschnitt bestimmt, um anschließend die Vorlage in den Vorlagenhalter einzuhängen. Parametereingaben, wie z. B. Maßstab und Koordinaten, werden über ein Bildschirm-Terminal eingegeben. Anwählbar sind eine Standard-Farbkorrektur und eine Tonwertkorrektur. Schärfe und Farbwiedergabe können von hier am Scanner exakt eingestellt werden.

Als Vorlagen werden Aufsichtsvorlagen bis zu einem Format von 250 x 360 mm und Durchsichtsvorlagen bis zu einem Format von 60 x 70 mm verarbeitet, wobei die Auflösung für Aufsichtsvorlagen 20 Linien/mm und für Durchsichtsvorlagen wegen eines anderen Abbildungsmaßstabs 58 Linien/mm beträgt. Bei Drehung einer Vorlage stehen in der Diagonalen 85 mm zur Verfügung.

Um nun eine Vorlage zeilenweise abtasten zu können, wird über eine Halogenlampe ein Lichtband erzeugt. Ist es eine Aufsichtsvorlage, so leitet ein Umlenkspiegel das reflektierte Licht durch eine Optik in die CCD-Zeile. An dieser Stelle entfallen die bisher verwendeten Fotomultiplier. Die in einer CCD-Zeile aneinandergereihten Fotodioden sammeln das pro Abtastzeile reflektierte Licht als sogenannte Ladungseinheiten, die als Ladungspakete parallel in ein Schieberegister übernommen werden. Am Ausgang dieses Registers treten — seriell ausgelesen und durch einen integrierten Ladungs-Spannungs-Wandler umgesetzt — den Abtastpunkten proportionale Spannungswerte auf. Die Vorlage wird durch eine Vorschubbewegung Zeile für Zeile vom Lichtband erfaßt. Farbvorlagen werden in nur einem einzigen Scanvorgang abgetastet. Für jede abzutastende Zeile werden die drei Grundfarben Yellow, Magenta und Cyan erzeugt. Die Berechnung des benötigten Auszugs für die Tiefe erfolgt Zeile für Zeile im Anschluß an die Abtastung der Farben.

Smart Scanner

Dieser Flachbettscanner ist mit einer Festkörper-Scantechnologie ausgestattet. Die Bilddaten werden von einem optischen CCD-Element gelesen. Das Gerät kann positive und negative Durch- und Aufsichtsvorlagen verarbeiten, wobei von 20% bis 2400% mit einem Schrittwert von weniger als 1% auf der gesamten Breite vergrößert werden kann. Eine Kassette dient als Bildträger. Die Anti-Newton-Glasoberfläche auf dieser Kassette erübrigt das Einölen von Durchsichtsvorlagen bei Vergrößerungsarbeiten. Für den Scanvorgang wird die Vorlage in die Kassette gegeben und eine Taste gedrückt. Das Vorscannen mit Referenzauflösung beansprucht nur einige Sekunden, und das Scannen einer Farbvorlage dauert etwa 2 Minuten. Vorgescannte Bilder können auf einem hochauflösenden Farbbildschirm als Softcopy überprüft werden. Ausschnittbestimmungen, Drehung, Gradationsänderungen und Farbkorrekturen werden vor dem endgültigen Scannen vorgenommen.

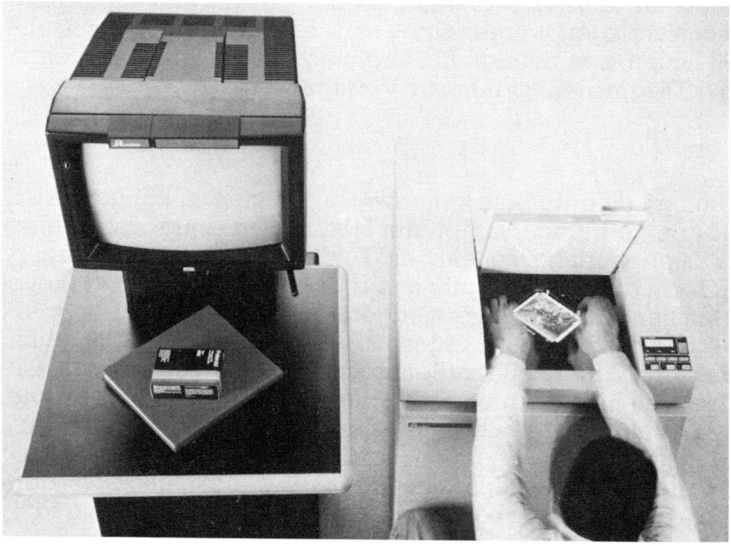

Abb. 44: CCD-Flachbettscanner Smart von Scitex.

Der CCD-Scanner analysiert etwa 7200 Spurelemente/Zoll (288 L/mm) und kann so hochauflösende Stichproben erstellen. Detailkontraste und USM, auch auf einzelnen Farbauszügen, lassen sich erzeugen. Gescannte Bilder werden elektronisch an die Arbeitsstation zur Korrektur übertragen.

Abb. 45: Flachbettscanner Scantext 1015.

Ein Sensorschaltpult ersetzt die herkömmlichen Schalter durch nur drei Tasten, so daß automatische Arbeitsgänge des Scanners manuelle Einstellarbeiten erübrigen. Die Koordinaten und Winkel einer Abbildung werden vom Scanner gespeichert und automatisch für erneutes Scannen wiederholt. Farbkorrekturen werden interaktiv durchgeführt, wobei die neuen Werte auf dem Bildschirm sichtbar gemacht werden. Die im Rechner des Scanners gespeicherten Farben aus einem Standard-Gradationssatz und Grau-Ausgleichskurven kann der Bediener bestimmen. Es können auch benutzerdefinierte Farben aufgerufen und Farbkorrekturen vorgenommen werden. Dichte- oder Punktprozentsätze werden über einen Dichtemesser automatisch angezeigt. Die Qualität der Abbildung wird unter simulierten Druck-, Bedruckstoff- und Farbbedingungen auf der Bildschirmanzeige beurteilt.

Beim Scantext 1015 liegt bei Strichvorlagen der Abbildungsbereich zwischen 14,3 und 100 Prozent, der Auflösungsbereich zwischen 93 bzw. 13 Zeilen/mm. Arbeitet der Laserbelichter mit der Standardauflösung von 32 Pixel/mm, so beträgt die Wiedergabegröße 108 mm x 162 mm, wobei sich Strichvorlagen stufenlos bis auf 10% verkleinern lassen.

Ganzseiten-erfassung für die elektromechanische Gravur

Bei der elektromechanischen Zylindergravur werden ganze Seiten auf dem Abtastzylinder des Helio-Klischographen von Hell erfaßt. Es gibt aber auch die Möglichkeit der Flachbett-Abtastung mit dem Laser-Flachbettscanner. Dieser Baustein ermöglicht die offline-Erfassung einer Seite außerhalb des Helio-Systems. Der Flachbettscanner tastet die Schwarzweiß-Seiten und die Farbauszüge ganzer Seiten ab, das Abtastformat beträgt in Abtastrichtung 480 mm und in Vorschubrichtung 635 mm. Er kann sowohl mit einem eigenen Rechner als auch von einem Systemrechner gesteuert werden. In beiden Fällen wird der Erfassungsprozeß vom Bedienplatz des verwendeten Rechners aus eingestellt. Abtastfeinheit, -ausschnitt, Maßstab und Einstellung von Licht und Tiefe können kontrolliert werden. Die erfaßten Seiten werden abgespeichert und stehen für die weitere Bearbeitung zur Verfügung. Die Abtastung erfolgt mit einer Feinheit von bis zu 1000 Linien/cm. Bei der Abtastung einer Strichvorlage mit angewählter Feinheit von 720 Linien/cm werden für einen Zentimeter 3,6 Sekunden benötigt.

Abb. 46: Laser-Flachbettscanner Chromagraph CN 420. Er ist ein Baustein für die Ganzseitenerfassung in der elektromechanischen Gravur.

Die Anwendung der Offline-Erfassung einer Seite bietet sich dann an, wenn Seiten in entfernten Außenstellen einer Tiefdruckerei redaktionell und technisch entstehen, um erst dann an den Druckort übertragen zu werden.

In zunehmendem Maße werden in Dokumentationen, Publikationen und Drucksachen Sonderzeichen und Logos eingesetzt, die häufig als Erkennungsmerkmale dienen und das Auffinden bestimmter Informationen wesentlich erleichtern.

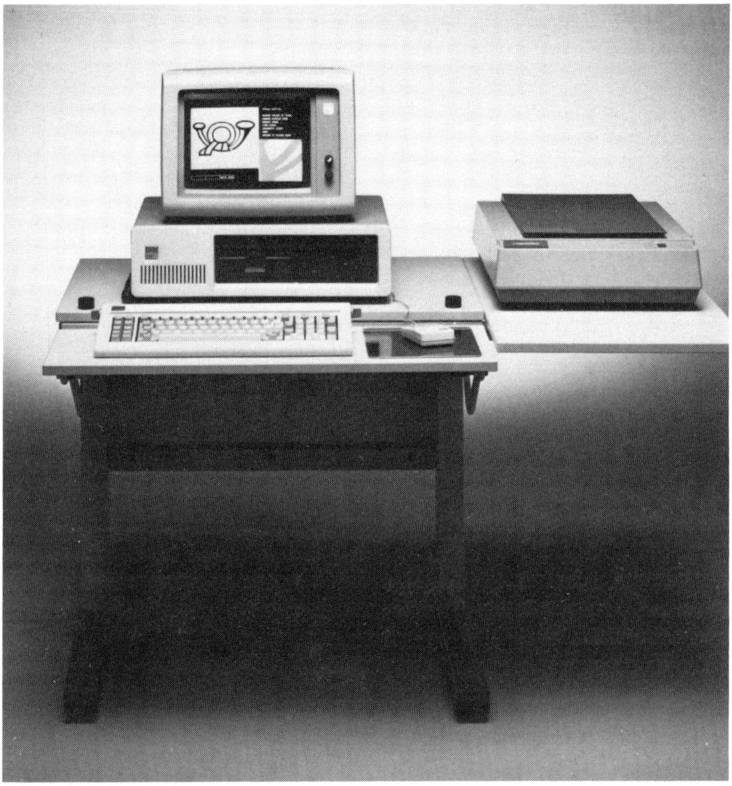

Abb. 47: Logostation von Linotype.

Die Hardware der Logostation von Linotype besteht aus einem IBM PC/XT und einem kleinen Flachbettscanner. Der PC hat RAM-Arbeitsspeicher, Festplatte, Diskettenlaufwerk und hochauflösendes Graphics Board. Zusätzlich zur Tastatur steht eine Maus zur Verfügung, und ein monochromer Bildschirm zeigt die eingescannten Vorlagen. Schwarzweiß-Vorlagen werden auf einem Flachbettscanner gescannt. Nachdem das Logo auf dem PC-Bildschirm zu sehen ist, können Größe und Stand bestimmt werden. Das Logo kann auf Pixellevel editiert werden. Alle genannten Funktionen werden software-unterstützt über ein Menü gesteuert.

Mit der Logostation kann die Digitalisierung von Logos und Sonderzeichen erfolgen. Das Ergebnis wird auf Datenträger abgespeichert.

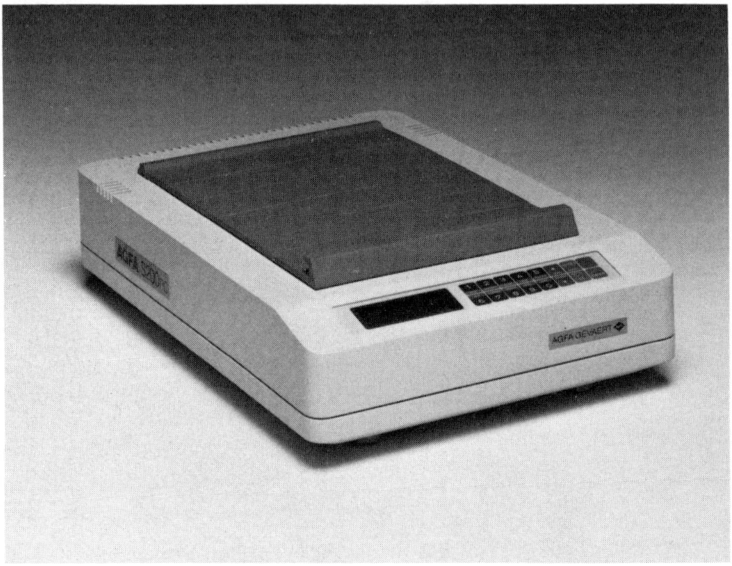

Abb. 48: Logoscanner MCS 1000.

Der Logoscanner MCS 1000 von Compugraphic digitalisiert Firmen- und Sonderzeichen sowie Symbole. Über einen PC werden diese Vorlagen bearbeitet und an den Belichter überspielt, in dem sich bis zu 118 Logos speichern lassen. Diese stehen auf Abruf bereit und können bei Bedarf ausgegeben werden. Ein Scanner tastet die Vorlagen ab.

Der PC/XT von IBM ist mit Compugraphic-Software programmiert, und eine Menüsteuerung führt den Bediener. Es lassen sich Bildelemente hinzufügen oder löschen, mit Zoom-Funktionen Pixels bearbeiten sowie Kanten und Umrisse glätten. Die Logos können in jede Position gerückt, in ihrer Größe verändert und gedreht werden.

Das Kunstwort LASER kommt aus dem Englischen und bedeutet Light Amplification by Stimulated Emission of Radiation = Lichtverstärkung durch angeregte (induzierte, stimulierte) Strahlungsemission.

Das Prinzip eines Festkörperlasers ist folgendes: Die Atome in einem Rubinkristall werden durch von außen zugeführte Energie angeregt. Dabei springen einzelne Elektronen auf weiter außen gelegene Bahnen um den Atomkern. Wenn diese energetisch »aufgepumpten« Atome in ihren ursprünglichen Zustand zurückfallen, wird Energie in Form von Lichtquanten (Photonen) freigesetzt. Diese fliegen in dem an beiden Enden verspiegelten Kristallstab hin und her und lösen ganze Reihen ebensolcher Aktionen aus. Dieses Hin und Her im Stab schaukelt sich hoch, bis schließlich ein Energiebündel in Form eines Lichtstrahls an einem Ende des Lasers austritt. Der Laserstrahl besteht aus Licht einer einzigen Farbe (Frequenz), das in völligem Gleichtakt schwingt. Diese Ordnung verleiht dem Laserstrahl die enorme Kraft.

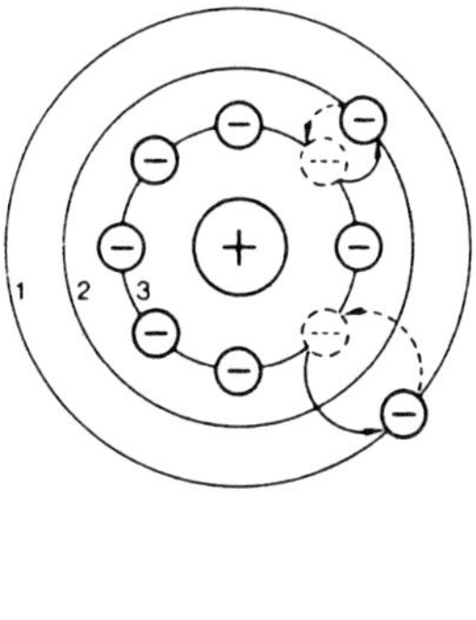

Abb. 49: Das Laser-Prinzip. Um den Kern eines Edelgas-Atoms kreisen in unterschiedlichen Bahnen die Elektronen. Durch Energieanreicherung werden die Elektronen in einen höheren Energiezustand überführt (sie springen in die nächste oder übernächste Bahn). Beim Zurückfallen in den Grundzustand geben sie eine Photonenstrahlung mit sehr starker Energie ab.

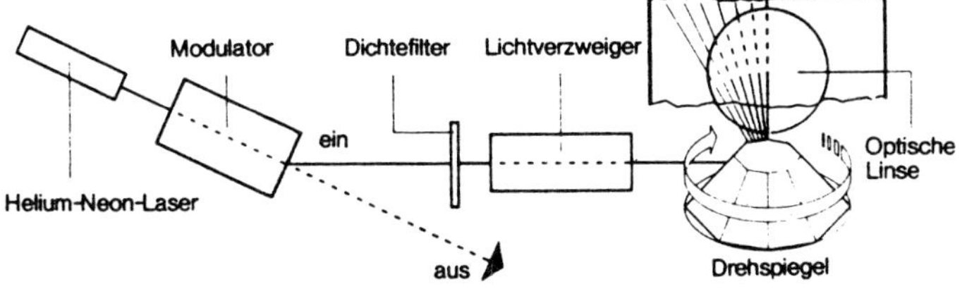

Abb. 50: Prinzip der Belichtung mit dem Laser.

Lasersysteme: Festkörperlaser, Flüssigkeitslaser, Gaslaser, Halbleiterlaser, Röntgenlaser, Excimerlaser, Freie-Elektronen-Laser.

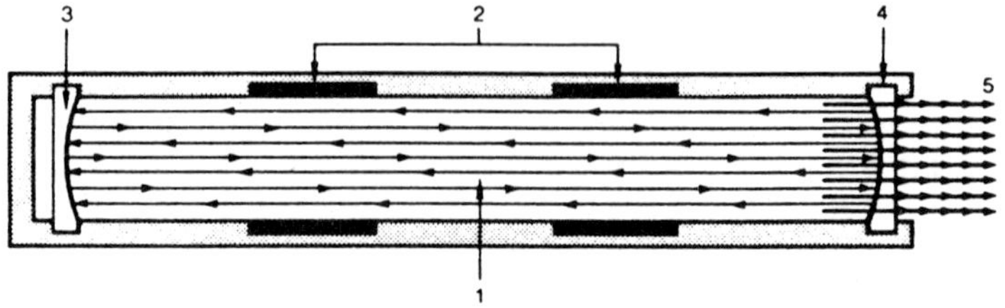

Abb. 51: Im Laser wird durch Anregung des Lasergases Licht erzeugt. Zwischen den beiden sphärischen Spiegelungen bildet sich eine stehende kohärente Lichtquelle, die beim teildurchlässigen Spiegel als energiereicher, paralleler Strahl austritt.
1 = Helium-Neon-Gasgemisch
2 = Verstärkerelektroden
3 = Reflexionsspiegel
4 = teildurchlässiger Spiegel
5 = Laserlicht

Bei Festkörperlasern, wie Rubin- oder Neodymlasern, besteht das aktive Material aus einem Isolator, in dessen Kristallgitter Fremdatome dotiert sind. Diese sogenannten Störstellen sind die laseraktiven Atome. Um den Wirkungsgrad des Pumplichts zu erhalten, werden einfach-, zweifach-, vierfach- oder rotationselliptische Reflektoren eingesetzt. Alle von einem Brennpunkt einer Ellipse ausgehenden Strahlen werden am Rande in den zweiten Brennpunkt reflektiert. Im ersten Brennpunkt befindet sich eine Lampe, im zweiten der Laserstrahl. Das gesamte Pumplicht wird auf einen Kristall reflektiert. Der Rubinlaser emittiert im sichtbaren Bereich, und zwar im roten Teil des Spektrums. Bei ihm wird Aluminiumoxid mit Chrom dotiert. Neodym ist ein Element aus der Gruppe der seltenen Erden. Neodymlaser lassen sich wie Rubinlaser im Dauerbetrieb oder gepulst betreiben. Die Emission liegt im Ultrarot-Bereich. Das Einsatzgebiet dieser Laserart liegt auch beim Informationstransfer über Lichtleitfasern.
Das aktive Medium bei Flüssigkeitslasern ist eine alkoholische bzw. wäßrige Lösung von Farbstoffen, deren Emission sich vom IR- bis in den UV-Bereich erstreckt. Die Linienbreite der Emission ist daher extrem groß.
Bei Gaslasern ist das aktive Medium ein Gas, das auch aus mehreren Komponenten bestehen kann. Das Gas befindet sich in einer Röhre, an deren Enden Elektroden sind. Zwischen diesen wird eine Hochspannung angelegt, und im elektrischen Feld werden die Elektronen beschleunigt. Die Energie dient bei der Abgabe zur Anregung laseraktiver Atome oder Moleküle. Ein He-Ne-Laser z.B. arbeitet mit 5 Teilen He auf 1 Teil Ne, wobei das laseraktive Gas Ne ist. Dieser Lasertyp hat seine Emission im IR- und im sichtbaren Rot-Bereich des Spektrums. Edelgas-Ionenlaser arbeiten mit nur einem Gas. Häufig werden um das Entladungsrohr Magnetspulen angebracht, deren longitudinales Feld zu einer Kompression der Entladung führt. CO_2-Laser haben als aktives Medium ein molekulares Gas. Die Emission liegt im mittleren IR-Bereich.
Die Wirkungsweise der Halbleiterlaser ist in einem p-n-Übergang begründet. Diese Bereiche sind so stark dotiert, daß das Ferminiveau im Valenzband liegt. Wird eine Vorwärtsspannung ausreichender Größe angelegt, so werden Elektronen in den p-Bereich und Löcher in den n-Bereich injiziert, wodurch eine Besetzungsumkehr entsteht, die zu einer stimulierten Emission führt. Dieser Lasertyp ist für die Übertragung von Informationen bestens geeignet.

Die meisten Laserbelichter werden innerhalb der grafischen Unternehmen eingesetzt. Den Schritt in eine neue Richtung setzte Linotype Anfang 1985. Damals stellte das Unternehmen zusammen mit dem amerikanischen Software-Hersteller Adobe die Serie 100 vor und damit die Laserbelichter Linotronic 100 und 300 als sogenannte PostScript-Ausgabeeinheiten für hochwertige Ausgabe von Dokumenten mit Texten und Grafiken. Damit wurde es möglich, Apple Macintosh und IBM PC als Front-Ends für die Erfassung von Dokumenten mit hohen Grafikanteilen einzusetzen. Die relativ einfache und universelle Art, jede Text- und Grafikanwendung zu programmieren, ist das Beeindruckende an dieser PostScript-Ausgabesprache. Linotype hat sie für die Ansteuerung der Laserbelichter Linotronic 100, 300 und 500 lizenziert und gemeinsam mit Adobe einen RIP entwickelt.

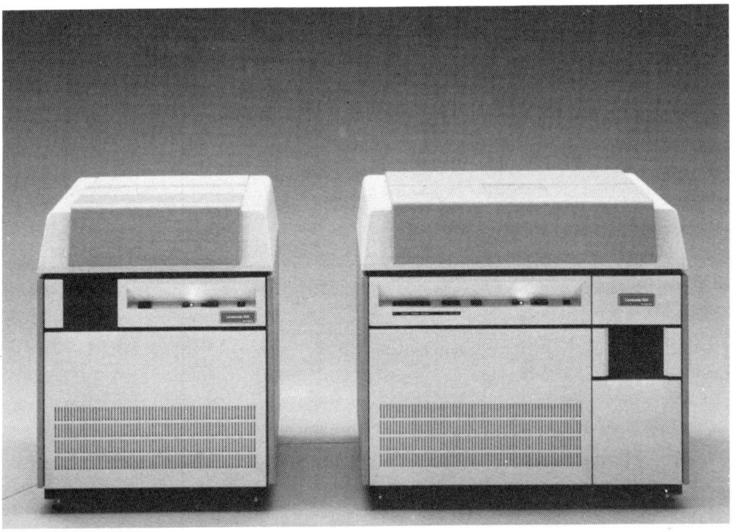

Abb. 52: Laserbelichter Linotronic 300 und 500.

Anwendungsbereiche dieser Ausgabesprache sind z. B. technisch-wissenschaftliche Dokumentationen mit hohen Grafikanteilen, Präsentations-Unterlagen, Herstellung gedruckter Schaltungen sowie Einsatz von Laserbelichtern als Qualitätsplotter für CAD/CAM-Workstationen.

Belichten von Zeitungs- und Magazinseiten

Die Satzsysteme 2/4/6/8, das Umbruchsystem Page Manager 400 und das Graphic System für die Halbtonbild-Verarbeitung sind in der Serie 400 vereint. Der Laserbelichter Linotronic 500 hat ein Aufzeichnungsformat von 457 x 655 mm, und damit können die größten Zeitungsseiten positiv oder negativ aufgezeichnet werden. Ein Online-Prozessor für Direktentwicklung von Fotomaterialien ist anschließbar.

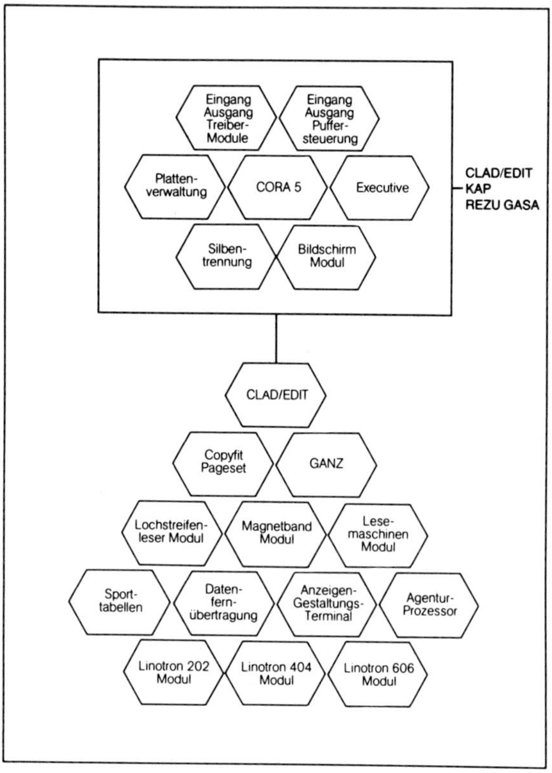

Abb. 53: Linotype-System 4/6. Modularer Aufbau.

Interfaces ermöglichen die Bilddaten-Übernahme aus dem Graphic System und von Texten und Grafiken beim Einsatz grafikfähiger PCs, EDV-Systemen und Workstationen. Die Linotronic 500 kann auch als Qualitätsplotter eingesetzt werden.

Das Aufzeichnungsformat der Linotron 500 ist 457 mm x 655 mm. Es lassen sich Zeitungs- und Magazinseiten positiv oder negativ aufzeichnen.

RIPs und Laseranlagen verarbeiten bei Magazinseiten mit einer Rasterfeinheit von 60 L/cm oder einer Ausgabefeinheit von 800 L/cm immense Datenmengen. Ein Quadratzentimeter Bildmaterial benötigt rund 640 000 Bits an Informationen. Ein Bild in der Größe von 100 mm x 120 mm braucht demnach fast 77 Millionen Bits, und diese riesige Datenmenge muß generiert, gespeichert und zwischen den Systemkomponenten transferiert werden.

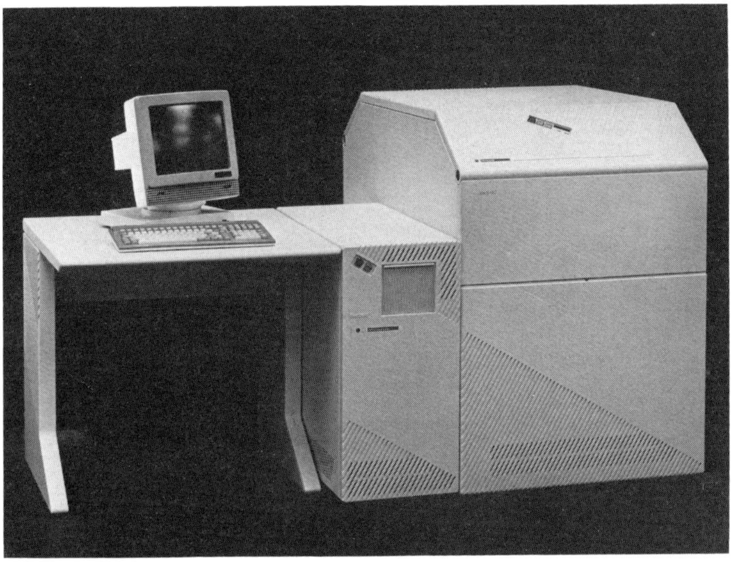

Abb. 54: Berthold Recorder CI.

MCS 9600

Die Lasertechnik des MCS 9600 von Compugraphic bietet Vielseitigkeit in der Anwendung. Schriften mit einer Auflösung von 2400 Punkten/Zoll, Linien, Grafiken (1200 Punkte/ Zoll) und Raster werden belichtet. In einem Arbeitsgang gibt der Laserbelichter Komplettseiten, Halbtöne und Rastertöne aus. Die Zeichen werden durch ein kurvenlineares Aufzeichnungsverfahren gespeichert, was glatte Kanten, scharfe Ecken und gerade Linien bedeutet. Die Zeichen lassen sich in 1-Grad-Schritten drehen, Zeilen für gestürzten Satz um jeweils 90 Grad. Das Positionieren mit Software-Transport und Flächennegativ-Video sind weitere Leistungen der Anlage. Der Laserbelichter ist für die Interpress-Standardseiten-Beschreibungssprache ausgelegt und kann von jedem kompatiblen Vorschaltsystem angesteuert werden.

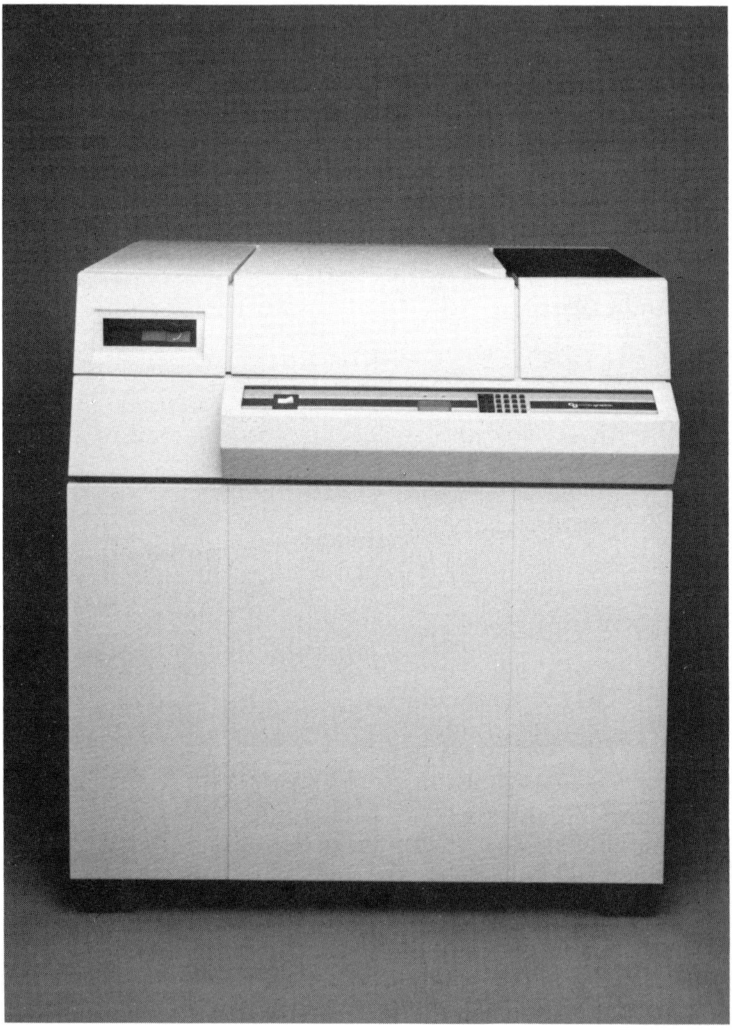

Abb. 55: Laser Typesetter CG 9600.

Laserbelichter für Farbauszüge

Der Ganzseiten-Laserbelichter Digiset LS 210 besteht aus einem Image-Processor und dem Flachbett-Laser-Recorder. Damit ist die Ausgabe von Farbauszugsfilmen möglich, wobei auch 16 unterschiedliche Farben, die beliebig gemischt werden können, automatisch generiert werden. Es kann mit Aufzeichnungsfeinheiten bis zu 800 Linien/cm aufgezeichnet werden. Das Aufzeichnungsformat entspricht einer großformatigen Zeitungs- oder vier Magazinseiten. Bei der Schriftaufzeichnung können die Konturen in 262 Millionen Bildpositionen pro Geviert festgelegt werden.

Abb. 56: Laser-Digiset LS 210-4. Register- und passergenau werden die Farbauszüge belichtet.

Ein besonderes Kriterium für die Bildqualität ist die Rasterfeinheit, die bis zum 60er Raster reicht. Als Rasterpunkte stehen — abhängig vom Druckverfahren — runde, elliptische oder quadratische Formen zur Verfügung. Die Abstimmung der Dichtewerte erfolgt in 256 Stufen. Texte und Abbildungen können bis zu 200% vergrößert und fast unbegrenzt verkleinert werden. Zur Beurteilung der Qualität werden Farbkontrollstreifen oder Passerkreuze mitgeneriert.

Die Seiten werden im Image-Processor nach Angaben des vorgeschalteten Front-End-Systems aufbereitet. Dies können Positionsangaben für Texte und Abbildungen, Farbangaben oder auch eine andere Gestaltung sein. Drehen von Texten, Ineinanderkopieren, Überlagern, Ein- und Auskopieren, negative Wiedergabe von Texten und Abbildungen, Gestalten von Raster- und Schraffurflächen, Generieren und Linienrahmen sind ebenso möglich wie das Anschließen an jedes Front-End-System. Dieser Anschluß wird durch Hard- und Software-Schnittstellen gewährleistet. Der LS 210 läßt sich an die Hell-Systeme Chromacom, NewsPlan und PagiCom anbinden.

Recorder für die Aufzeichnung von Farbsätzen

Für die Ausbaustufen des Chromacom-Systems steht der Baustein CR 401 zur Umwandlung digitalelektronischer Daten in druckreife Farbsätze zur Verfügung. Bei diesem Arbeitsschritt werden Rechnertechnologie und Software voll eingesetzt. Während am Scanner des Systems weiter Vorlagen abgetastet werden, belichtet der Recorder die Farbsätze ganzer Seiten. Der Schreibkopf ist ein sogenannter mitfahrender Laser. Vollautomatisch wird durch elektronische Meß- und Regeleinrichtungen eine optimale Aufzeichnungsschärfe ermittelt, wobei die Elektronik für einen einwandfreien Zeilenanschluß sorgt. Mit stufenlos einstellbaren Aufzeichnungsfeinheiten läßt sich der Schreibkopf elektronisch für Raster- oder Halbtonbelichtungen umschalten.

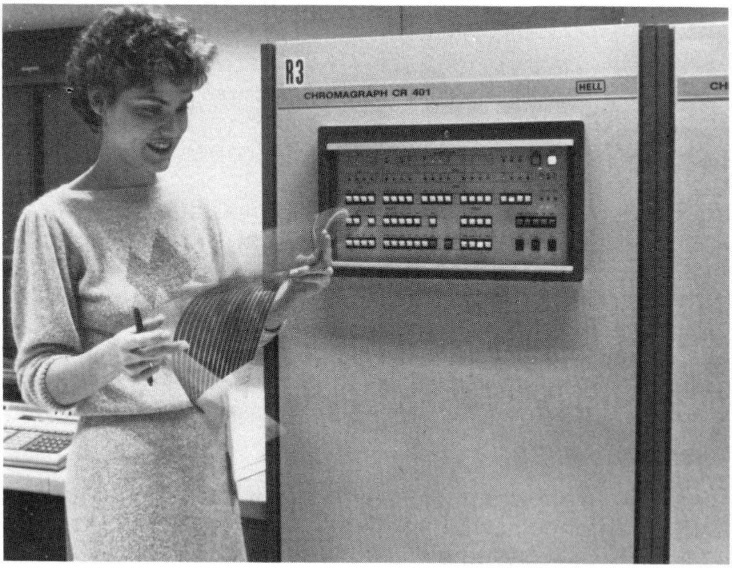

Abb. 57: Vollautomatische Aufzeichnungseinheit CR 401 von Hell.

Chromagraph CPR 403

Die Text-/Bildbearbeitungstechnik stellt einen wichtigen Bereich innerhalb der Vorlagenherstellung dar. Es werden Standardvorlagen hergestellt, die zur anschließenden Reproduktion benötigt werden. Mit dem Trend zu einer anspruchsvollen Bildgestaltung zeichnet sich für den Farbbildrecorder eine Zusammenarbeit als Ausgabekomponente zu Paint-Systemen ab. Die Systeme unterscheiden sich durch ihr unterschiedlich hohes Auflösungsvermögen. Zur Abtastung (Datenerfassung) wird entweder eine Farbvideokamera oder ein Scanner benötigt. Die Aufzeichnung (Datenausgabe) wird mit dem Farbbildrecorder druckgerecht abgeschlossen.

Abb. 58: Chromagraph CPR 403 von Hell.

Die für den Druck benötigten »neuen« Vorlagen werden in zunehmendem Maße über Farbbildrecorder als Ausgabestationen hergestellt. Damit können Bildmanipulationen schneller durchgeführt und reprogerecht ausgegeben werden. Der Farbbildrecorder gibt in Verbindung mit dem Layout-Design-System Aufzeichnungsergebnisse aus, wobei die Freigabe der Entwürfe auf zwei Ebenen begutachtet werden kann. Die eine Ebene ist die optisch/ästhetische

Ausführung mittels farbiger Hardcopies, die andere die reprotechnische Weiterbearbeitung über gewonnene Daten. Änderungen und Modifikationen lassen sich ausführen, wobei die erste Fassung reproduzierbar bleibt. Alle Bedingungen des Fortdrucks, wie Druckmaschine, Farbe und Bedruckstoff, werden berücksichtigt. Dazu wird der digitale Farbumsetzer programmiert, so daß die Farbanpassung innerhalb des jeweiligen Wiedergabeverfahrens erfolgen kann.

Berthold Recorder

Der Recorder besteht aus zwei getrennten Anlageteilen, und zwar dem eigentlichen Recorder, in dem die Belichtung erfolgt, und dem Serverteil. In diesem wird aus den dort verwendeten Schriften und Jobinformationen das Rasterbild der zu belichtenden Seiten errechnet. Der RasterServer ist für Text, Strichabbildungen, Grafiken und technische Raster ausgelegt. Halbtonabbildungen werden über den Raster ImageServer realisiert.

Der Recorder verfügt über einen He-Ne-Laser, dessen Strahl über Schwingspiegel und Optik auf lichtempfindliches Material übertragen wird. Die Auflösungsfeinheit beträgt 20, 40 oder 80 L/mm. Der High-Resolution-Recorder hat eine CRT-Technik und ein Auflösungsvermögen von 70 und 140 L/mm. Beide Recorder können mit den Systemkomponenten D und M verbunden werden.

Für die Ausgabe ganzer Seiten werden heute Drucker mit Lasertechnologie eingesetzt. Diese Geräte wurden zum Zweck einer Zeit-/Kosteneinsparung entwickelt. Sie haben einen eigenen RIP, Plattenlaufwerke und sind sowohl für Offline- als auch Online-Betrieb vorgesehen. Auf der Magnetplatte läßt sich eine große Anzahl von Schriften unterbringen. Eine in den Laserprinter eingegebene Arbeit wird vom RIP in eine Pixelfläche umgerechnet, diese Daten werden gespeichert und dienen dann zur Steuerung der Anlage. Ausgegeben wird im Maßstab 1 : 1 oder in gewünschten Verkleinerungen auf Normalpapier. Die hohe Qualität dieser Ausgaben ermöglicht, Fotomaterial einzusparen. So können z. B. mit PCs erfaßte statistische Grafiken über solche Laserprinter ausgedruckt werden.

Abb. 59: Laserprinter Scantext 1000, der ein Text-Bild-Motiv ausgibt.

Laserprinter eignen sich sowohl für den parallelen als auch seriellen Anschluß an die verschiedenen Rechnersysteme. Für seriellen Datentransfer wird die V24-Schnittstelle eingesetzt, wobei die Übertragungsgeschwindigkeiten bei 19 200 bit/s synchron oder asynchron liegen. Standardmäßige Datenübertragungsprotokolle ermöglichen Anschluß und Integration in bestehende Rechnernetze. Eingehende Daten werden auf systeminternen Festplatten zwischengespeichert.

Der Laserprinter 8/4 von Linotype gibt in Originaldarstellung und in allen Einzelheiten Belege aus. Beim Anschluß der Belichter Linotronic 300 und 500 an einen RIP werden sämtliche Daten einschließlich aller Schriftinformationen von diesem RIP verarbeitet. Belichter und Laserdrucker nutzen ihn gemeinsam, der Laserdrucker kann aber auch mit eigenem RIP arbeiten. Das wird dann der Fall sein, wenn wegen großen Satzaufkommens der in der Linotronic vorhandene RIP eine gemeinsame Benutzung nicht zuläßt. Die Auflösung des Laserprinters beträgt 157 Linien/cm, das Druckformat hat die Größe von A4.

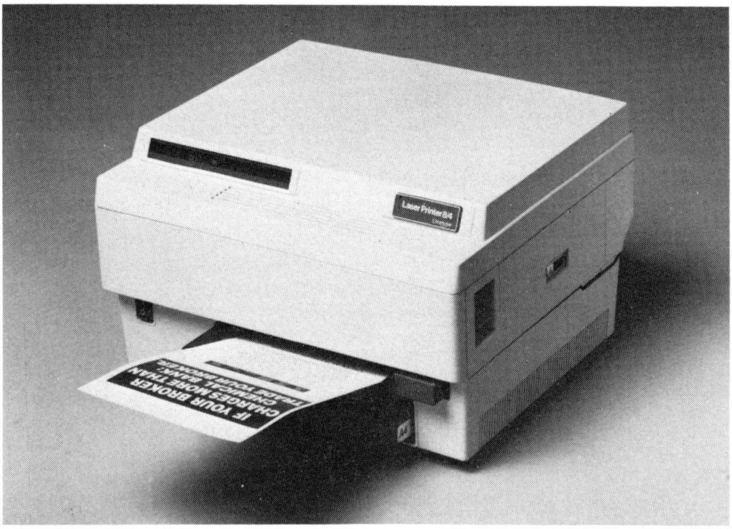

Abb. 60: Laser-Printer 8/4 von Linotype.

Laserprinter können elektronische Formulare im System speichern und diese gleichzeitig mit variablen Daten ausdrucken. Der Wechsel zwischen verschiedenen Formularen erfolgt dabei innerhalb eines Druckjobs ohne Zeitverlust. Änderungen lassen sich in kurzer Zeit durchführen. Eine offline oder online transferierte Arbeit wird vom RIP in eine Pixelfläche umgerechnet, diese dient dann zur Steuerung des Printers. Gedruckt wird auf Normalpapier 1:1 oder verkleinert. Auf Grund der hohen Auflösung lassen sich auch große Formate verkleinert und mit ausreichender Qualität für Korrekturzwecke schnell ausgeben.

Resultatsprüfeinheit

Diese Einheit zeigt vor der Belichtung auf einem Farbbildschirm die endgültige Reproduktion. Mit ihr werden vor allem bei schwierigen Vorlagen falsche Scannereinstellungen vermieden. Die Einheit eignet sich für Tonwertkorrekturen, Bildvergrößerungen und Änderungen von Rasterpunktprozentwerten für sofortige Wiedergabe in Echtzeit, wobei der Doppelzentraleinheit-Speicher den schnellen Vergleich verschiedener Einstellungen ermöglicht.

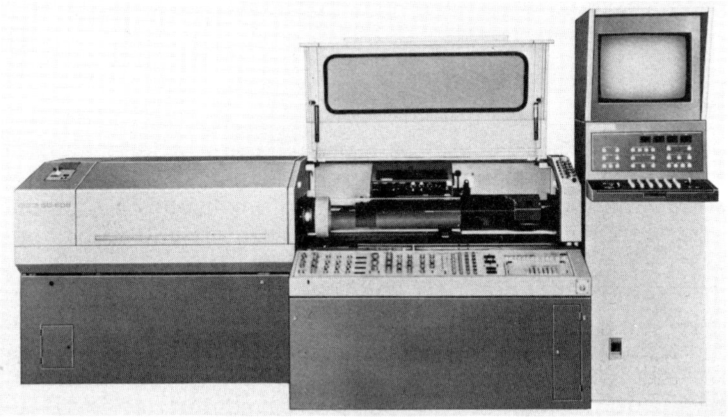

Abb. 61: Resultatsprüfeinheit SS-512 von Dainippon Screen.

Maskenschneidesysteme

Diese rechnergesteuerten Systeme bestehen aus einem Programmier- und einem Zeichenteil, und sie schneiden

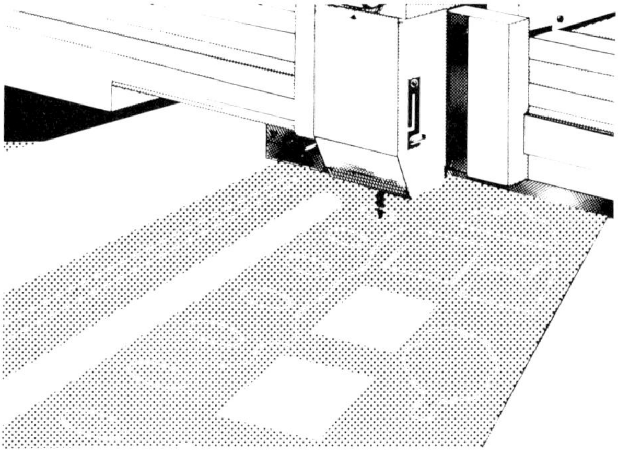

Abb. 62: Cadograph von Dainippon Screen.

nach eingegebenen Programmen Folien bzw. belichten Linien auf Fotomaterial. Zunächst wird eine Linienstruktur-Zeichnung erstellt, deren Angaben vom Tablett optisch übernommen und auf dem Bildschirm sichtbar gemacht werden. So werden alle Angaben einer Arbeit übertragen.

Die Zeichenapparatur führt alle Linienumsetzungen automatisch aus. Anschließend werden die Elemente von der Trägerfolie getrennt. Es können positive und negative Auskopiermasken, Freisteller und geometrische Figuren hergestellt werden.

Seitenmontage-system

Das System RS-100-G von Dainippon Screen arbeitet ähnlich wie ein Vakuum-Kontakt-Kopiergerät mit automatischen Repetierfunktionen. Für eine exakte automatische Seitenmontage werden Filmpositionen programmiert und abgespeichert. Die Filmauszüge für die zeichnungtragende Farbe werden manuell montiert, und ihre Position wird über die Funktionstastatur im Speicher des Systems abgespeichert. Nach erfolgter Positionierung des Montagebogens der zweiten Farbe werden die Filmpositionen für die erste Farbe aus dem Speicher abgerufen, dann steuert das Gerät automatisch jede Filmposition an, und die Filme werden manuell befestigt. Der Ablauf bei den übrigen Farben ist dann der gleiche. Das maximale Seitenformat ist 55 x 80 cm. Das Bedienungsfeld hat bis zu 99 Datenspeicherkanäle für Repetierkopierarbeiten.

Printon Desc MC

Das Printon Dry-Etch System Computerized Modular Concept von Agfa-Gevaert ist eine modular aufgebaute, integrierte Arbeitsstation mit Rechnersteuerung für Trockenretusche bei Tageslicht. An einen zentralen Rechner werden mehrere Belichtungseinheiten online oder offline angeschlossen. Je nach Art der Korrekturen, des Materials und seiner Eigenschaften können die Daten für Änderungen eingegeben werden. Dadurch lassen sich die Verarbeitungsdaten für alle angeschlossenen Belichtungseinheiten abrufen, und man kann die Ausführung der Arbeit befehlen. Bei der Rasterpunktkorrektur tritt kein Deckungsverlust auf. Eine Änderung der Punktgrößen wird vorher festgelegt.

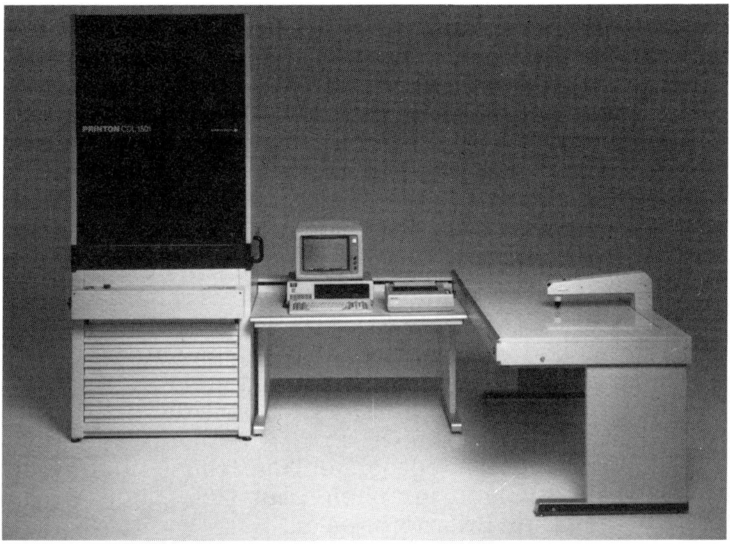

Abb. 63:
Printon Desc MC.

Tonflächen-generator

Der rechnergestützte Tonflächengenerator TG-200 von Dainippon Screen ermöglicht Tonflächen- und Maskenherstellung. Diese Anlage verfügt über einen Vierfarb-Bildschirm, einen Bildschirm mit Tastatur und einen Digitizer mit Cursor. Zwei Zentraleinheiten ermöglichen parallelen Online-Betrieb mit Scannern. Dadurch wird die Verarbeitung komplizierter Formen, Aneinanderfügung, Speicherung von Tonflächendaten, Pixelüberlappung usw. wesentlich erleichtert. Zur Überprüfung des Tonflächenbereiches werden als Strichnegativfilm verarbeitete Grafiken gescannt. Die erhaltenen Daten werden dann an den Tonflächengenerator übermittelt und auf dem Farbbildschirm als Positiv wiedergegeben, wobei Löcher, unterbrochene oder fehlende Linien elektronisch retuschiert werden können.

Rasterpunktprozentwerte für jeden Farbauszug werden mittels Cursor festgelegt und die Bereiche bestimmt, in welchen Tonflächen zur Überprüfung auf dem Farbbildschirm positioniert werden sollen. Nach erfolgter Eingabe werden diese Daten zur Ausgabe von Negativfilmauszügen an die Scanner-Aufzeichnungseinheit übertragen. Für den montierten Film werden Strichnegativfilme und Tonflächenfilme mehrfach belichtet.

Dreidimensionale Farbraumtransformation

Pixon von Hell ist eine Verfahrenstechnik, die nicht nur eine Auszugsfarbe (eindimensional) bzw. zwei Auszugsfarben (zweidimensional), sondern auch dreidimensionale Farbraumtransformationen ermöglicht. Dabei werden die Grundfarben Yellow, Magenta und Cyan in ihrem Verhältnis zueinander sowie in ihrem Verhältnis zur Tiefe auf eine festgelegte Weise verändert.

Daraus ergibt sich nun eine ganz andere und völlig neue Erkenntnis der Herstellung von Farbauszügen, denn dadurch ist es möglich, vorlagenorientierte Farbrechnereinstellungen von druckorientierten Erfordernissen zu trennen. Farbkorrekturen und vorlagenorientierte Optimierungseingriffe bei Bildmanipulationen brauchen nicht mehr auf der Basis des später zu erfolgenden Druckprozesses durchgeführt zu werden. Unabhängig von der Prüf-, Proof- oder Fortdruckcharakteristik der bildbezogenen Einstellungen am Farbrechner eines Chromagraphen paßt sich Pixon an die drucktechnischen Erfordernisse an.

Das Resultat einer Farbkorrektur, das auf der Basis eines bestimmten Farbraumes erstellt wurde, läßt sich in einen anderen Farbraum umwandeln.
Diese neue Verfahrenstechnik wird möglich durch Funktionen des Softwarepakets DIFU im Chromacom-System, wobei die Vielseitigkeit dadurch erreicht wird, daß das Programm mittels Datensatzes auf eine ganz bestimmte Anwendung eingestellt wird. Testformen, Erstellungsprogramme und Auswertungsbeschreibungen sind die Hilfsmittel für die exakte Auswertung. Der Erfolg der Farbumsetzung ist abhängig von der Qualität der Analyse und der Auswertung des Druckverfahrens.

Bei der Farbraum-Transformation am Scanner wird die Vorlage über die Abtastoptik und mit Farbrechnerfunktionen, wie Licht- und Tiefenbestimmung sowie mit Farbstichausgleich angepaßt. Dann beginnt die Umsetzung mit einer Basis-Farbkorrektur. Die Parameter für selektiven Farbeingriff und Gradationsbeeinflussung liegen im Farbspeicher des Rechners. Der Operator lädt eine Übersetzungstabelle in den Speicher, damit leitet er den Farbumsetzungsprozeß ein. Vorlagensignale und Korrekturparameter orientieren sich nun anders. Es ändert sich der Teil der Farbkorrektur, der druckbezogen ist.

Betriebssystem

Das Betriebssystem wird von einem externen Speicher bei Arbeitsbeginn in die Anlage geladen. Anschließend gibt es dann zwei Möglichkeiten, das Betriebssystem wirken zu lassen:

1. Der Bediener gibt Anweisungen über die Tastatur,
2. Der Programmierer fügt seinen Programmen entsprechende Steuerkarten bei.

Wesentlicher Teil eines Betriebssystems ist das Organisationsprogramm (ORG). Dieses übernimmt die Steuerung der Anlagenteile untereinander sowie die Überwachung des Datenverkehrs zwischen Zentraleinheit und Peripheriegeräten. Teile des Betriebssystems sind z. B. auch Übersetzerprogramme. Sie haben die Aufgabe, die Programmiersprache (Kunstsprache) in die Sprache des Rechners umzusetzen. Dabei wird zwischen Assemblern und Compilern unterschieden. Als Assembler werden Übersetzerprogramme der maschinenorientierten Programmiersprachen bezeichnet, die Compiler sind Übersetzer der problemorientierten Programmiersprachen.

Bei Anwendung der Compiler-Sprache erteilt der Programmierer einen Befehl in der Programmiersprache. Der Compiler erzeugt nun eine Folge von Befehlen in der Maschinensprache, wodurch die über Datenträger eingegebenen Daten gelesen und übersetzt werden.

Datenfernübertragung

Für den Austausch von Informationen zwischen entfernten Datenstationen und einer zentralen Verarbeitungsanlage muß es besondere Leitungen geben. Das können betriebsinterne Leitungen (Standleitungen) sein. In allen Fällen müssen die Informationen in eine Form gebracht werden, die eine Übertragung erlaubt. Sie müssen erst moduliert, dann — bevor sie in die Anlage einfließen — demoduliert werden. In der Regel werden als Datenstationen Dialoggeräte eingesetzt, die den Informationsaustausch in beiden Richtungen ermöglichen.

Datensicherung

Eines der Hauptprobleme — auch bei der Text- und Bildherstellung — ist die Sicherung vorhandener bzw. einlaufender Daten. Da Übertragungs-, Belichtungs- und Entwicklungsfehler auftreten können, ist es von großer Bedeutung, alle Daten abzusichern. Datenträger, die magnetischen Feldern, Feuchtigkeit, starker Hitze oder intensiver Sonneneinstrahlung ausgesetzt sind, verlieren ihre Informationen. Durch Duplizieren der Daten ist eine Absicherung gegeben.

Magnetplatten

Die Art, mit der Daten auf diese Datenträger gebracht werden, ist immer die gleiche. Mit einem Schreib-Lesekopf werden die Daten auf die Platte geschrieben oder von ihr gelesen. Sie werden kreisförmig aufgezeichnet. Jeder Kreis wird als Spur bezeichnet, und jede dieser Spuren ist wieder in einzelne Speicherstellen unterteilt. Werden neue Daten über die vorhandenen geschrieben, so werden diese gelöscht. Die Daten auf Magnetplatten können durch einen Befehl komprimiert werden. Durch diesen Vorgang werden die Daten neu organisiert, so daß weitere Speicherkapazität entsteht.

Rechnersysteme

Digitalrechner zählen und verarbeiten Buchstaben, Zeichen, Sonderzeichen. **Analogrechner** messen und verarbeiten Drehzahlen, Temperaturen, Drücke, Ströme. **Hybridrechner** sind eine Kombination aus Digital- und Analogrechnern. Die analog erfaßten Werte werden in digitale umgewandelt und dann ausgegeben.

Computergrafik

Ein weiteres Anwendungsfeld digitaler Verarbeitung ist der Bereich der Grafik, des Grafik-Designs und der Gestaltung. Die Computergrafik ermöglicht, Informationen schneller umzusetzen und in grafisch-optischer Form aufzubereiten. Die Bilder aus dem Rechner können als Druckvorlagen für alle Druckerzeugnisse eingesetzt werden. Es besteht die Möglichkeit, neue Gestaltungsformen mit geringem Zeitaufwand zu entwerfen. Auf diesem Gebiet wird zwischen verschiedenen Arten der Visualisierung unterschieden, und zwar Anfertigung von Geschäftsgrafiken und freihändige Illustrationen. Der Rechner erstellt mit gespeicherten Formen wie Balken, Diagrammen usw. und eingegebenen Werten selbständig komplette Grafiken. Bei den freihändigen Illustrationen ruft der Gestalter einzelne Symbole aus dem Datenbestand ab, die er auf dem Bildschirm zusammenstellt, oder er zeichnet mit der Maus kreativ bzw. nach einer Vorlage.

Interaktive Videoplatten-Schulung

Das Swift-Schulungsprogramm von Scitex simuliert wirklichkeitsgetreue Folge-Instruktionsmethoden, wobei das Programm Bilder, Ton und Bewegung einer Laser-Videoplatte mit rechnererstellter Grafik und interaktiver Steuerung eines PC kombiniert. Das Programm umfaßt Anleitungsmaterial, das in sechs getrennte Module unterteilt ist. Jedes Modul besteht aus einer komplexen Seitenmontage. Zu den Komponenten gehören Personal-Computer, Laser-Videoplattenspieler, interaktive Videoplatten, hochauflösender Farbbildschirm, Digitalisierungstablett mit Maus und eine Sonderfunktionstastatur.

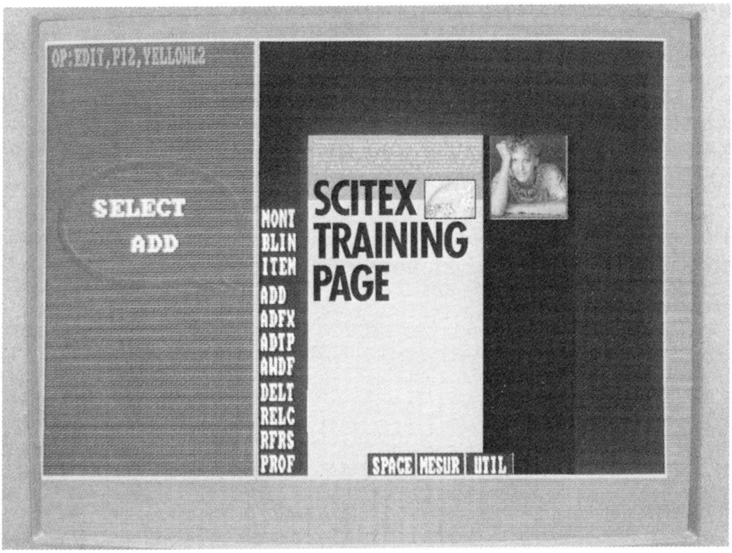

Abb. 64: Schulungsprogramm mit Videoplatten.

Der Schulungsaufbau basiert auf einer Lernmethode, die voraussetzt, daß die behandelten Inhalte verstanden und beherrscht werden, bevor zur nächsten Lektion übergegangen wird. Jedes Modul ist in die Lektionen »Lernen durch Üben«, »Unabhängige Übungen«, »Überprüfen und Üben«, »Erstellen von Seiten auf einem Personal-Computer« unterteilt. Beim Lernen durch Üben wird der Lernende Schritt für Schritt durch den Lernprozeß geführt, seine Aufnahme wird getestet und beurteilt. Das Kapitel »Wiederholungen und

Übungen« bietet zusätzliche Videofilme, Texte und Übungen. Bei der Seitenerstellung wird überprüft, ob der Lernende alles bisher Durchgenommene auch verstanden hat. Im Falle eines Fehlers erfolgt Hilfestellung in Form von Texten, Videofilmen, Ton und Wiederholungen.

Diese Art von Schulungsprogrammen reduziert die Ausbildungszeiten an den Systemen wesentlich.

Alle führenden Hersteller und deren Vertretungen in den einzelnen Ländern bieten in ihren Schulungszentren vielfältige Geräteschulungen und Weiterbildungskurse an. Auf Anfrage werden Termine und Kosten von den Herstellern mitgeteilt.

Die vermehrt angebotenen Schulungs- und Lernprogramme gewinnen eine immer größere Bedeutung. Neben Lerndisketten für die Handhabung erworbener Geräte, Maschinen und Anlagen können auch speziell entwickelte Programme zur Schulung von Anwendungen erworben werden. Der Vorteil ist darin zu sehen, daß keine zeit- und kostenintensiven Schulungen außer Haus nötig sind.

A

A → Ampere. Damit wird die → Stromstärke angegeben.
Å Ångström. 1 → nm = 10 Å.
Abbildung Erzeugung eines Gegenstandsbildes mit Hilfe von → Lichtstrahlen.
Abbildungsgesetz Es besagt, daß die kürzeste Entfernung, in welcher eine scharfe Abbildung des Gegenstandes entsteht, die einfache → Brennweite ist.
Aberration Abbildungsfehler (chromatische, sphärische). Abweichung der einzelnen abbildenden Strahlen vom idealen Strahlengang.
Abfrage Bestimmte → Speicherstellen innerhalb eines Programmablaufes können nach dem jeweiligen Inhalt abgefragt werden. Es wird mit anderen → Speicherstellen verglichen, und nach Feststellung einer bestimmten Bedingung wird der Programmablauf fortgesetzt (verzweigt).
Abgleich Einstellen auf einen vorgeschriebenen Wert mittels → Kondensatoren und → Widerständen.
Abklingen Zeitliche Abnahme der → Amplitude einer Schwingung.
Ablauf Logische Aufeinanderfolge von → Operationen eines → Programms. Wird als → Programmablaufplan mit grafischen → Symbolen dargestellt.
Ablaufdiagramm Diagramm, das die logische Aufeinanderfolge der → Operationen eines → Programms zeigt.
Ableitung Wirkleitwert eines → Isolators.
Ablenkfehler Abbildungsfehler. Treten bei der Ableitung eines → fokussierenden Bündels geladener Teilchen, z. B. → Elektronen in → Kathodenstrahlröhren, durch → magnetische Felder auf.
Abmusterungslicht Nach DIN 53218 natürliches Tageslicht bei teilbewölktem Nordhimmel oder Farbmusterungskabine mit künstlichem Tageslicht.
Aborted Nicht belichten.
Abruf Über Tasteneingabe oder über Programmsteuerung erfolgt der Abruf der zu verarbeitenden → Daten auf den → Bildschirm oder der bereits bearbeiteten → Daten zur → Ausgabe.
Abschwächen Entfernung von metallischem Bildsilber aus → Positiven und → Negativen zur Verkleinerung der → Rasterpunkte.
Abschwächer Chemikalien zur Verringerung der → Schwärzung belichteter und entwickelter → fotografischer Schichten.
Absorption Lichtverschlukkung. Teile des → Lichts werden verschluckt (absorbiert).
Absorptionsfilter Als → Farbauszugsfilter lassen sie nur ein Drittel des sichtbaren → Spektralbereichs hindurch.
Abspeichern Eingabebegriff. → Daten werden in einen → Rechner eingegeben.
Abszisse x-Koordinate in einem → Koordinatensystem.
Abtastkopf Teil des → Scanners, der zur Abtastung von → Auf- und → Durchsichtsvorlagen dient. Die → Abtastvorrichtung ist umschaltbar, so daß → seitenrichtig oder → seitenverkehrt abgetastet werden kann. Hier findet mittels → Farbfiltern eine Trennung des für jeden Bildpunkt gemessenen Lichtwertes in die drei → Grundfarben statt. Über ihn erfolgt die → Dateneingabe. Er enthält die Mikroskop-Optik, durch die das → Bild erfaßt wird.
Abtastoptik Die Vorlage wird durch Halogenlichtquellen ausgeleuchtet, das reflektierte → Licht wird erfaßt, durch Farbtrennfilter zerlegt, elektronisch verstärkt und im Farbrechner aufbereitet.
Abtastprinzip Auf eine Trommel wird eine → Durch- oder → Aufsichtsvorlage gespannt. Die Trommel dreht sich während des Abtastvorganges, und der → Abtastkopf nimmt auf einer Schraubenlinie die Bildinformation auf.
Abtastpunkt Die Vorlage wird im → Scanner in einen x-y-Raster von → Bildpunkten zerlegt.
Abtaststation Sie erfaßt die Bilddaten, indem Vorlagen → gescannt und auf elektronische → Speicher übertragen werden.
Abtastvorgang Abnahme von auf → Datenträgern gespeicherten Informationen durch → Leseköpfe oder mit dem → Laserstrahl.
Abtastvorrichtung Sie besteht aus der Maskenwalze, dem Maskenkopf mit dem Multipliereinschub und den Einstellelementen für die elektronische Freistellung.
Abtastzylinder Durchsichtiger Zylinder, auf dem sich das Farbdia während des → Abtastvorganges befindet.
Achromat Linsensystem. Einfache Art besteht aus einer → Kronglas-Sammellinse und einer → Flintglas-Zerstreuungslinse. Korrigierte → chromatische Aberration.
Achsenparalleler Strahl Verläuft parallel zur → optischen Achse einer → Linse oder eines → Hohlspiegels.
ACI Advanced Communication Interface. → Daten aus anderen Systemen können → asynchron oder → bisynchron → online eingelesen und ausgegeben werden.
ACIA Asynchronous Communication Interface Adapter. Programmierbare → serielle → Schnittstelle zur Datenübermittlung.
ACR-Rechner AV- und Codezahlen-Rechner. Ermöglicht ei-

ne schnelle, automatische und exakte Aussage über die einzustellenden Codezahlen.
ACS Altertext Conversion System. Diskettenkonverter für $5^1/_4$-Zoll-Disketten.
Adapter Zwischenstück für die Herstellung von Verbindungen, z. B. bei → Fotosetzgeräten.
Additive Farbmischung Aus den drei Grundfarben des Lichts — Rot, Blau, Grün — entsteht Weiß.
Adhäsion Aneinanderhaften von unterschiedlichen Stoffen. Molekulare Anziehungskraft.
Adreßbuch Inhaltsverzeichnis der → Adressen zum Auffinden der auf → externen oder im → internen Speicher gespeicherten → Daten.
Adreßbus Leitungssystem zur Übertragung von → Adressen an die → Peripherie.
Adresse Nummer eines → Speicherplatzes im → Arbeitsspeicher.
Advance Vorrücken, voraus. Film-Advance heißt demnach Filmvorschub.
Aesthedes Ästhetik und Design. System für → CAD/CAM-Anwendung und Layoutherstellung. Freie Zeichnungen werden in Vektorgrafik, Halbtonvorlagen in Rastergrafik be-und verarbeitet. Auflösungsvermögen 64 000 x 64 000 Punkte.
Agfalith Agfa-Gevaert Fast Access Lith. Filmmaterial für schnelle → Lithentwicklung.
AGT Anzeigen-Gestaltungs-Terminal, das → online an die → Zentraleinheit eines → Satzsystems angeschlossen wird.
AI Artificial Intelligence. Künstliche Intelligenz. Darunter ist eine mechanisierbare → Logik des vernünftigen Folgerns zu verstehen.
Aida → EDV-gestützte Administrationsprogramme für die Bereiche Auftragsbearbeitung, Terminüberwachung, Angebot, Vor-/Nachkalkulation, Fakturierung usw.
Akkumulatives Register → Speicherstelle eines → Rechners. Der Inhalt kann in beliebige Speicherzellen abgelegt werden.
Aktinisch Durch → Strahlen verursachte Veränderung, z. B. bei lichtempfindlichen Schichten von Druckplatten.
Aktinität Sie ist abhängig von der Zusammensetzung des ausgestrahlten → Lichts und von der Empfindlichkeit der → Emulsion. In dem Maß, in dem → Licht einwirkt, ist die → Lichtquelle als → aktinisch zu bezeichnen.
Aktivator Chemikalie, die die Wirkung verstärkt, z. B. bei der Schnellentwicklung (Rapidoprint).
Aktive Bauelemente Das sind → Transistoren und → Dioden.
Akustischer Koppler Gerät für den Datentransport. Auf der Sendeseite wird der Schallerzeuger des eigenen Telefons mit dem verdichteten Kassetteninhalt angesteuert oder ein kleiner Lautsprecher vor den Telefonhörer gesetzt. Der normal angewählte Empfänger schickt die → Daten in einen → Zwischenspeicher.
Akustik-Koppler → Modem. Umwandler von → digitalen elektronischen → Daten in Schallwellen und zurück.
Akzeptor Fremdatom im → Kristallgitter eines → Halbleiters.
Akzidenzgeräte → Fotosetzgeräte für alle Art von Akzidenzen. Mengensatz kann wirtschaftlich nicht hergestellt werden.
ALGOL Algorithmic Language. Wissenschaftlich und mathematisch orientierte → Programmiersprache.
Algorithmische Sprache Sprache zur Beschreibung von Rechenprozessen, die mit Hilfe von Algorithmen durchzuführen sind. Programmierung, z. B. → ALGOL
Algorithmus Dient zur Lösung von Problemen, und zwar als mathematische Formel, → Flußdiagramm oder → Programm. Folge von eindeutig formulierten Anweisungen.
Alkalisch Basisch, laugenhaft, → pH-Wert über 7.
Allgemeinempfindlichkeit Die Filmhersteller geben neben → Gradations- und Zeit-Gamma-Kurven sowie Belichtungsbeispielen auch sog. Relativwerte an. Normung im DIN-Blatt 4512.
Alphabetische Daten Diese bestehen aus den Buchstaben des Alphabets. Damit werden Vergleichs- und Übertragungsoperationen ausgeführt.
Alphanumerisch Buchstaben und Ziffern, z. B. auf → Datenträgern.
Alphanumerische Daten → Zeichenketten, die sich aus Buchstaben, Satzzeichen, Ziffern und → Sonderzeichen zusammensetzen.
Alphanumerische Tastatur Zur → Eingabe von Groß- und Kleinbuchstaben, Ziffern und → Sonderzeichen.
ALU Arithmetic Logic Unit. → Arithmetisch → logische Einheit.
Ampere Einheit der elektrischen → Stromstärke. Basiseinheit des Internationalen Einheitensystems. Fließt der → Strom in der Stärke von 1 Ampere, so bewegen sich in einer Sekunde $6{,}2 \times 10^{18}$ → Elektronen am Meßpunkt vorbei.
Amplitude Schwingungsweite. → Stromstärke und → Spannung bei → Wechselströmen.
AMS Area make-up Station. Anlage zur elektronischen Bildbearbeitung.
Analog Gleichartig. → Datenverarbeitung mit stufenlos variablen Größen. Nicht für die Satzherstellung geeignet.

Analog-Digital-Umsetzer Elektronische Einrichtung zur Umwandlung einer vorliegenden Größe (Eingangssignal) in eine → digitale Ausgangsgröße (Ausgangssignal).

Analogrechner Dieser → Rechner arbeitet mit Größen, die durch meßbare Werte dargestellt werden (Spannung, Widerstände, Umdrehungen). Geschwindigkeitsmesser, elektrische Uhr, Druckmesser, Rechenschieber, Thermostat.

Analogschaltung Elektronische Schaltung. Sie wandelt eine sich ändernde Eingangsgröße in eine → analoge Ausgangsgröße um.

Analogschrift E13B Schriftsatz mit 10 Ziffern und vier Symbolen. Jedes Zeichen ist in einem Rasterfeld konstruiert.

Analyse Ein → Programm wird in seine Einzelabschnitte zerlegt.

Analyse-Codierung Damit werden die Fremdcodierungen ermittelt und umgewandelt.

Anastigmat Linsensystem. → Bildfeldwölbung und → Astigmatismus sind durch spezielle optische Glassorten korrigiert.

AND UND-Verknüpfung.

Andere Datenträger Optisch lesbare Journalstreifen, Euroschecks usw.

Animation Darstellung beweglicher Bilder auf einem → Bildschirm.

Animationsprogramm Selbsteinführendes → Programm für → Rechner-Anwender.

Anlage Zusammenstellung von Geräten, die als Ganzes produktionsfähig sind.

Anlagen-Konfiguration → Zentraleinheit, → Peripheriegeräte für die → Datenein- und -ausgabe, externe Programmspeicher, → Analog- bzw. Digital- → Ein- u. → Ausgabegeräte.

Anode Pluspol einer → Vakuumröhre. Positive → Elektrode in → Elektronenröhren.

Anodengleichrichtung Sie wird zur → Demodulation von amplituden-modulierter → Hochfrequenz verwendet.

Anodenspannung → Spannung zwischen → Kathode und → Anode in einer → Elektronenröhre.

Anodenstrom → Elektronenstrom, der von der → Kathode zur → Anode fließt.

Anschlußkennung Im → Datennetz dient ein Kennungsgeber der Identifizierung sowohl der rufenden als auch der gerufenen Gegenstelle.

Antiope Bildschirmdarstellung von Texten mit der Möglichkeit, auch »exotische« Schriftbilder darzustellen.

Antireflexfilter Vorsatzfilter für → Bildschirmgeräte, um Blendung und Spiegelung zu reduzieren.

Anwenderprogramm Es besteht aus → Befehlen und → Daten. Enthält den Programmablauf zur Problemlösung.

APL A Programming Language. → Programmiersprache.

Apochromat Linsensystem. Farbfehler sind beseitigt.

Append Dieses Zeichen wird benutzt, um den → Datenfluß einer → Eingabe von einer Zeile zur nächsten überzuleiten.

Apple Talk Steckerfertiges persönliches → Netzwerk.

APPS Autologic Pagination und Photoimaging System. Integrierte Anwendung für Redaktion, Anzeigengestaltung und Umbruch.

Arbeit Dieser Bereich besteht aus allen → Einheiten, die die Arbeit bilden.

Arbeitsablauf → Dateneingabe — Speichern — Steuern — Rechnen — → Datenausgabe.

Arbeitsgeschwindigkeit Diese wird bei → Rechnern in → MIPS angegeben und bewegt sich im Bereich von → Nanosekunden.

Arbeitsmodus Alle Funktionen der Datenkontrolle und -verwaltung müssen ausgeführt werden.

Arbeitsspeicher Wichtiger Bestandteil jeder → EDV-Anlage. Er nimmt → Betriebs- und → Anwenderprogramme und die zu verarbeitenden → Daten auf.

Arbeitsvorbereitung Sie erstellt die → Befehlsketten.

Arbeitszustand Zustand der → Datenträger, z. B. bearbeitete bzw. noch nicht bearbeitete → Text- und → Bilddaten.

Argon Lasermedium. Edelgas, das aus der Destillation von flüssiger Luft gewonnen und als Füllgas verwendet wird.

Argon-Ion-Laser → Lichtquelle, bei der Gas angeregt wird. Es wird → monochromatisches blaugrünes → Licht abgestrahlt.

Argon-Laser → Laser mit blauer → Lichtfarbe.

Arithmetisch-logische Einheit Enthält die → elektronischen Schaltungen, die die → arithmetischen Berechnungen durchführen und die → logischen Entscheidungen fällen. Teil der → Zentraleinheit.

Array Processing Mehrere identische → Prozessoren werden unter Kontrolle einer Steuereinheit parallel eingesetzt.

Artgraphics Softwarepaket. Es dient der freien künstlerischen Gestaltung von Grafiken.

ASA American Standard Association. Einheit für die → Lichtempfindlichkeit → fotografischer Materialien.

ASA-Werte American Standard Association. Normenwerte für Empfindlichkeitsbestimmung von → Filmmaterialien.

ASCII American Standard Code of Information Interchance. Alphanumerischer 7-bit Code

Assembler Die von → Anlage zu Anlage verschiedenen maschinenorientierten Sprachen. Hauptbestandteile sind die → Befehle, die Anweisungen und die Makroaufrufe.

Ästhetikprogramm Buchstaben und Zeilenanfänge und -ausläufe werden von einem → System automatisch unterschnitten bzw. auf optisch gleiche Länge gebracht.

Astigmatismus Entsteht durch nicht parallel zur optischen Achse einfallende → Lichtstrahlen. Gegenstandspunkte werden nicht punktförmig, sondern strichförmig wiedergegeben (Punktlosigkeit). Abbildungsfehler.

Asynchron Entgegenlaufend, nicht gleichzeitig bzw. nicht mit gleicher Geschwindigkeit laufend.

Asynchroner Datenaustausch Die Möglichkeit auf den Verzicht einer → synchronen Datenübertragung zwischen zwei → Systemen, wenn Steuerzeichen Anfang und Ende eines → Datenblocks kennzeichnen.

AT Advanced Technology. Mikrorechner mit einem → Festplattenspeicher und einem Fassungsvermögen von bis zu 70 → MB.

Atom Kleinster Grundstoffteil bzw. Teil eines chemischen Elements. Es besteht aus Kern und Hülle und ist chemisch nicht weiter zu zerlegen. Der positiv geladene Kern ist von einer aus → Elektronen bestehenden Hülle umgeben.

Atomkern Elektrisch positiv. Besteht aus → Neutronen und → Protonen.

AtK-presse Arbeitsgemeinschaft technische Kommunikationssysteme Presse.

AT&T-System Punkt-zu-Punkt-Netz mit der Möglichkeit, ein 35-mm-Dia in rd. 8 s zu übertragen.

Aufbereiten Alle bisherigen fotografischen → Manipulationen werden am → Bildschirm ausgeführt.

Aufladung Elektrisch bzw. elektrostatisch. Überschuß von positiver oder negativer Ladung. Anziehen störender Staubpartikel z. B. bei magnetisierbaren → Datenträgern.

Auflichtmessung Messung der → Dichte auf Drucken bzw. → Aufsichtsvorlagen. Die → Lichtstrahlen treffen auf die Vorlage und werden je nach Tonwert mehr oder weniger reflektiert.

Auflösungsfeinheit Bezeichnung für die Wiedergabefeinheit von Schriftzeichen im → Schriftsatz. Für Farbmonitore wird sie in → Pixel angegeben, z. B. 256 x 256, 512 x 512, 1024 x 1024.

Auflösungsvermögen Fähigkeit einer optischen → Linse, zwei eng aneinanderliegende → Bildpunkte deutlich getrennt abzubilden.
Fähigkeit lichtempfindlicher Schichten, sehr kleine Details wiederzugeben sowie auch Abbildungsqualität optischer Systeme. Bezeichnet die Grenze, bis zu der noch feinste und nahe aneinanderliegende Details einzeln wiedergegeben oder aufgelöst werden.

Aufschaukeln Vergrößerung der → Amplitude einer Schwingung.

Aufsichts-Densitometer Farbdichtemeßgerät. Es arbeitet nach dem Helligkeitsverfahren, wobei eine Lichtquelle die zu messende Probe in einem Winkel unter 45° beleuchtet. Wichtigste Aufgabe ist es, den Auflagendruck ständig zu überwachen.

Aufsichtsvorlage Lichtreflektierende, lichtundurchlässige Vorlage; auftreffendes → Licht wird teilweise reflektiert.

Aufzeichnungsdichte Bei → Disketten gibt es einfache und doppelte Aufzeichnungsdichten. Z. B. 48 tpi oder 96 tpi.

Ausführungszeit Zeitspanne, in welcher → Rechner eine Funktion abarbeiten.

Ausgabe Aufzeichnen verarbeiteter Texte oder Bildinformationen aus einem → Rechner über die → Belichtungseinheit, → Schnelldrucker, → Datenträger.

Ausgabeeinheit Mit einer → Anlage → offline oder → online verbundene → Belichtungseinheit, → Schnelldrucker, → Monitor, → Plotter oder akustische Ausgabe von → Informationen und → Daten.

Ausgabegeräte Peripheriegeräte zur → Ausgabe bereits verarbeiteter Texte.

Ausgabeketten Sie bestehen aus einem oder mehreren Zeichen, Aufruf von → Unterprogrammen, → Feldbegrenzern.

Ausnahmewortlexikon Speichereinheit, die Ausnahmeregeln und Ausnahmewörter enthält.

Ausnahmewortspeicher Dieser kann ergänzt, geändert oder aktualisiert werden und bietet die Gewähr, daß auch komplizierte Wörter sinngemäß und richtig getrennt werden.

Ausschließbereich Letzter Teil einer Zeile. Es wird entschieden, ob erweitert, verringert oder eine → Silbentrennung vorgenommen wird.

Auto Kommando. Liefert während des → Programmierens eine automatische Folge von Befehlsnummern.

Autocrat 250 4-Kanal-Abtastkopf zum Lesen von Passermarken in Laufrichtung und quer dazu.

Automatische Sprachenübersetzung Übersetzen von Texten in eine andere Sprache mit Hilfe von speziellen EDV-Programmen.

Autorensprache → Software zur vereinfachten, keine Rechnerkenntnisse voraussetzenden Erstellung → interaktiver → Programme.

Auto-Ruling Linienprogramm mit Programmunterstützung.

Auxiliary Operation Ausführung einer Hilfsfunktion unter Verwendung maschineller Hilfsmittel.
AV Arbeitsvorbereitung.

B

b → Blende.
B Basis des → Transistors.
BA Buntfarbenaddition. Vierfarbdrucke weisen in der Grauachse beim unbunt aufgebauten Farbsatz eine BA auf. Sie wird für Yellow, Magenta und Cyan getrennt oder gemeinsam in Prozent angegeben. Erscheint die Tiefe im Bild zu flau, weil sie nur mit Schwarz realisiert wird, dann wird das Schwarz durch Unterlegen von Buntfarben unterstützt.
Backspace Mit dieser Taste werden auf einem → Bildschirm Zeichen korrigiert.
Back up Bereitgehaltenes System, das bei Ausfall des Arbeitssystems eingesetzt werden kann. Auch Doppelaufzeichnung oder Auslagerung von Datenbeständen auf → Datenträger.
Bandbreite Differenz zwischen kleinster und größter → Frequenz im zusammenhängenden Bereich von → Schwingungen.
Bandgeschwindigkeit Aufnahme- und Wiedergabegeschwindigkeit bei Aufzeichnungen von Texten und Bildern.
Bandmischeinheit Im Falle einer Korrektur wird der Text vom → Magnetband in den → Satzrechner eingelesen. Nach der »Verschmelzung« entsteht ein neues korrigiertes → Magnetband.
Barcode Strich- und Balkencode zur Darstellung von → Daten, die von optischen Lesetechniken erfaßt werden.
Barcode-Leser Optisches Lesegerät in Form von Lesestiften zum Entschlüsseln der Strich- und Balkencodes.
Barcode-Reader Lesegerät für Strich- und Balkencodes.
Baseline Gemeinschaftliche Schriftlinie von Zeichen.
BASIC Beginners Allpurpose Symbolic Instruction Code. Höhere → Programmiersprache, geeignet vor allem für mathematische Formulierungen.
Basic Correction Textkorrektur im Ursprungstext.
Basis Softwarepaket zum automatischen Archivieren und Abrufen von Texten aus großen → Datenbanken.
Batch Stapel. Masse von → Daten, die in einem → Job verarbeitet werden.
Batch Processing Schubweise aufeinanderfolgende Verarbeitung eines erstellten → Programms.
Baud Maßeinheit bei der → Datenfernübertragung. Anzahl der übertragenen → Bits pro Sekunde.
Baukastensystem Einzelteile lassen sich zu verschiedenen Ausführungen zusammenstellen. Bei Bedarf können Aggregate hinzugefügt, aber auch weggelassen werden.
Baumstruktur Ausdruck aus der Textverwaltung. Die verschiedenen Ebenen: Klasse, Gruppe, Job, Division, Seite.
Bausatz Aus einer Anzahl von Geräte- und Programmbausteinen kann nach jeweiligem Bedarf ein ganzes → System zusammengestellt werden.
bbb bit-byte-buch. Erfassungsprogramm für → Mikrorechner des Verbandes für Informationsverarbeitung.
BCAM Binary Coded Area Modulation. Binär codierte Flächenmodulation.
BCD Binary Coded Decimal. Verarbeitung von Dezimalstellen mit vier → Bits.
Bedienerführung Bildschirmanzeigen und -masken, die den Anwender durch zu beantwortende Fragen durch → Arbeitsabläufe führen.
Bedingter Befehl Programmbefehl, der nur ausgeführt werden kann, wenn eine vorher exakt definierte Bedingung vorhanden ist.
Bedienungsblattschreiber Er protokolliert jeden manuellen Eingriff in einen Programmablauf.
Befehle → Informationen, die eine Aktion auslösen. Sie geben an, welche → Operationen ablaufen sollen. Obwohl jeder Hersteller eigene Befehlsformen entwickelt hat, ist ein gewisses Grundkonzept erkennbar.
Befehlsaufbau Enthält Angaben über Befehlsanfang, Anfangskennung, Festausschlußwert, Kennbuchstaben für Festausschluß, Befehlsende.
Befehlsfolge Die im → Programmablaufplan festgelegten Arbeitsschritte, nach denen ein → Rechner arbeitet.
Befehlsketten Häufig wiederkehrende → Befehle werden mit einem Kurzaufruf in Tätigkeit gesetzt.
Befehlsregister Rechner-Speicherbereich, in dem ein → Befehl in der Zeit seiner Ausführung zwischengespeichert wird.
Befehlssprache Dient der Kommunikation mit dem → Programm.
Begin Erste Anweisung bei jedem Benutzerprogramm.
Beinchen Metallbeine am Gehäuse eines → Chips. Sie leiten elektrische Signale zum → Chip hin und von ihm weg.
Beleg Schriftstück mit → Daten, z. B. ein Manuskript.
Belegdrucker Siehe Schnelldrucker.
Belegleser Dienen zur → Eingabe von → Daten in den →

Rechner, z. B. → Lesemaschinen.

Belegung Tasten- und Codezuordnung zu bestimmten Zeichen.

Beleuchtung Quotient aus dem senkrecht auf eine Ebene fallenden → Lichtstrom und der Größe dieser Fläche. Die → Beleuchtungsstärke errechnet sich aus → Lichtstärke (cd), geteilt durch Quadrat der Entfernung.

Beleuchtungsstärke Quotient aus dem senkrecht auf eine Ebene fallenden → Lichtstrom und der Größe dieser Fläche.

Belichter Die → Belichtung von → fotografischen Materialien bei der Satzherstellung erfolgt entweder opto-mechanisch, als → CRT- oder als → Laserbelichtung.

Belichtung Einwirkung von → Lichtstrahlen auf lichtempfindliches Material. Produkt zweier Faktoren, und zwar → Beleuchtungsstärke und → Belichtungszeit. Sie wird in → Luxsekunden angegeben.

Belichtungsebene Ist stets die lichtempfindliche Schicht.

Belichtungseinheit Teil einer Lichtsetzanlage. Es wird auf Fotopapier oder Film belichtet und ausgegeben.

Belichtungsleistung Von einer → Belichtungseinheit belichtete Zeichen in Sekunden, Minuten oder Stunden. Sie steht immer in Abhängigkeit zur gewählten Auflösung, z. B. → Feinauflösung, Normalauflösung, High-Speed-Mode beim → Lichtsatz.

Belichtungsspielraum Bei Druckplatten gibt er Auskunft darüber, ob diese bei Belichtungsschwankungen mit Rastertonwertveränderungen reagieren.

Belichtungszeit Zeitspanne, in der der Verschluß einer Kamera → Licht auf → lichtempfindliches Material fallen läßt.

Benchmark Testprogramm. Es gibt Auskunft über zu erwartende Rechenleistungen eines → EDV-Systems.

Benetzung Aufbringen von Flüssigkeit. Flüssigkeiten benetzen Festkörper unterschiedlich gut.

Benutzerprogramm Vom Hersteller zur Verfügung gestellte → Softwarepakete für den Anwender.

Bereich Definierte → Speicherstelle innerhalb eines Programms, z. B. Ein- und Ausgabebereich.

Bereichsregler Regler am → Scanner, die Unterschiede in → Schwärzung bzw. Dichte ausgleichen.

Berührungsbildschirm Darstellung auf dem → Monitor durch Berühren von vorgegebenen → Symbolen.

Betrachtungsbedingung Vergleich des Originals (Aufsicht/ Durchsicht) mit dem An- oder Probedruck nach folgenden Punkten: → Farbtemperatur (5000 K), spektrale Emission der → Lichtquelle, Leuchtdichte bzw. → Beleuchtungsstärke, Umgebungsgbedingungen.

Betriebsart Der → Rechner empfängt die Text- und Bilddaten → online oder offline.

Betriebsprogramm Der Betrieb einer → EDV-Anlage ist nur durch ein Betriebsprogramm möglich. Es ist Bestandteil der Anlage und steuert den → Datenfluß zwischen den Anlagegruppen.

Betriebs-RAM Schreib-/Lesespeicher, in dem → Programme und → Daten gespeichert werden.

Betriebssystem Es wird von einem → externen Speicher bei Betriebsbeginn in die → Anlage geladen.

Betriebszustand Zustand des → Rechners, z. B. → Vordergrund- oder → Hintergrundverarbeitung.

Beugung Lichtbeugung. Kurzwelliges → Licht wird weniger gebeugt als langwelliges.

BIGFON Breitbandig integriertes → Glasfaser-Ortsnetz auch für Bewegtbilder.

Bild → Aufsichts- und → Durchsichtsvorlagen oder auch elektronisch erzeugte → Softcopies.

Bildanalyse Bei der grafischen Verarbeitung von → Bildern liegen meist fotografische Aufnahmen vor, die ausgewertet werden sollen. Um nun ein solches → Bild in einem Digitalrechner bearbeiten zu können, muß es vorher → digitalisiert werden.

Bildbearbeitungsplatz Konfiguration: → Grafisches Tablett, → Maus oder → Digitizer, Eingabetastatur, → Farbbildschirm, → Rechner, → Videokamera, → Scanner, → Plattenlaufwerke, → Ausgabeeinheit.

Bilddaten Das → Bild muß → digitalisiert werden, um es speichern zu können. Es wird in einzelne Bildpunkte zerlegt. Beim Aufruf auf den → Farbmonitor wird es aus den einzelnen Punkten wieder aufgebaut.

Bildfeldwölbung Krümmung der Bildebene. Bilder zeigen eine von der Bildmitte zum Rand zunehmende Unschärfe. → Monochromatischer Abbildungsfehler.

Bildgradation Der kleinste druckbare → Rasterpunkt muß 3% und der größte noch zeichnende 98% → Flächendeckung haben. Die Punktextreme für Bildlicht 3% und für Bildtiefe 98% werden vom Scannerrechner ermittelt und an die Schreiblampe weitergegeben. Alle anderen Bildtöne werden nach ihrer Signalstärke in einer veränderten Rasterpunktgröße wiedergegeben.

Bildkontrast Das Optimum liegt dort vor, wo bei möglichst hoher Färbung in der Fläche der → Raster noch exakt ausdruckt. Normalfärbung.

Bildlinie Senkrechte Aufzeichnungsrichtung im → Lichtsatz. Die Stärke wird durch die gewählte Auflösungsfeinheit — 256, 512, 1024 — bestimmt.

Bildplatte Verschleißfreies → Speichermedium mit schnellem → Zugriff zu rd. 54 000 Einzelbildern und programmierbaren Stoppstellen. Die Abtastung erfolgt mittels → Laserstrahls.

Bildplattensysteme Laser-Vision mit berührungsfreiem Abtastkopf — VHD mit kapazitivem Abtastsystem ohne Rillen — CED mit kapazitivem Abtastsystem mit Rillen.

Bildpunkt Entsteht bei der Wiedergabe eines von der Videokamera zerlegten Bildes. → 1 Byte, wobei ein Farbsatz A 4 mit 10% Überfüllung einen Informationsgehalt von 10 → MB aufweist.

Bildschirm Visuelles → Ein- und → Ausgabegerät mit → alphanumerischer Eingabetastatur und → Funktionstasten.

Bildschirm-Arbeitsplatz Dient zum Korrigieren vor der → Eingabe sowie zur Eingabe von → Kommandos.

Bildschirmdialog Austausch von → Informationen zwischen Bediener und → Rechner über → Tastatur und → Bildschirm.

Bildschirmgerät Ermöglicht die Korrektur bereits getasteter Texte, aber auch Direkteingabe über Tastatur.

Bildschirm-Korrektur Ein Original-Datenträger wird in den → Speicher des Gerätes eingelesen. Gleichzeitig erscheint der Text auf dem → Bildschirm. Über die Tastatur können nun alle erforderlichen Änderungen erfolgen.

Bildschirmmaske Hilfsmittel bei der → Eingabe von → Daten mit wiederkehrendem Schema, in dem konstante Teile schon vorgegeben sind.

Bildschirmspeicher Die sog. intelligenten → Terminals besitzen einen eigenen → Rechner, so daß die bearbeiteten → Daten direkt in das → System gelangen können, ohne dabei den Systemrechner zu belasten.

Bildschirmtext Informations- und Kommunikationssystem, bei dem zur Übermittlung von → Informationen das öffentliche Fernsprechnetz mitbenutzt wird.
Eignet sich sowohl zur Informationsbeschaffung als auch zum Datentransport im Teilnehmer-Fremdrechner- sowie im Rechner-Rechner-Verkehr.
Jeder Teilnehmer hat direkten → Zugriff auf eine → Datenbank. Benötigt werden ein Telefon mit Datentaste, ein → Modem und ein Farbfernsehgerät.

Bildschirmzeitung → Teletext.

Bildsignal Videosignal. Elektrischer → Impuls, der beim punkt- oder zeilenweisen Abtasten eines → Bildes umgewandelt wird. Bei der Wiedergabe wird ein → Bildpunkt erzeugt.

Bildumwandler Betrachtungsgerät für fotografische → Negative, die dann als → Positive erscheinen.

Bild- und Textverarbeitungssysteme Bausteine: Bilderfassung und Kontrolle, Texterfassung, Bildarbeit, Textarbeit, Koppelung, Belichtung von Filmen oder Offsetplatten, Tiefdruckzylindergravur.

Bildverarbeitungssystem Eingabeeinheit (Digitizer/Farbscanner), Datenbearbeitungssystem mit → Speicher (Magnetschichtplatten), Bildverarbeitungsplatz mit Farbmonitor, Grund- und → Betriebsprogramme, → Anwenderprogramme, → Ausgabeeinheiten.

Bildweite Abstand eines → Bildpunktes von der Hauptebene des abgebildeten optischen Systems.

Bildwinkel Winkel, unter dem ein Gegenstand vom Mittelpunkt der Eintrittspupille eines optischen Systems aus erscheint.

Bildzerleger Bildabtaster. Gerät, welches ein optisches Bild in eine Folge von → elektrischen Impulsen umwandelt. Bei der fernsehtechnischen Übertragung werden diese Impulse auf eine → Trägerwelle → moduliert.

Binär Aus zwei Zeichen bestehend — 0 und 1.

Binär-dezimale Verschlüsselung Zahlen werden der → EDV-Anlage im Zehnersystem eingegeben, das Rechnen erfolgt im → dualen System.

Binärsystem In einer mehrstelligen Zahl kommt jeder Ziffer von rechts nach links ein doppelter Wert zu (1, 2, 4, 8, 16 usw.). Die Ziffer 0 gibt an, daß der Stellenwert nicht zählt, die Ziffer 1 gibt an, daß er zählt.

Bisynchron Gleichzeitig in zwei Richtungen laufend.

Bit Binary Digit = Binäre Zahl. In Binärdaten kleinste Darstellungseinheit (gelocht/ungelocht, magnetisiert/nicht magnetisiert).

BitBlaster → Laserdrucker.

BitCaster Raster Image Processor für rechnerische Aufbereitung von Gestaltungsarbeiten mit Datenverwaltung und -steuerung.

Bitel Kombination von Telefon und Bildschirmtext-Endgerät.

Bit-map Landkarte von Rasterpunkten, die von → RIPs verarbeitet werden.

Bitmuster Folge von Zeichen-Intervallen. Elektronische Codierung.

Bitparallel Die Übertragung der → Bits erfolgt gleichzeitig.

Bit-Printer → Laserdrucker mit bildschirmidentischer → Ausgabe.

Bit/s Maßeinheit für die Übertragungsgeschwindigkeiten → digitaler → Daten. Anzahl der in einer Sekunde übertragenen → Bits.

Bitseriell Die Übertragung von → Bits erfolgt nacheinander.

BitSetter Laserbelichter mit der Möglichkeit, auch → Halbtonabbildungen bis 48er Raster auszugeben.

Bit-Slice-Processor Jedes einzelne von 8 → Bits wird von einem eigenen → Prozessor verarbeitet.

Bitstream Aus → digitalen Signalen werden → binäre Signale erzeugt.

Black-box → Interface, bestehend aus → Mikroprozessor und → Laufwerk. Sie wird mit Kabel entweder an ein Büro-Text-System oder an ein Fotosetzsystem angeschlossen.

Blaser → Laseraufzeichnungsanlage. Originalzeichen werden in einzelne Punkte, d. h. → Bits oder → Pixels zerlegt und abgespeichert.

Blattfilm Planfilm, der bereits auf Format geschnitten ist.

BLDC Bright Light Data Color. Tonwert-Korrekturverfahren.

Blende Öffnung (veränderbar) im Objektiv zur Steuerung des → Strahlenbündels.

Blendenzahl Maßzahl für die relative Öffnung eines → Objektivs.

Blitzlicht Kurzzeitiges → Licht sehr hoher Intensität (Lichtquelle).

Block Textteil, der aus einer Zeile oder mehreren Zeilen bestehen kann, die gleiche → Parameter aufweisen.

Blocklänge Unterschieden wird zwischen variablen und festen Längen. Formatierung von → Daten, die entweder aufeinanderfolgend gespeichert oder übertragen werden.

Blockprüfung → Datenblöcke werden mittels Programm-Routine auf Format und Inhalt überprüft.

Blockung Auf einem → Magnetband werden die → Daten in → Sätzen aufgezeichnet.

BNA Berthold → Netzwerk-Architektur.

Bootstrap-Lader Hilfsprogramm im → ROM. Damit wird das → Betriebssystem automatisch von einer Diskette ins → RAM geladen.

Bpi → Bytes per Inch. Packungsdichte auf → Datenträgern.

Bps → Bits per Second. Mögliche Angabe der Übertragungsgeschwindigkeit → digitaler Daten.

Branch Bedingte Verzweigung im Maschinensprachen-Programm.

Breitbandfilter Filter, die für Farbauszüge bei Originalen mit geringen Dichteumfängen eingesetzt werden.

Breitbandnetz Leitungssystem. Es können über Kupferkoaxialkabel und Glasfaserkabel sowohl → digitale als auch → analoge Informationen übertragen werden.

Brennpunkt Fokus. Punkt auf der → optischen Achse einer → Linse oder eines → Hohlspiegels, in dem sich achsenparallel einfallende → Strahlen nach der Brechung bzw. → Reflexion schneiden.

Brennweite Abstand der Hauptebene einer optischen Linse vom → Brennpunkt, dem Vereinigungspunkt parallel zur Achse auftreffender, gebrochener → Lichtstrahlen.

Browsing Schnelles »Überfliegen« von Texten.

B/S → Bytes pro → Sektor.

BSC Binary Synchronous Communications. Stellt ein synchrones zeichenorientiertes → Protokoll dar.

BSI Bild-Satz-Integration in → EBV-Systemen.

Btx Bildschirmtext-System. Der Nachrichten-Verkehr zwischen → Btx-Benutzer und Btx-Zentrale erfolgt über das Telefonnetz.

Bubble → Magnetblasenspeicher, der aus → Halbleitern aufgebaut ist.

Buffer → Pufferspeicher.

Bug Wanze. Fehler im → Programm.

Buntaufbau Herkömmlicher Farbbildaufbau in der Reproduktion. Sämtliche Farbnuancen werden aus den drei Farben Yellow, Magenta, Cyan ermischt. Schwarz unterstützt nur die Zeichnung des Bildes und die Tiefen.

Bürosatz Texterfassung in den Büros mit Bildschirmerfassungsgerät, → Speicher mit → Floppy Disc, → Magnetkarte oder → Magnetbandkassette. Die → Ausgabe erfolgt entweder über → Schnelldrucker, → Ink-Jet-Drucker, → Belichtungseinheit.

Büro-Text-System → Disketten werden direkt vom Autor beschrieben, wobei vorher vereinbarte → Satzkommandos direkt eingegeben werden. Die → Diskette geht dann an einen Satzbetrieb.

Bus Leitungsgruppe zur parallelen → Datenübertragung.

Byte Es besteht aus 8 → Bits. Es können damit alle Zeichen dargestellt werden.

C

C → Collector des → Transistors.

C → Programmiersprache.

CAA Computer Aided Automation.

Cache Memory Hochgeschwindigkeitsmodul, das dazu dient, häufig verwendete Programmteile zur schnellen Abarbeitung bereitzuhalten.

CAD Computer Aided Design (Drafting). Rechnerunterstützte zeichnerische Konstruktion.

CADAM Computer Aided

Design And Manufacturing. Rechnergestützte Gestaltung und Fertigung.
CAD Autocut Anlage zur Herstellung von Bildseitenmontagen mit der Möglichkeit, etwa 5000 Freistellmasken zu speichern.
Cadograph Rechnergesteuertes → System zum Herstellen von Scanner-Steuermasken, Freistellern und geometrischen Figuren. Besteht aus einem Programmier- und Zeichenteil.
CAE Computer Aided Engeneering. Gesamtbereich des rechnergestützten Ingenieurwesens, wie Entwurf (elektronische Leiterplatten), Konstruktion, Berechnung usw.
CAI Computer Aided Instruction. Rechnergestützte Lernschritte, z. B. bei → »Swift«.
Call → Befehl. Der Befehlszähler gibt die → Adresse des → Befehls an.
Call Page Arbeiten werden von einer → Diskette auf den → Bildschirm gerufen.
CAM Computer Aided Manufacturing. Rechnergestützte Fertigung mit Robotern.
Cancel Line Numbers Zeilennummern nicht belichten.
Candela cd. Einheit für die Stärke eines aussendenden → Lichtstrahls.
CAP Computer Aided Planning. Rechnergestützte Planung.
Computer Aided Publishing. Rechnergestütztes Erfassen.
CAPS Computer Aided Publishing System. Arbeitet nach dem Druckverfahren, das auf dem Prinzip der → Magnetografie basiert. Rechnergestütztes Veröffentlichen.
CAQ Computer Aided Quality Control. Rechnergestützte Qualitätskontrolle.
CAR Computer Aided Roboting. Rechnergestützte Fertigung mit Robotern.
Charakter Unteilbares Element einer andauernden → digitalen → Information. Durch → Bit-Kombinationen dargestellte Zeichen.
Carry-Flag Carry = Übertrag, Flag = Anzeige. Signal, das einen Überlauf beim Rechnen mit Dualzahlen erkennt.
CAS Computer Aided Signmaking. System für die Herstellung von Schriftzügen und Symbolen für → Masken, Schablonen, Schilder.
CAS Computer Aided Simulation. Rechnergestütztes Simulieren (Vortäuschen).
CAT Computer Aided Testing. Rechnergestütztes Testen.
CAV Constant Angular Velocity. → VLP-Platte, die mit gleichbleibender Winkelgeschwindigkeit rotiert. Speicherung von 54 000 Einzelbildern.
CBMS Computer Based Message System. Rechnergestütztes Nachrichtenverwaltungssystem.
CCD Charge Coupled Devices. Zeilen, die während des Scanvorganges ein abzutastendes Bild in mikroskopisch feinen Punkten quer über das Format fotografieren. Das sind bei einer Aufzeichnung von → Halbtonvorlagen 189 bzw. 295 → Pits/cm. Technik der Flachbettscanner mit zeilenweiser Abtastung.
CCD-Bildsensor »Super-Auge« für die → elektronische Bildaufzeichnung, das bei einer Größe von 7 x 9 mm 1,4 Millionen → Bildpunkte speichert.
CCD-Chip In diesem → Chip schaffen korrespondierende Ladungspakete ein exaktes Abbild der Vorlageninformation.
CC-Filter Color Correction Filter. Werden zur Veränderung der → Farbtemperatur von → Lichtquellen und zur Beseitigung von Farbstichen eingesetzt.
CCP Color Control Professional Combiskop-Prooflight,. Gerät zur Farbbeurteilung über den Bildschirm mit 5000 → K.
CCR Complementary Color Reduction. Extreme Farbrücknahme. Verringerung der Komplementärfarbanteile mit wählbarer Stärke und Wirkung im gesamten Farbraum. Komplementärfarbenreduktion beim → Unbuntaufbau.
CD Compact Disc. → Optisches Speichermedium. Platte mit 12 cm Durchmesser, auf der z. B. 600 Millionen Zeichen gespeichert werden können.
CD 30 → Flachbettscanner mit → CCD-Technik.
CD-ROM → Datenträger für die Speicherung rechnerorientierter → Daten und → Informationen. Die gespeicherte → Information läßt sich nicht verändern. → Speicherkapazität 600 Millionen Zeichen, das entspricht einer Textmenge von 300 000 A 4-Seiten. → Datenbanksysteme stehen zur Verfügung.
CESS Comp/Edit Spezial → Software.
Charge Coupling Kollektiver Transfer elektrischer Ladungspakete von eimem → Speicherplatz zum anderen innerhalb eines Analog-Transportregisters.
Charon Computergestütztes Halbton- und Rastersystem für → Online-Anschluß. → System zur Signetbehandlung und -verarbeitung.
Chartgraphics Softwarepaket für Management-Grafiken, mit dem Balken-, Kreis- und Liniengrafiken in Pseudo-3D erzeugt werden können.
Chatterbox Diskettengerät. Schreibmaschinen werden als Texterfassungsgeräte genutzt, die → online an dieses Gerät angeschlossen werden.
CHILL → Programmiersprache.
Chip → Siliziumplättchen, auf dem 30 000 bis 1 Million →

Transistoren untergebracht werden.
Chromacom System zur Herstellung einer kompletten Seite, und zwar Maskenherstellung, Freistellungen, Retuschen, Farbkorrekturen, Maßstabsveränderungen, Zwischenspeicherungen von Bilddaten, Ausgabe von → Proofs und Lithos.
Chromaprint 4-Farben-Bogenoffset-Andruckmaschine für programmierten Andruck.
Chromaskop Baustein zum → EDV-gestützten Reproduktionssystem.
Chromatische Aberration Farbfehler. Die → spektralen Anteile des → Lichts werden unterschiedlich gebrochen. Die → Lichtfarben haben → Brennpunkte, die verschieden entfernt sind.
Chromdioxid Durch die Beschichtung von → Datenträgern mit Chromdioxid wird eine wesentliche Steigerung der Datendichte erreicht.
CIM Computer Integrated Manufacturing. Rechnergestützter Gesamtablauf. Oberbegriff für → CAD, → CAM, → CAP → CAQ.
CIP Computer Integrated Publishing.
Clear Alle im → Arbeitsspeicher befindlichen → Daten werden gelöscht.
Close Schließt einen Bestand am Ende des → Programms ab.
Close File Arbeiten sind abgeschlossen.
Clock Interne Taktfrequenz, die die Verarbeitungsgeschwindigkeit eines → Rechners bestimmt.
Closed Shop Betriebsart des Rechenzentrums. Das Rechensystem ist dem Kunden nicht direkt zugänglich.
CLS 1 Computer Layout System. Anlage zum grafischen Gestalten.
Cluster Multi-Terminal-System.
CLV Constant Linear Velocity. → VLP-Platte, die mit gleichbleibender Umfangsgeschwindigkeit rotiert.
CMOS Moderne Halbleitertechnologie mit sehr hoher Integrationsfähigkeit.
CMOS-Elektronik Fertigung auf gedruckte → Leiterplatten (Prints).
CMS Compact Montage System. Besteht aus einer Scan-/Repro-Station mit Prozeßrechner, → Datensichtgeräten und → Speichern. Vom Scanner gelangt das Signal auf → Datenträger, und über die Tastatur werden Zusatzbefehle eingegeben.
CNC Computerized Numerical Control. System mit frei programmierbarem Minirechner.
COBOL Common Business Oriented Language. Allgemeine kaufmännisch orientierte Sprache.
Code Das in einem → Code dargestellte Zeichen ist ein → Byte, die einzelnen → Informationen werden als → Bit bezeichnet, z. B. 8-Bit-Code.
Code-Konvertierung Die → Codierungen eines Fremdtextes müssen in die → Codierung eines Setzsystems konvertiert (umgewandelt) werden. Die Codierungen werden durch die sog. Analyse-Codierung ermittelt.
Codem Codekonverter, entweder als Einwegverbindung zwischen zwei → Systemen, als programmierbare Zweiwegverbindung oder als diskettenorientiertes System für den → Datentransfer.
Code-System System von Symbolen zur Darstellung aller Zeichen in einer für den → Rechner verständlichen Form.
Codierte Daten Umsetzen von Buchstaben, Zeichen und Ziffern in → binäre Zeichen.
Codierung Zeichen werden in Binärzeichen umgesetzt.
Collate Mischen mit gleichzeitigem Trennen.
Color-Art Farbprüfmaterial auf Folienbasis.
Collector Teil → des Transistors, welcher der → Anode einer → Elektronenröhre entspricht.
Color-Proof Farbsatzprüfgerät, das die vier Teilfarben der Raster- und Halbtonauszüge nach dem Fernsehprinzip erfaßt und aufzeichnet. Auf dem → Farbmonitor wird das Bild als Vierfarbendruck nachgebildet.
Colortype Texterfassungssystem mit 8-Farben-Bildschirm.
COM Computer Output Microfiche. Bezeichnung für die → Mikrofilmausgabe.
COM-Anlage Anlage, die → Mikrofilme in Kopien von einer → EDV-Ausgabe erstellt. Sie wird nicht durch den → Rechner gesteuert (offline). Sie liest die → Daten vom → Datenträger und zeigt sie auf einem → Bildschirm.
Combiskop Gerät für die elektronische → Seitenmontage und Bilddatenbearbeitung nach Seitenlayouts.
Command Keys Funktionstasten.
Compiler Übersetzer der → problemorientierten → Programmiersprachen. Wandelt ein in relativer oder symbolischer Form geschriebenes → Programm in ein Objektprogramm um.
Compiler-Programmiersprachen → COBOL, → FORTRAN, → BASIC, → PEARL, → PASCAL, → CHILL, »C«, → RPG II.
Composing Zusammenbelichten von Einzelteilen zu kompletten Seiten.
Composition Input Übergabe von Texten an ein → Satzprogramm.
Composition Output Übernahme von Texten aus einem → Satzprogramm.
CompuScript Mobiles dezentrales Texterfassungssystem.
Computer Rechner. Computa-

re (lat.) = rechnen. Rechenanlage mit Geschwindigkeiten im → Nano- und → Picosekunden-Bereich.

Computergrafik Erzeugung → elektronischer Bilder auf → Gestaltungsbildschirmen. Vorlagentechnik. Anwendungsfeld für die → digitale Verarbeitung sind die Bereiche Grafik, Design und Gestaltung. Die → Bilder aus dem → Rechner werden als Druckvorlagen eingesetzt.

Computer-to-paper Direkte Rechnerausgabe als → Protokoll.

Computer-to-plate Eine komplette Seite wird → elektronisch gesetzt und umbrochen und direkt durch einen → Laser auf die Druckplatte ausgegeben. Direkte, d. h. filmlose Druckformherstellung.

Condenser Optisches Linsensystem, durch das → Licht gebündelt wird.

Conflex Integriertes Softwarepaket mit Datenschnittstelle sowie → Online-Datenaustausch zwischen den → Programmen.

Cont Durch Tastendruck wird ein unterbrochenes → Programm an der alten Stelle fortgesetzt.

Contex-Design-System System für den direkten Weg von der Gestaltung zum Endprodukt ohne manuelle Bearbeitung der → Daten.

Controller Hochintegrierte Schaltungen. Dies können eigenständige → Interface-Einheiten sein, oder sie sind in die → Netzwerkstation integriert.

Converter Umwandler. In der Regel frei programmierbare → Mikroprozessoren.

COP Computer Output on Plate. Rechnerausgabe direkt auf die Druckplatte ohne Zwischenfilm.

Copy Block Kopieren eines → Blockes, z. B. häufig benötigter Textteil.

Copycolor Reproduktionssystem zur Herstellung mehrfarbiger Vergrößerungs-, Verkleinerungs- und 1:1-Kopien.

Copy File Duplizieren einer Arbeit.

Copy-Jack Hand-Fotokopiergerät. Fotokopien auf 4 cm breiten Papierstreifen.

Copyjet Hellraum-Fließstrecke für Diffusions-Transfermaterial, die trocken zu trocken arbeitet.

Copyproof System zur Herstellung von Abzügen und Zwischenoriginalen auf Film und Papier sowie Diapositive zur Projektion.

Copyproof CPNy Aufnahmematerial für hellgelbes Licht von → Fluoreszenzlampen.

Copy Selection Textauswahl.

Co-Racer Softproofing einschließlich Datenermittlung zur → Programmierung eines → Scanners. Wird aus dem → Scanner heraus verlagert.

Cormat System für rechnerunterstützte Maskenherstellung und Tonwertkorrektur.

Coursewriters → Programmiersprache.

CO_2-Laser Laserübergänge zwischen Schwingungszuständen des → Moleküls. → Wellenlängen von 1060 bzw. 960 → nm.

CPC Computer Print Control. Voreinstellungs-, Steuer- und Kontrolltechnik an Druckmaschinen.

CPM Control Program for Microprocessors. → Mikroprozessor-Kontrollprogramm.

CP/Net Standardbetriebssystem für die Mikrorechner-Anwendung in vernetzten → Systemen.

CPU Central Processing Unit. → Mikroprozessor, Baustein der → Zentraleinheit.

CRC-Code Cyclic Redundancy Check. Codierungsverfahren für die Erkennung von Fehlern bei der Übertragung.

CRLF Carriage Return / Line Feed. Doppelbefehl für → Cursor-Rücklauf und Zeilensprung.

Cromalin System zur Erstellung von Prüfdrucken. Die Verarbeitung der Papiere erfolgt auf einem maßhaltigen Träger.

Croscheck Systemkomponente, die den Arbeitsfortschritt einer Einzelseite oder eines Auftrages durch ein → elektronisches → Seitenmontageprogramm verfolgt.

CRT Cathode Ray Tube. → Kathodenstrahlröhre.

CRT Baustein-Verbundsystem 320/340/360 für → Lichtsatz.

CRT-Anlage Arbeitet mit einer → Kathodenstrahlröhre. 3. Generation der neuen Satztechnik.

CRT-Satz Hochleistungslichtsatz mit bis zu mehreren Millionen Belichtungen in der Stunde.

CSMA/CD Carrier Sense Multiple Access with Collision Detection. Eigenschaft von Netzrechnern festzustellen, ob eine Übertragungsleitung im Moment benutzt wird oder ob eine → Information abgesendet wird.

CTS Clear to Send. Steuerleistung der → V 24-Schnittstelle. Signal an den Empfänger zur Mitteilung der Sendebereitschaft.

Cursor Lichtpunkt, mit dem zu korrigierende Stellen auf dem → Bildschirm angesteuert werden können.

D

d Blendendurchmesser.

D → Dichte.

DAC Digital Achromatic Construction. System, das Farben in den chromatischen bzw. achromatischen Zonen einer Abbildung herausnimmt oder hinzufügt.

DAISY → Daten im Systemverbund.

DAT Digital Audio Tape. Neuartiges Tonbandsystem mit digitaler Aufzeichnungstechnik, die auch Überspielen ermöglicht.

Data Eröffnet eine Zeile.

Database Processing Datenbankbearbeitung.

Data Error Datenfehler.

Datapen Lesestift für das Erfassen strichcodierter → Daten. Er wird zwischen Tastatur und → Personal-Computer/→ Terminal geschaltet.

Dataproducts → Schnelldrucker. Elektromechanischer Zeilendrucker.

Datei Sammlung von sachlich zusammengehörenden → Daten auf → Datenträgern.

Datel Data Telecommunication. Öffentlicher Übermittlungsdienst.

Daten Buchstaben, Ziffern, Zeichen, → digitalisierte Bilder, gegebenenfalls → Informationen, die zueinander in Beziehung gebracht werden können.

Datenausgabe Verarbeitete → Daten werden auf → Datenträger, über → Schnelldrucker, → Proof-Recorder, → Bildschirmgeräte, → Belichtungseinheiten, Druckplatten ausgegeben.

Datenausgabegeräte → Magnetbandkassettengeräte, Magnetbandstationen, → Magnetplatten, → Magnetplattenstapel, → Datensichtgerät, Sprachausgabe, → Schnelldrukker, → Plotter, Signalgeber.

Datenausgabe Seitenmontage Die Seiten werden im letzten Arbeitsgang mit dem → Scanner auf → Film belichtet.

Datenaustausch Datentransfer zwischen unterschiedlichen oder gleichen → Systemen in beiden Richtungen.

Datenbank Dient der → Speicherung umfassenden Datenmaterials über ein Spezialgebiet. Sie bietet Fachinformationen zu nahezu allen Gebieten und Problembereichen an. Weltweit stehen 3000 allgemein zugängliche → Datenbanken zur Verfügung.

Datenblock Zwischen den → Datensätzen befindet sich bei einem → Magnetband ein unbeschriebener → Zwischenraum, der wegen der Anlauf- und Bremswege notwendig ist. Um nun → Speicherplatz und Start-Stopp-Zeit zu sparen, werden die → Sätze zu → Blöcken zusammengefaßt.

Datenbus Leitungssystem zur Übertragung zu verknüpfender → Daten.

Datendichte Bei magnetisierbaren → Datenträgern die Anzahl von → Bits in einer Spurlängeneinheit.

Dateneingabe Übergabe der auf → Datenträger erfaßten Texte und Bilddaten an den → Rechner.

Dateneingabegeräte → Lochkarten-, → Lochstreifen-, → Magnetband-, → Magnetplattenleser.

Datenerfassung Teilbereich der Satz- und Reprotechnik, bei dem die → Daten in einer Form erfaßt werden, die für die nachfolgenden Arbeitsvorgänge erforderlich ist.

Datenerfassung Seitenmontage Die zu verarbeitenden farbigen → Durchsichts- oder → Aufsichtsvorlagen werden von einem → Scanner abgetastet, die → Informationen aber nicht sofort zu Farbauszügen verarbeitet und belichtet. Sie werden auf einer → Magnetplatte abgespeichert.

Datenfeld Schreibstellen mit fester oder variabler Feldlänge. Die → Daten dieses → Feldes sind zu anderen Feldern klar abgegrenzt.

Datenfernübertragung → Daten werden über Leitungsnetze oder Funk zur Weiterverarbeitung in die → EDV-Anlage geschickt.

Datenfluß Alle Texte werden entsprechend ihren typografischen Anforderungen technisch aufbereitet und gespeichert.

Datenflußplan Er stellt in grafischer Form den Organisationsablauf dar und gibt einen Überblick über die zu verarbeitenden → Daten und ihre → Datenträger.

Datenkommunikation Sie wird für den Rechner-Rechner-Verkehr über die im → integrierten → Datennetz zusammengefaßten Netze — → Datex-L und → Datex-P — abgewickelt.

Datenkompression → Daten lassen sich auf einem → Datenträger komprimieren, z. B. 9 Millionen → Bits auf etwa 0,5 Millionen → Bits.

Datenkonvertierung Umwandlung von → Daten aus → EDV- und → Textsystemen sowie → PCs in eine für Setzanlagen lesbare Form.

Datenkonverter → DFÜ-fähiges Gerät mit unterschiedlich großen → Laufwerken, in denen verschiedene Diskettenformate gelesen werden können.

Datenlogger Datenerfassungsgerät. → Digitale oder → analoge Meßwerte werden in Bruchteilen von Sekunden abgefragt und einem → Rechner zur Auswertung zugeführt.

Datenmanipulation Eingriff des Bedieners in die → Verarbeitung eines → Rechners.

Datennetz Netzelemente, die auf digitaler Grundlage Datenübermittlung ermöglichen, z. B. → Datex-L und → Datex-P. Übertragungsgeschwindigkeit 9600 bzw. 48 000 → bits/s bei größter Übertragungssicherheit.

Datenorganisation Texte, die

bereits vom Datensystem ausgegeben wurden, bleiben weiterhin auf Platten gespeichert. Sie können komprimiert werden, so daß neue → Speicherkapazität entsteht.

Datenquelle Teil der Datenendeinrichtung. → Daten werden an einen Abschnitt zur Übermittlung gesendet.

Datensatz Besteht aus mehreren Datenfeldern. Auf einem → Magnetband werden die → Daten in → »Sätzen« aufgezeichnet, wobei sich zwischen den → Sätzen jeweils eine → Kluft befindet.

Datenschutz Regelung persönlicher, rechtlicher, organisatorischer, systematischer Maßnahmen. Vorbeugung gegen unberechtigten → Zugriff und → Speicherung schutzbedürftiger → Daten.

Datensenke Teil von Dateneinrichtungen, die → Daten von Übertragungsabschnitten entgegennehmen.

Datensicherung Speicherung von Text- und Bilddaten auf → Datenträger bzw. → Duplizierung von gespeicherten → Daten.

Datensichtgerät Dient zur Sichtbarmachung schon verarbeiteter Texte und Bilder und besteht aus einer Tastatur und einer Bildröhre.

Datenspeicher Siehe Speicher.

Datenträger → Lochkarte, → Lochband, → Magnetkarte, → Magnetband, → Magnetplatte, → Bildplatte.

Datenträger Bildplatte Teil eines → interaktiven Systems mit einer → Speicherdichte von 54 000 Farbbildern. Völlige Verschleißfreiheit durch berührungsloses Abtasten mit einem → Laserstrahl.

Datenträgerkonvertierung → Konvertieren. Dafür geeignet sind → Magnetbandkassetten, → Magnetbänder, → Disketten.

Datentransfer Intern, im → Online-Betrieb.

Datenübernahme Vorgang des programmautomatischen Erzeugens von → Daten, die bereits auf einer → EDV-Anlage gespeichert sind.

Datenübertragung Ein Datenverarbeitungssystem benutzt Übertragungsmöglichkeiten, um → Daten von einem Punkt zum anderen zu übertragen (Fernsprechnetz, Funkwellen).

Datenverarbeitung Erfassen, Übertragen, Ordnen, Bereithalten, Rechnen, Ausgeben. Kurz gefaßt: Eingabe — Verarbeitung — Ausgabe. Arbeitsgebiet elektronischer → Rechner.

Datenverarbeitungsanlage Elektronisch arbeitende → Anlage — Rechnen, Vergleichen, Sortieren, Ausgeben, Reproduzieren — zur Verarbeitung von → Daten.

Datenverarbeitung Seitenmontage Auf einem Bildschirmarbeitsplatz werden die → Bilder sichtbar gemacht und können zusammen- bzw. ineinandermontiert werden. Die fertig montierten Seiten werden auf → Magnetplatten abgespeichert.

Datenverarbeitungsnetz Es verbindet mehrere → Rechner und deren → integrierte → Peripherie.

Datenverdichtung Komprimierung von → Daten durch Unterdrücken von Leerstellen zum Zwecke der Übertragung.

Datenverwaltung Systemlösungen, die für die Datenverwaltung eingesetzt werden.

Datex Date Exchange. Übertragung von Signalen über ein öffentliches Netz.

Datex-L Datenübertragungsnetz mit Leitungsvermittlung.

Datex-L-Netz Der rufende Teilnehmer baut eine Leitung zum Empfänger auf. Die Geschwindigkeit beträgt 64 000 → bits/s.

Datex-Netz Sammelbezeichnung für Datenübertragungsnetze wie → Datex-L und → Datex-P.

Datex-P Datenübertragungsnetz mit Paketvermittlung.

Datex-P-Dienst → Daten werden über eine sog. virtuelle Leitung zu Datenpaketen zusammengefaßt und mit einer → Adresse versehen, um dann transportiert zu werden.

Datrax System zur gleichzeitigen Übertragung über Kabel, Richtfunk- und Satellitenstrecken zu Außendruckorten.

Daylight Color System → System zur Veränderung von Linienbreiten, Korrekturen in kolorierten Zeichnungen, Datentransfer von Farbbildern über Telefon.

dBase Datenbankprogramm.

DCC Digital Color Converter. Diese → Einheit ermöglicht es, den → Bildschirm an verschiedene Druckbedingungen anzupassen.

DC 360/370 → Scanner mit → Digitalrechner, die für die direkte → Datenübernahme aus → AV-Systemen geeignet sind.

DCD Data Carrier Detect. Steuerleitung einer → V 24-Schnittstelle zur Überprüfung des Empfangssignalpegels.

DCR Digital Cassette Recorder. Kassettenrekorder zur Datenaufzeichnung.

DDE Dry Dot Etching. Ein → Rechner liefert nach integraler Messung der Teilfarbenauszüge an der zu korrigierenden Stelle die Angaben über die erforderliche Filmkombination sowie die Belichtungsdauer für die → Maskenherstellung.

DDES Digital Date Exchange Specification. → Digitale Datenaustausch-Spezifikation mit der Möglichkeit, Farbbilddaten verschiedener → EBV-Hersteller untereinander auszutauschen.

Debugging Fehlersuche in-

nerhalb eines → Programms.
DECnet Lokales → Netzwerk.
Decoder Arbeitet nach dem Prinzip eines → Pufferspeichers und hält die Zeichen auf dem → Bildschirm fest.
DEE Datenendeinrichtung. Gerät am Ende einer Übertragungsstrecke.
DefBlock Definieren von → Datenblöcken.
Define Der Benutzer erhält die Möglichkeit, bestimmte Zeichen für die Steuerung zu spezifizieren.
Define Line Measure Zeilenformat definieren.
DELNI Digital Ethernet Local Network Interface. → Schnittstelle für lokale → Breitbandnetze.
Demodulieren Trennen von niederfrequenter und hochfrequenter → Schwingung.
Demodulation Trennung einer die zu übermittelnden Signale enthaltenden niederfrequenten → Schwingung von der hochfrequenten Trägerschwingung.
Densitometer Meßgerät zum Erfassen des allgemeinen → Absorptionsverhaltens von Farbschichten. Es lassen sich keine Farbtöne bestimmen oder messen.
Densitometer-Meßblende Meßfeld eines → Densitometers. Damit wird der Meßbereich definiert bzw. begrenzt.
Densitometrie Dichtemessung. Fotografische → Dichten, Farbschichten auf Drucken.
Density Schreibdichte eines → Datenträgers.
Desensibilisierung Die Empfindlichkeit der belichteten Bromsilberschicht wird herabgesetzt.
Detailkontrast Dient zur Schärfeverbesserung im Farbauszug.
Dezentral Be- und Verarbeitung von → Daten außerhalb eines → Systems.
Dezentrale Verarbeitung Jeder → Bildschirm im → System arbeitet mit einem eigenen → Rechner.
DFÜ Datenfernübertragung. Austausch von → Informationen zwischen entfernten Datenstationen und einer zentralen Verarbeitungsanlage. → Daten werden → moduliert, dann demoduliert.
Diagrammsymbol Symbol zur Herstellung von → Datenfluß- und → Programmablaufplänen. Einzelne Vorgänge werden mit diesen → Symbolen dargestellt.
Dialog Verständigung Bediener — Anlage über → Bedienungsblattschreiber oder → Datensichtgerät.
Dialoggeräte Für → Ein- und → Ausgabe von → Daten — → Bildschirmgeräte, Fernschreiber, → Bedienungsblattschreiber.
Diasatz → Satzprogramm für komplizierte Satzaufgaben.
Dichte → Logarithmus der → Opazität. Erfassung der → Schwärzung oder der Lichtundurchlässigkeit bei → Durchsichtsvorlagen. Reflexionsdichte bei → Aufsichtsvorlagen. → Lichtabsorption.
Dichteumfang Differenz zwischen den Dichtewerten der Tiefe und denen des Lichts.
Dickfilmtechnik Mittels Siebdruckverfahren werden leitfähige und isolierende Pasten auf Aluminiumoxidplättchen aufgetragen und eingebrannt.
Dickte Breite eines Zeichens plus → Vor- und → Nachbreite.
Dicktenalphabete Breiten der Zeichen einschließlich der → Vor- und Nachbreiten. Dicktentabellen sind ein wichtiger Bestandteil jedes → Satzprogramms.
Dicktenreduzierung Manuelle und elektronische Verringerung der → Dickten generell oder nur bei bestimmten Zeichen.
Dicktentabelle Sie enthält alle → Zeichendickten in den Einheiten einer Schrift im → Fotooder → Lichtsatz über → Satzrechner.
Dienstprogramm Es hilft, spezielle Anforderungen an ein → Programm zu realisieren.
Diffusionstransfer Technologie des direktpositiven Bildaufbaus.
Digicomp Gestaltungsterminal für Lichtsetzsysteme.
Digigraph Strichvorlagen-Abtastgerät mit → Datenausgabe. → Strichvorlagen, Signets und andere Darstellungen werden → digitalisiert.
Digipen Elektronischer Zeichenstift, mit dem direkt auf dem → Bildschirm gezeichnet und auch gelöscht werden kann.
Digiset LS 210 → Laserbelichter für Farbauszüge, bestehend aus → Image-Processor, → Flachbett-Laser-Recorder. 16 unterschiedliche Farben, die sich mischen lassen, können dargestellt werden.
Digiskop Gestaltungsbildschirm für Digiset-Setzsysteme.
Digital Ziffernmäßige (digitus = Finger) Darstellung von → Daten.
Digitalbereich Dieser Bereich des Scanners umfaßt die Farberkennung, den Maßstabsrechner, die Bereinigungselektronik sowie die Elektronik für das Absparen und Überfüllen. Der → Prozeßrechner übernimmt die → Parametrierung, Farbmengenmessung, Slashing und Filmlinearisierung.
Digitalelektronik Arbeitet nur mit »Strom« — »kein Strom«. → Codierung → analoger Vorgänge in → Digitaltechnik. → Decodierung → digitaler Vorgänge in Analogtechnik.
Digitaler Druckrasterrechner Übernimmt das Umwandeln abgetasteter Dichtewerte in Rasterpunktprozente.

Digitale Technik Jede gewünschte Größe kann in der → Datenverarbeitung ziffernmäßig dargestellt werden.
Digitalisieren Elektronisch zerlegen — Satz- und → Bilddaten.
Digital Previewer → Gestaltungsbildschirm.
Digitalrechner Dieser → Rechner arbeitet mit Ziffern, die in einem dezimalen, binären oder irgend einem anderen Zahlensystem dargestellt werden. Registrierkassen, Additionsmaschinen, Geldwechsler, nahezu alle Taschenrechner, elektronische Rechner.
Digitek Fotosetzsystem mit → LED-Belichter.
Digitizer Ein gespeichertes → Bild kann damit an die entsprechende Stelle des → Bildschirms geführt werden. Der Digitizer übernimmt auch die Aufgabe eines Retuschierpinsels (elektronisch).
Digitizer-Tableau Auf diesem wird immateriell gezeichnet und gemalt, und auf dem Farbmonitor erscheint das Ergebnis.
Digitype → Flachbettscanner mit → CCD-Technik.
Digitype-View Ganzseiten-Darstellungsbildschirm zur Überprüfung fertiger Satzarbeiten.
Dim Definiert einen Zahlenbereich mit seiner Länge.
DIN-Werte Kennzahlen. Sie drücken die → Allgemeinempfindlichkeit von fotografischen Materialien aus.
Diode Elektronisches Bauteil, das ähnlich wie ein mechanischer Schalter arbeitet.
Direkter Zugriff Geht zu einem Datenbestand einer Speichereinheit, die → Adressen können beliebig aufeinanderfolgen. Beim → Magnetband (ohne direkten → Zugriff) müssen die Standorte geprüft werden, ob sie die gewünschte → Information enthalten.
Direktruf Im → IDN wird durch Betätigen einer Aufruftaste die in der Vermittlungsstelle hinterlegte Langrufnummer angewählt. Diese stellt eine Verbindung zur vorprogrammierten Rufnummer her.
Direktsprungverfahren Ansteuerung von jedem → Programm oder Menüpunkt zu dem gewünschten anderen → Programm oder Menüpunkt.
Direktumkehrfilm Lichtempfindlicher Film, bei dem während der → Belichtung die vom → Licht getroffenen Stellen »ausgebleicht« werden. Das Ergebnis nach dem Entwickeln ist ein → Positiv von einem Positiv oder ein → Negativ von einem Negativ.
Direxer Gerät zur Plattenbelichtung mittels → He-Ne-Laser parallel zur Plattenlängsseite.
Disc Error Platte ist nicht lesbar.
Disc Reader Lesen der Platte mit Informationstransfer zur → Anlage.
Discretionary Hyphenation Eingabe einer beliebigen → Trennfuge bei der → Texterfassung.
Disjunktion Bei elektronischen Schaltvorgängen die Verknüpfung → »ODER«.
Diskette Aus Magnetfolie herausgestanzte schwarzbraune Scheibe mit einem Durchmesser von 5,25 Zoll (13 cm). Sie dreht sich beim Lesen und Schreiben 300 und 360 mal in der Minute.
Diskettenstation Für schnelles Einlesen von → Programmen oder für den Umgang mit größeren Mengen von → Daten.
Dispersion Mischung, bei der ein Stoff in einem anderen in feinster Form verteilt ist.
Zerlegung des weißen → Lichts in die einzelnen Farbanteile.
Display Anzeige in optischer oder akustischer Form.
Distanz Der Abstand Lampe — Film sollte das Zweifache der Diagonale des Kopierformates sein.
Distorsion Verzeichnung, die von → Blenden hervorgerufen wird (kissen- oder tonnenförmig).
Dithering Neue Bezeichnung für Binary Coded Area Modulation.
Divergenz Auseinanderlaufen von parallelen → Lichtstrahlen nach dem Durchgang durch eine optische → Linse.
DMA Direct Memory Access. Direkter Speicherzugriff ohne Einschaltung der → CPU durch ein Peripheriegerät.
D-max Höchste → Dichte, die mit einem fotografischen Material bestimmter Art erreicht werden kann.
D-min Niedrigster Wert auf einem → Negativ oder → Positiv.
DMS Druck-Meßstreifen für den An- und Auflagendruck sowie für → Proofverfahren.
Do-It Gestaltungsfunktionen werden über eine → Maus vom Bildschirmmenü abgerufen.
Dongle Zwischengeschaltete Elektronikbox zwischen dem Druckerausgang und dem → Drucker, die vor Mißbrauch schützt.
Dopen → Dotieren. Einbringen von Fremdatomen in → Silizium.
DOR Digital Optical Recording.
DOR-Platte Sie besteht aus zwei Hartglasplatten, auf deren Innenseite dünne → Tellurschichten aufgebracht sind, in die → digitale → Daten eingeschmolzen werden. 30 cm Durchmesser, 1,25 Milliarden → Bytes Kapazität.
DOS Disc Operating System. Spezielles → Rechner-Betriebssystem.
DOSY Digisetorientiertes System. Spezielle Ausgabeprogramme, die auf die Möglich-

keiten der jeweiligen Aufzeichnungseinheit abgestimmt sind.
Dotieren Einbringen von Fremdatomen in → Silizium.
Dottie Taschen-Densitometer für Dichten- und Prozentwertmessungen.
Double Doppelte Schreibdichte eines → Datenträgers.
Dove-Prisma Spezialprisma, mit dem im → Fotosatz seitenverkehrter Satz hergestellt werden kann.
DPCM Konverter, der ankommende Analogsignale in einen digitalen Datenstrom umwandelt.
D_R Dichte Raster.
DRAW Direct Read After Write. Auf den → Bennpunkt eines Schreibstrahls folgt mit einigen → Bits Abstand der → Brennpunkt eines zweiten Laserstrahls, mit dessen Hilfe dann die → Information gleich gelesen wird.
Dream Data Redundancy by Automatical Mirroring. Auf zwei getrennten → Datenspeichern erfolgt die Datenaufzeichnung (spiegelbildlich), wobei die → Datensicherung durch einen → Befehl aktiviert wird.
Drehspiegel Spiegel, der sich um eine Achse dreht und die → Lichtstrahlen dadurch in die gewünschte Richtung lenkt.
Drehstrom Wird über drei Phasen geleitet. Zwischen zwei Phasen herrscht eine Spannung von 380 V.
Dressing Freie Programmierbarkeit. Das bedeutet Merkhilfen und Arbeitshinweise für den Bediener einer → Anlage.
Drive Antrieb für Schriftgrößen, Zeilenaufbau, Filmvorschub.
Drop In Störsignal. Störimpuls, der als Signal erkannt wird (Diskettenfehler).
Drop Out Signalausfall. Aufgezeichnetes Signal kann durch Verschmutzung des Magnetkopfes nicht gelesen werden.
Druckaufbereitung Die für einen → Schnelldrucker aufbereitete → Datei zur formulargerechten Positionierung.
Druckkontrast Höchstmöglicher Kontrast. Die Formel für die Ermittlung lautet: → Dichte Vollton (D_V) minus Dichte Raster (D_R), geteilt durch Dichte Vollton (D_V).
Dry-Dot-Etching Technik der Filmretusche (Tonwertkorrektur) mit Hilfe der Fotografie.
DSR Data Set Ready. Entgegennahme der Betriebsanzeige einer Gegenstelle → (DTR).
DTL-Technik Dioden-Transistor-Logik. → Transistoren dienen als Schalter, → Dioden bestimmen die Eingangsbedingungen.
DTR Data Terminal Ready. Betriebsanzeige. Gegenstelle zur → DSR.
DTR Diffusionstransfer. Technologie des direktpositiven Bildaufbaus.
Dualsystem Dual heißt zweiteilig oder »in Zweiergruppen rechnend« (duum = zwei). Das System hat die Basis zwei. Es arbeitet mit den beiden Ziffern 0 und 1.
Dummytext Dummy = etwas, das zum Schein bzw. zur Täuschung dient, z. B. »Blindtexte«, die das Aussehen des späteren Druckergebnisses zeigen.
Dump Zusammenhängender Datenblock. → Datensicherung von einer → Festplatte auf → Disketten.
Dunkelfeldbeleuchtung Physikalisches Prinzip für die Beurteilung der Randschärfe und der optischen → Dichte von → Rasterpunkten.
Dunkelklare Farbe Buntfarbe mit Zusatz von Schwarz.
Dünnfilmtechnik Durch Aufdampfen leitender dielektrischer Schichten auf ein Glasplättchen werden Leitungen, → Widerstände und → Kondensatoren hergestellt.
Duplex-Betrieb Austausch in zwei Richtungen bei Datenleitungen.
Duplicate Als Zeichen wird es verwendet, um ein Feld einer Aufzeichnung auf einer anderen zu wiederholen.
Duplikat Reproreife Zweitvorlage.
Duplizierung Einzelne Diapositive werden zu einem Sammelduplikat auf Farbumkehrfilm vereinigt, auf dem die einzelnen Dias bereits optimal angeordnet sind. Von dieser Vorlage wird dann ein Vierfarbsatz auf dem → Scanner geschrieben.
Durchlichtmessung Messen transparenter Vorlagen, wie Dianegative und Diapositive. Die → Lichtstrahlen → transmittieren die Vorlage und werden dabei jeweils nach ihren Tonwerten unterschiedlich geschwächt.
Durchsatzrate Buchstabenleistung von der → Eingabe bis zu einer belichteten → Ausgabe auf → Fotopapier oder → Film.
Durchsichtsvorlage Das transparente Bild — Diapositiv oder Dianegativ — wird durchleuchtet. Die Durchsichtsvorlage läßt das einfallende Licht in verschiedenem Maße passieren, wobei das tiefste Schwarz alles Licht absorbiert.
D_V Dichte Vollton.
Dynamische Speicherverwaltung Systemprogramm zur vollständigen Ausnutzung eines → Speichermediums.

E

E → Belichtung (Kurzbezeichnung).
E → Emitter des → Transistors.
EAROM Electrically Alterable ROM. Elektrisch löschba-

rer und wieder neu programmierbarer → Speicher.

EBB Elektronische Bildbearbeitung über → Scanner und Konsole.

EBCDIC Extended Binary Coded Decimal Interchance Code.

EBG Elektronische Bildgestaltung über → Computergrafik und → Videokamera.

EBV Elektronische → Bilddatenverarbeitung.

Echtzeitbetrieb Real Time Processing. Auftreten und Verarbeiten von → Informationen fallen zusammen.

Eckenabschnitt Optisches Hilfsmittel zum Erkennen von → Lochkarten, die falsch im Stapel liegen (oben links).

ECMA European Computer Manufacturing Association. Dachorganisation europäischer Hersteller zur Vereinbarung von Standards.

ECS Electronic Composition System.

ECS Enhanced Composition Software. Erweiterte → Programme.

Editing Textmanipulation. Diese Funktion steht bei der Texterfassungs- und Programmkorrektur des Ursprungstextes zur Verfügung.

Editor Hilfsprogramm zur Eingabe/Korrektur von Texten in den → Hauptspeicher.

EDP Electronic Data Processing. → Elektronische Datenverarbeitung.

EDV → Elektronische Datenverarbeitung. Sie benutzt ein Rechner-System als Hauptbestandteil für die Ausführung von folgenden sechs Funktionen: → Eingabe, Sortierung, → Verarbeitung, → Speicherung, → Ausgabe, → Kontrolle.

EDV-Anlage → Elektronische Datenverarbeitungsanlage (Rechner).

EDV-Satz Textdaten, die in einer → EDV-Anlage bereits fehlerfrei gespeichert sind, können über eine industriekompatible Magnetbandstation in einen → Satzrechner eingelesen und zu → Foto- oder → Lichtsatz umgewandelt werden.

EDS Elektronisches Datenvermittlungs-System.

EEPROM Electrically Erasable → PROM. Elektrisch löschbarer und wieder neu programmierbarer → Speicher.

Einbrennen Energiereicher → Laserstrahl, der Vertiefungen in die → Spurrillen eines → Datenträgers brennt.

Eingabe Aufnahme von → Daten und → Programmen über → Datenträger in einen → Rechner.

Eingabegeräte Zur Übergabe von Texten an den → Rechner.

Eingabegeschwindigkeit Geschwindigkeit der Eingabe von auf → externen → Speichern abgelegten → Daten in den → Systemrechner. Die Eingabegeschwindigkeit liegt weit unter der Verarbeitungsgeschwindigkeit, so daß mehrere Eingabestationen an einen → Rechner angehängt werden.

Eingabeketten Beliebige Zahl von maschinengeschriebenen Zeichen, ohne Zwischenraum nebeneinandergereiht.

Eingabespeicher Magnetisierbare oder opto-elektronische → Datenträger. → Externe → Speicher.

Ein-/Ausgabesteuerung Bestandteil der → Zentraleinheit mit der Aufgabe, den → Datenfluß zu steuern.

Eingangssignale Die beiden Extremsignale einer Vorlage (hellster und dunkelster Bildteil) werden mit dem → Rechner abgestimmt. Sehr geringe Abweichungen von Vorlage zu Vorlage werden in einer veränderten Stärke des Eingangssignals vom Scannerrechner erfaßt.

Einheiten Gespeicherte → Dickten von Buchstaben, Ziffern und Zeichen bei der Verarbeitung über einen → Satzrechner. Die → Dickten aller Zeichen sind in Einheiten angegeben.

Eisenoxidnadeln Magnetisch beeinflußbare Schicht bei → Datenträgern.

ELAN Ethernet Local Area Network. Übertragungsleistung 10 → MBits/s. Austausch von Texten, Schrift- und schriftbezogenen → Daten, Grafiken, Bildern zwischen einzelnen Bausteinen.

Electronic Darkroom → Bilder werden über Telefonkanäle übertragen, und die digitalen Signale werden in einem → Plattenspeicher eines → Rechners gespeichert.

Elektrikschalter Blatt- oder Spiralfedern führen die Bewegungen aus. Eine Elektrikschaltung bewegt Massen, sie schaltet aber trotzdem im Bereich weniger → Millisekunden.

Elektrischer Impuls Kurzzeitiger elektrischer Strom- oder Spannungsstoß. Kurzzeitige Abweichung vom Grundwert.

Elektrizität Der elektrische → Strom wird durch eine Bewegung von Elementarteilchen der Atomhülle, den → Elektronen, hervorgerufen.

Elektrode Leiter, der den Stromübergang zwischen zwei Medien vermittelt. Dient dem Aufbau eines elektrischen Feldes. Mit dem positiven Pol einer Spannungsquelle verbundene Elektrode ist die → Anode, die mit dem negativen Pol verbundene die → Kathode.

Elektrofotografische Platten Ein → Laserstrahl wird über die lichtempfindliche Schicht geführt und baut durch die Sequenz von Hell- und Dunkelsignalen das Druckbild auf.

Elektromagnetische Schwingungen Periodische Zustandsänderungen des → elektromagnetischen Feldes. Sie breiten sich in einem Vakuum mit → Lichtgeschwindigkeit aus.

Elektromagnetisches Feld Kraftfeld, das Kraftwirkungen zwischen elektrischen → Strömen vermittelt.

Elektron Freier Ladungsträger. Besitzt die kleinste bekannte elektrische Ladung. Bestandteil der Atomhülle. Elektrisch negativ geladenes Elementarteilchen. Es tritt in den → Kathodenstrahlen auf.

Elektronenröhre Die Grundform besteht aus einem → evakuierten Glas- oder Metallkolben, der drei → Elektroden enthält. Die → Kathode sendet → Elektronen aus, die → Anode erhält eine positive → Spannung, so daß sie die Teilchen anzieht. Teil einer → EDV-Anlage der sog. ersten Generation.

Elektronenstrahlen Sich gradlinig ausbreitende freie → Elektronen, z. B. → Kathodenstrahlen.

Elektronenstrom Durch Verbindung von → Plus- und Minuspol wird durch das Ausgleichsbestreben zwischen beiden ein Elektronenstrom in Bewegung gesetzt.

Elektronik Teilgebiet der Elektrotechnik. Messung, Steuerung, Regelung durch → elektronische Bauelemente.

Elektronikschalter Schalter, der ohne mechanische Bewegungen arbeitet. Je nach der an einem Gitter angelegten → Spannung wird der → Elektronenstrom durchgelassen oder zurückgehalten. Die Reaktion erfolgt innerhalb von → Nanosekunden.

Elektronisch Elektrische Vorgänge, wobei kein mechanischer Teil bewegt wird.

Elektronische Retusche Auf einem Farbmonitor werden die Bilder sichtbar gemacht und farblich korrigiert = Datenverarbeitung.

Elektronische Schaltung Sie steuert die Bewegungen von → Elektronen und arbeitet im Bereich von → Nanosekunden.

Elektronische Seitenmontage Alle elektronischen Seitenmontagesysteme gliedern sich grundsätzlich in drei Bereiche: → Datenerfassung, → Datenbearbeitung. → Datenausgabe. Positionierung von farbigen Abbildungen, deren Retusche und Einbeziehung des Textes.

Elektronische Zerlegung → Digitalisierung.

Elektronischer Graukeil Scannerintern erzeugter → Stufengraukeil. Jeder einzelne → Grauwert wird gespeichert.

Elektronischer Raster Die Begrenzungen der → Rasterpunkte weisen eine Art Sägezahneffekt und eine hohe → Dichte auf.

Elektronischer Stift Damit werden sämtliche → Befehle, Zeichen und Meldungen durch Druck der Stiftspitze auf das entsprechende → Funktionsfeld eingegeben.

Elektronisches Seitenmontagesystem Besteht im wesentlichen aus Scannen (Datenerfassung), Seitenmontage und Retusche (Datenverarbeitung), Belichten der Farbauszüge (Datenausgabe).

Elektrostatisch Aufladung durch Überschuß an positiven oder negativen Teilchen.

Elsa Elektronisches Licht-Schaltzeilen-Ausgabegerät. Elektronischer → Drucker.

Emission Eigenschaften der → Beleuchtung.

Emittieren Ausstrahlen von Licht durch leuchtende Körper bzw. Ausstrahlen von anderen → elektromagnetischen Schwingungen.

Empfindlichkeit Die allgemeine Empfindlichkeit von Fotomaterialien wird in DIN- und/oder ASA-Werten angegeben.

Emulation Anpassung für nicht → kompatible → Soft- und → Hardware, wobei fehlende Eigenschaften nachgeahmt werden können.

Emulator Verhalten eines anderen → Rechners wird vom eigenen → Rechner durch → Software nachgeahmt.

Emulsion Zusammenbringen von zwei Flüssigkeiten, deren Grenzflächenspannung so hoch ist, daß sie sich nicht miteinander vermischen. Unexakte Bezeichnung für die lichtempfindlichen Schichten bei Fotomaterialien.

End Hiermit wird das Ende des → Benutzerprogramms angegeben.

Endless Tape Endloslochstreifen, der kein Zeilenendkommando enthält.

Endlos Alle Texte werden, ohne auf ein Zeilenende zu achten, getastet. Den Ausschluß und eine evtl. notwendige → Silbentrennung übernimmt dann der → Rechner.

Endloslochstreifen → Datenträger endlos.

Endlostaster Gerät zur Endlosdatenträger-Herstellung.

Energetisch Transportieren → elektromagnetischer Wellen mittels → Leiter.

ENIAC Electronic Numerical Integrator and Computer. Arbeitete bereits 1946 intern vollständig elektronisch.

Ensarec Reinigungs- und Rückgewinnungsanlage für Entwickler und Fixierer.

Entscheidung Bei der Programmerstellung die Ja/Nein-Möglichkeit oder die Anweisung des Bedieners an den → Rechner, → logische Entscheidungen zu treffen.

EPIC → Programm zur Umwandlung von → Vektorgrafik in → Rasterdarstellung.

EPICS Mehrplatzsystem.

EPM 600 Schnittstelle zu den Medien → Bildschirmtext, → Videotext, Teledata.

EPROM Erasable Programmable → ROM. → Festwertspeicher. Der gespeicherte Inhalt läßt sich mittels UV-Licht löschen, danach wird der Baustein neu programmiert.
EPS Electronic Publishing System. Mehrspaltiger Umbruch.
ER → Elektronischer Rasterpunktaufbau.
Erase Löschtaste, mit der Fehler korrigiert werden.
Erase Disc Löschen aller → Informationen auf einer → Magnetplatte.
Ergonomie Wissenschaft von der Anpassung der Arbeit an den Menschen.
Ergostar Bogenmontageplatz mit in der Höhe verschiebbarer Montagefläche.
Error Falsche → Kommandos an die → Einheit.
ER-Scanner Arbeitet nach dem Prinzip des → elektronischen Rasterpunktaufbaus.
Erweitern Vergrößern der Wortzwischenräume. Durch Erweiterung der Wortzwischenräume werden die Zeilen auf die gewünschte Satzbreite gebracht.
ESC/P → Befehlsfolge, die → Schnelldrucker zu verschiedenartigen Funktionen veranlaßt.
ESM → Elektronische Seitenmontage über Konsole.
ESWBV Elektronische Schwarzweiß-Bildverarbeitung.
ETP Electronic Technical Publishing. Für Übernahme technischer Zeichnungen, die mit → CAD erzeugt wurden.
ETP Electronic Technical Printing. Elektronische Veröffentlichung. Filmlose Herstellung umfangreicher Texte (Rundschreiben, Berichte, Bedienungsanleitungen). Die → immateriell gespeicherten → Daten werden durch einen → Laserdrucker ausgegeben.
ETP-Systeme Anlagen zur elektronischen Herstellung technischer Publikationen.
ETV Elektronische Textverarbeitung über Setzsysteme, → Gestaltungsbildschirme und Bürokommunikation.
EVA Eingabe — Verarbeitung — Ausgabe. Begriff aus der → EDV.
Evakuieren Herstellen eines luft- oder gasleeren Raumes (Vakuum).
Excimerlaser Gepulster → Gaslaser mit Edelgas-Halogen-Gemisch. Unter Excimeren (Exciplexen) sind → Moleküle von kurzer Lebensdauer zu verstehen, die nur in angeregtem Zustand chemisch stabil sind oder sich in einem sehr schwach gebundenen Grundzustand befinden. Emissionsstrahlung im UV-Bereich.
Expertensystem → Rechnerprogramme, die in beschränktem Umfange lernfähig sind und sich auf die individuellen Bedürfnisse des Anwenders einstellen und sich seinem Wissensstand anpassen.
Exponenten Hochzahlen bei Potenzen.
Exposition Bezeichnung für die → Belichtung fotografischer Materialien.
Extender Optisches System zu stufenlosen Verkleinerungen und Vergrößerungen im Fotosatz.
Externe Elemente → Ein- und → Ausgabegeräte sowie → externe Speichergeräte, die zum → System gehören.
Externe Speicher Getrennt von der → Zentraleinheit. Sie arbeiten vorübergehend mit ihr, um die erforderlichen → Daten an die → internen Speicher abzugeben.
Extract Trennen.
Exzentrizität Unrundlaufen einer → Diskette.

F

f → Brennweite.
F → Brennpunkt (Fokus).
Fag Vipdens Netzunabhängiges Reflexionsdensitometer 300 mit Grob-/Feinraster-Methode.
Faksimile-Übertragung Übertragung ganzer Zeitungsseiten an andere Druckorte.
Falschfarben Sie entstehen, wenn mit elektronischen Mitteln betimmte → Wellenlängen, die das menschliche Auge normalerweise nicht sieht, in sichtbare → Wellenlängen übersetzt werden. Es entstehen dadurch deutlichere Kontraste. Für jede Graunuance setzt die elektronische Kamera eine bestimmte → Farbe ein.
Farad Einheit für die Kapazität, z. B. Speichervermögen eines → Kondensators.
Farbauszug Reprotechnisches bzw. elektronisches Zerlegen von Farboriginalen mit Hilfe von Farbauszugsfiltern in die Grundfarben des Drucks (Yellow, Magenta, Cyan) und in den Anteil der Tiefe (Schwarz). Dies wird als kurze Skala bezeichnet. Bei der langen Skala, z. B. beim Druck von Landkarten, werden sechs und mehr Farben benötigt.
Farbauszugsfilter Sie lassen die Eigenfarbe hindurch und → absorbieren ihre → Komplementärfarbe. Rot absorbiert Grün und Blau; Blau absorbiert Rot und Grün; Grün absorbiert Rot und Blau.
Farbbereich Farbeinteilung. Primärer Farbbereich: eine → Grundfarbe, z. B. Cyan. Sekundärer Farbbereich: zwei Grundfarben. z. B. Cyan und Yellow = Grün. Tertiärer Farbbereich: drei Grundfarben, z. B. Cyan, Magenta, Yellow = Braun.
Farbdichtemessung → Densitometrie. Aufgabe der Farbdichtemessung ist es u. a., festzustellen, wie hoch bei einem

Druck der Schichtdickenanteil der jeweiligen → Farbe in Beziehung zum Papierweiß ist.

Farbe Zu unterscheiden ist zwischen → Licht- und → Körperfarben. Farbeindrücke entstehen als Sinneseindrücke, wenn die entsprechenden Reizzentren im Auge (Zäpfchen) erregt werden. Es gibt drei verschiedene Zäpfchenarten, die für die lang-, mittel- oder kurzwelligen → elektromagnetischen Schwingungen empfindlich sind. So entstehen die Eindrücke Cyan, wenn grüne und blaue, Magenta, wenn rote und blaue und Yellow, wenn rote und grüne Zäpfchen erregt werden.

Farben der Reprofotografie Grundfarben: Rot, Blau, Grün — Sekundärfarben: Yellow, Magenta, Cyan.

Farben-Füllen Über Systembefehl werden alle klassifizierten Flächen bis zur Konturbegrenzung mit einer definierten Farbe randscharf gefüllt.

Farberkennungsrechner Seine Aufgabe ist es, → Farben zu klassifizieren, darüber hinaus gibt er die Möglichkeit, den Tonwertverlauf einer Farbe feingestuft aufzunehmen.

Farbfotokopie Herstellen hochwertiger → Farbkopien von jedem Original in kleinen Auflagen.

Farbgleichgewicht → Gradationskurven von → Masken müssen im Verlauf und im Verhältnis zueinander immer konstant sein.

Farbkopie Herstellungsverfahren: Chromogene, fotografische, elektrostatische Verfahren, geschlossene Systeme.

Farbkreis Kreisförmige Anordnung der Grund- und Mischfarben. Es stehen sich immer zwei Farben gegenüber.

Farbmetrik Messung zur Bestimmung des Farbtons mittels Spektralfotometer, das weißes → Licht in einem Prisma in die → Spektralfarben zerlegt. Die → Remissionsgrade dienen für die Auswertung.

Farbproof Die über ein → Bildbearbeitungssystem verarbeiteten → Text- und Bilddaten werden über eine → Ausgabeeinheit als sog. → Hardcopy druckähnlich mehrfarbig ausgegeben.

Farbrechner Das vom Farbrechner gelieferte Signal wird → digitalisiert. Der gesamte mögliche Dichtebereich wird in eine endliche Anzahl von Stufen unterteilt, so daß jedem eintreffenden Wert des stetig verlaufenden Signals eine ganz bestimmte Dichtestufe zugeordnet wird. Der Farbrechner korrigiert jede der vier Farbauszugssignalfolgen unter Berücksichtigung von Farbauszugswünschen.

Farbrecorder Gerät für die Ausgabe auf Farbpapier.

Farbscanner Farbauszugsanlage für alle Druckverfahren. Besteht aus einer Reihe von Geräteeinheiten und ist → modular aufgebaut. Die Module sind Abtast- und Aufzeichnungseinheit mit Rastergenerator. Dazu kommen Bedienungsstation mit → Bildschirm, Tastatur, → Digitizer und Floppy-Laufwerk.

Farbsimulator Gerät zum Einstellen des → Scanners. Das Druckresultat läßt sich auf dem → Bildschirm beurteilen.

Farbstich Farbverfälschung. Entsteht durch Filmentwicklung oder bei der → Beleuchtung, in der eine Aufnahme gemacht wurde. Eine bstimmte Farbe dominiert. Er ist am besten in den grauen Bildteilen zu erkennen.

Farbtemperatur Spektrale Strahldichteverteilung. Gibt Aufschluß über die spektralen Anteile des Lichts. Mittlere Farbtemperatur in der Reprotechnik 5000 K.

Faser → Glasfaser.

FD → Flächendeckung.

FDM Frequency Division Multiplexing. Parallele Übertragung von Signalen, die durch Frequenzaufteilung möglich gemacht wird.

FEA Front-End-Adapter. Eingabe- und Konvertierstation erfaßter und gestalteter Texte.

Feinauflösung Bei einer → CRT-Anlage erfolgt die Angabe in Scanlinien/cm, z. B. 250, 500, 1000.

Feindetail → Elektronisch erzeugter Effekt, der die augenscheinliche Schärfe eines → Bildes steigert.

Feinstrichvorlage → Strichvorlage mit eng aneinanderliegenden Linien oder Bildelementen, die trotz exakter → Belichtung und → Entwicklung zu Schwierigkeiten bei der Aufnahme führen kann.

Felder Abfolge von Rechtecken, wobei jedes einzelne Feld vom → Layout abgenommen wird.

Feldbegrenzer Das kann x oder y sein. Bei einem Paar von x werden die zwischen ihnen befindlichen → Codes nur ausgegeben, wenn ein zusätzliches Kennzeichen zurückgesetzt ist.

Feldlänge Die in einem Datenfeld zur Verfügung stehenden → Datenstellen.

Femtosekunde fs. Zeiteinheit von 0,000000000000001 Sekunde. Die Femtosekunde verhält sich zu einer Sekunde wie eine Sekunde zu 31 Millionen Jahren. So legt das → Licht z. B. in 12 fs nur 5 Mikron (ein Zehntel der Stärke des menschlichen Haares) zurück.

Fenster Bildschirmausschnitte, die getrennt voneinander mit verschiedenen → Daten gefüllt werden können.

Fenster-Software → Programm, das die Einteilung eines → Bildschirms in feste oder variable → Felder ermöglicht.

Neben dem zu bearbeitenden Hauptfeld lassen sich zusätzliche → Fenster zur Informationsdarstellung öffnen.

Fernsatz Setzreife → Daten werden über Außenstellen zur Zentrale übertragen, z. B. Reporter — Redaktion.

Feste Wortlänge Begriff bei der Adressierung im → Arbeitsspeicher.

Festkörperlaser → Rubinlaser, bei dem die → Inversion durch optisches Pumpen mit einer Blitzlampe erfolgt. Arbeitet im → gepulsten Betrieb. YAG-Laser (Yttrium-Alu-Granat) ähnelt dem Rubinlaser.

Festplatte Das Speichermedium kann nicht ausgetauscht werden, im Gegensatz zum Wechselspeichersystem.

Festplattenspeicher Speichermedium mit unterschiedlicher Anzahl von starren Platten.

Festspeicher Nur-Lese-Speicher. → ROM.

Festwertspeicher Speicher ohne Veränderungsmöglichkeit für die abgelegten → Daten.

Festwiderstand Widerstand, der seinen Wert durch äußere Einflüsse nicht ändert.

FET Feldeffekttransistor. → Halbleiterbauelement.

Fiberoptik Anzahl einzelner → Glasfasern (Fibern), von denen eine bestimmte Anzahl zu Bündeln verschweißt ist. Funktion eines Übertragungsspiegels. Lichtleitkabel.

File → Datei. → Adressen, → Programme, → Daten, die inhaltlich zusammengehören.

File Error Falsche Arbeit angewählt.

File Management Befehle für die Plattenorganisation.

File Manager → Anlage zum → Speichern von Texten und Abbildungen auf → Festplatten.

File Server Gemeinsame Speichereinheit mehrerer → Workstations.

Film Lichtempfindliches fotografisches Material für negative und positive Durchsichtsbilder.

Filmaufbau Ein → Film besteht aus verschiedenen, sehr dünnen Schichten, und zwar Schutzschicht, Emulsion, Haftschicht, Unterlage, Haftschicht, Lichthofschutzschicht.

Filmaufzeichnung Belichtung im Scanner. Sie erfolgt → simultan zur Vorlagenabtastung. Die → digitalisierten Daten werden in → Analogsignale rückgewandelt und zur Steuerung der → Belichtungseinheit verwendet.

Filmmontagesystem System für vollautomatische Justierung und Montage von Farbauszügen. Filme, die über keine Erkennungsmarken bzw. Paßkreuze verfügen, werden mittels Digitalisierungsfeld und Bildaufzeichnungskamera montiert.

Film-Negativzeichen Bei einem Belichtungsvorgang verwenden → Fotosetzgeräte und → Fotosetzmaschinen Film-Negativzeichenträger. Diese werden durchleuchtet und auf → Fotomaterial projiziert.

FILO First In Last Out. Schachtelung von → Unterprogrammen.

Filter Transparentes Medium aus angefärbter Gelatine. Farbauszugsfilter sollen im → Farbkreis → komplementär zu den Auszugsfarben liegen. Druckfarbe und → Farbauszugsfilter ergänzen sich. Die Filter unterscheiden sich in ihren optischen Eigenschaften, in ihrer Farbechtheit und in ihrem Farbselektionsverhalten. → Breitbandfilter, → Schmalbandfilter.

Filterung Absorption bestimmter Spektralbereiche mittels Filter. Es dürfen nicht mehr als zwei unterschiedliche Farbauszugsfilter verwendet werden, denn drei solche Filter mit gleicher → Dichte ergeben ein neutrales Grau.

Firmware In der Informationstechnik wird dieser Begriff dann eingesetzt, wenn → Software oder Software-Teile durch → Hardware realisiert wird. In → ROMs oder → EPROMs verpackte Software.

Flachbettscanner Gerät zur Erfassung von Schwarzweiß- und Farbbildern, Grafiken und Texten sowie deren Kombination.

Flächendeckung Gedeckte Fläche im Druck. z. B. 75%ige FD bedeutet, daß 25% einer bestimmten Fläche unbedruckt bleiben.

Flag 1-Bit-Kennung. Sie entscheidet über einen Betriebs- oder Arbeitszustand.

Flash Blitzlampe bei → Fotosetzmaschinen.

Fliegende Akzente Die Akzentbuchstaben werden aus zwei Teilen zusammengesetzt. Der Akzent wird automatisch über oder unter den jeweiligen Buchstaben gesetzt.

Flintglas Bleioxidhaltiges Spezialglas für optische → Linsen mit einem hohen Brechungsindex.

Flipflop Minischalter in → Rechnern.

Floating Accents → Fliegende Akzente.

Floppy Disc → Datenträger. Kleine Magnetplatte. Im Online-Rechnersystem mit der Funktion einer → Datenbank oder als → Datensicherung.

Fluoreszenz Leuchterscheinungen von festen Körpern, Flüssigkeiten, Gasen nach Bestrahlung. Kein Nachleuchten.

Flüssigkeitslaser → Laser, bei denen die → Moleküle in einer Flüssigkeit gelöst sind; die → Inversion wird durch optisches Pumpen erreicht.

Flußdiagramm Mit grafischen Symbolen festgelegte Darstellung von → Arbeitsabläufen in der → EDV.

FM Frequency Modulation.

Frequenzmodulation. Aufzeichnungsformat für einfache → Aufzeichnungsdichte.

Fokus → Brennpunkt einer optischen → Linse.

Fokussieren Ausrichten optischer → Linsen.

Font → Schriftbildträger bei → Fotosetzmaschinen.

Fontdisketten Auf diesen sind die Schriften der → Lichtsetzanlagen abgespeichert.

Fontdressing Der Fontbefehl wird damit in die Anwahl von Trommel und → Font umgesetzt.

Font Error Schriftfehler.

Fonttrommel Auf ihr sind die → Schriftbildträger (Fonts) aufgespannt.

Foreground Vordergrund. Texte werden vom → Bildschirm auf den → Datenträger oder auf → Datenträger gespeicherte Texte wieder zurück auf den → Bildschirm geholt.

Format Aufbau strukturierter → Informationen.

Formatierung Schreiben von Kontrollinformationen, durch welche die Zylinder eingerichtet und die → Adressen der → Sektoren bestimmt werden.

Formats Auf einer → Magnetplatte gespeicherte → Befehlsketten. Hilfsmittel für die Organisation ganzer Jobkategorien.

Formelsatzprogramm Dieses → Programm erlaubt ohne Rechenoperationen seitens des Texteingabepersonals das Setzen von mathematischen und chemischen Formeln mit Brüchen und Wurzeln.

FORTRAN Formula Translating. → Programmiersprache für mathematisch-wissenschaftliche Arbeiten.

Fotografische Schicht → Lichtempfindliche → Emulsion auf → fotografischen Materialien aus in Gelatine eingebetteten Silberhalogeniden (Silberjodid, Silberbromid, Silberchlorid).

Fotoliner Gerät zum Ziehen von Linien für Tabellen und Formulare.

Fotomaterial Bezeichnung für lichtempfindliches Material, z. B. → Fotopapier, → Film, Folien. Umkehr-, Diffusions-, Raumlicht-, Diazo-, Lith-, Linematerialien, Halbton-, Farbumkehr-, Strippingfilme.

Fotomultiplier Die von der Abtastoptik eingefangene Strahlung wird durch → Filter in ihre Anteile zerlegt und in elektrische Signale umgewandelt.

Fotomultiplier-Röhre Elektronischer Bestandteil und »Auge« des → Scanners. → Licht wird in elektrische Signale umgewandelt.

Fotopapier Lichtempfindliches Aufsichtsmaterial (Papier als Schichtträger), das im → Foto- oder → Lichtsatz verwendet wird.

Fotosatz Wenn für die Belichtung ein Negativzeichen durchleuchtet und auf → Fotomaterial projiziert wird, so wird dieser Vorgang als Fotosatz bezeichnet.

Fotosatzfilm Spezialfilme mit hohem Kontrast, gutem Auflösungsvermögen, guter Dekkung, großem Belichtungs- und Entwicklungsspielraum, geringer Strichstärkenbeeinflussung.

Fotosetzgerät Überwiegend manueller Bedienungsaufwand. Herstellung kleiner Textmengen.

Fotosetzmaschine Weitgehend selbständiges Arbeiten der Maschine. Mit und ohne Datenträgersteuerung.

Fotostrom Der Stromanstieg wird durch → Lichtstrahlen hervorgerufen.

Fotowiderstand Halbleiterbauelement, dessen Widerstandswert bei Beleuchtung abnimmt. Er hat große Bedeutung bei lichtelektrischen Steuerungen.

Fotozelle Bauelement, das bei Lichteinfall elektrische Energie erzeugt.

Freiprogrammierbar Es können hier auch eigene Programmierinstruktionen in einen → Rechner eingegeben werden.

Fount Store Schriftspeicher.

FPP Full Page Pagination. Darstellung kompletter Seiten auf einem → Bildschirm.

Framework Integriertes Personal-Computer-Programm. → Softwarepaket.

Freie-Elektronen-Laser Beruht auf dem Prinzip der → Synchrotronstrahlung. Ein → Elektronenstrahl wird in einem wellenförmigen → Magnetfeld abgelenkt. Dabei senden die → Elektronen nach vorne sog. → Synchrotronstrahlung aus, die im UV- und Röntgenbereich liegt.

Fremddaten Aus einem Bürotextsystem oder von einem PC in ein Setzsystem überspielte Texte.

fs → Femtosekunde $^1/_{1000}$ → Picosekunde.

FSK Frequency Shift Keying. Modemtechnik, die 0 und 1 (Binärdarstellung) in tonfrequente Signale umsetzt.

FST Fertigungssteuerung.

FT Komponenten-Kopierer 5010, der bis zu fünf verschiedene → Programme speichert.

Funktion Der im → Programmablaufplan angegebene Arbeitsgang.

Funktionsdiagramm Die → logischen → Abläufe eines → Programms sowie deren Ausführungsfolge werden innerhalb der Programmlogik dargestellt.

Funktionsfeld Eingabeteil mit verschiedenen Menüs. Durch Berühren mit dem → Digitizer werden gewünschte Rechenoperationen ausgeführt, die auf dem → Bildschirm erscheinen und kontrolliert werden können.

Funktionstasten Tasten, mit

denen bei einer Texterfassung Anweisungen an das → Satzsystem gegeben werden.

Fußmaus Kleines, mit einer Gummischeibe versehenes Gerät. Der Anwender betätigt den → Cursor auf dem → Bildschirm, wenn sein Fuß über die Oberfläche der Gummischeibe gleitet.

G

Gamma Maßeinheit für die Steilheit des geradlinigen Teils einer → Gradationskurve. Tangens des Neigungswinkels. Bei normalem → Gammawert 45°, bei hohem Gammawert größer als 45 °, bei niedrigerem Gammawert kleiner als 45°. Der Gammawert steigt mit fortdauernder → Entwicklung an.

Gammawert Gamma = Gegenkathete : Ankathete. Er wird bezeichnet als Steigung des geradlinigen Teils der charakteristischen Kurve.

Ganzseitenkamera Kamera, konzipiert für 1 : 1-Wiedergabe, Möglichkeit geringer Größenveränderungen.

Ganzseitenterminal Es ermöglicht die Darstellung kompletter Seiten, z. B. auch großformatiger Anzeigen.

Ganzseitenumbruch Elektronisches Umbrechen.
Nach einem Groblayout wird mittels hochentwickelten → Programms der Umbruch ganzer Seiten einschließlich Abbildungen durchgeführt. Es erfolgt dabei keine → interaktive Kontrolle über den → Bildschirm.

GASA Ganzseitenausgabe.

Gaslaser → Helium-Neon-Laser. In einem Gemisch aus He und Ne (Edelgase) brennt eine Gasentladung und erzeugt angeregte Heliumatome, deren Anregungsenergie durch Stöße an die Neonatome abgegeben wird. → Wellenlänge Rot und Infrarot. Zu dieser Art gehören auch → Argon-Ionen- und → Krypton-Ionen-Laser.

Gate Steuerelektrode bei bestimmten → Halbleiterbauelementen.

Gateway Möglichkeit eines → Knotens, → Daten in andere → Netze zu führen.

Gatter Abgeleitet von "gate" (Tor). Elektronischer → Schalter.

GCR Gray Component Replacement. Methode zur vollprogrammierten Verbesserung von Druckqualität und -genauigkeit.

GDT Grafisches → Display- → Terminal. → Bildschirmterminal.

GDÜ Gleichspannungs-Datenübertragung. Kabelverlängerungselektronik. Mögliche Kabelverbindungen zwischen zwei Geräten mit → V 24-Schnittstelle von 15—7000 m. Es wird entweder → simplex oder → halb-duplex übertragen.

Gedruckte Schaltung Bauelemente werden auf → Leiterplatten verlötet. Auf der Gegenseite sind die leitenden Verbindungen.

Gelochte Datenträger
→ Lochkarte, → Lochstreifen.

Generation → Rechner werden in sog. Generationen eingeteilt.

Generator → Programm, das ein anderes → Programm auf Grund einer Reihe von Erläuterungen erzeugt, die für ein bestimmtes Verarbeitungsproblem vorgegeben wurden.

Generieren Herstellen flächiger Elemente, z. B. Linien, auf elektronischem Wege nach einem Programm.

Genesis Laserdrucksystem.

Gepulst Damit wird der Vorgang in einem → Laser bezeichnet, und zwar erfolgen abwechselnd eine Expansion und eine Kompression bzw. Kontraktion.

Germanium Element, das auf der Grenze zwischen Metallen und Nichtmetallen steht. → Halbleitereigenschaft.

Gestaltungsbildschirm
→ Bildschirm, auf den → Text- und Bilddaten abgerufen und nach einem → Layout in Originalschrift-Darstellung immateriell gestaltet werden können.

Get Befehl, um einen → Datensatz von einem → Datenspeicher zu holen.

Gevatronic Kommunikationsrechner, der Rohtexterfassung, → interaktive Gestaltung und → Belichtung miteinander verbindet.

GIGO Garbage In — Garbage Out. Begriff aus der → EDV: »Mist hinein — Mist heraus«. Fehlerhafte oder falsche → Eingaben.

Glasfaser → Lichtwellenleiter, der Lichtimpulse mit extrem hoher Taktfrequenz (Milliarden Takte/s.) über 50 — 100 km ohne Zwischenverstärkung überträgt. Hauchdünnes Glasröhrchen. Es wird → Licht übertragen, das an den Innenwänden total reflektiert wird und somit auch gekrümmt übertragen werden kann. Töne und Bilder werden in Form von Lichtblitzen → digital übertragen. Jede → Faser erlaubt das gleichzeitige Übertragen von 60 Fernsehprogrammen oder 32 000 Telefongesprächen mit einer Leistung von 2,24 Milliarden → bits/s.

Gleichlaufverfahren Verfahren zur geregelten Sender-/Empfänger-Kommunikation.

Gleichstrom Der → Strom fließt ständig in die gleiche Richtung. Die technische Stromrichtung ist vom → Plus- zum Minuspol.

GML Generalized Language. Neutrale Markierungssprache für → Datenerfassung zur Weiterverarbeitung für Setzsysteme.

Gold Line Filmentwicklungsmaschine in → Modulbauweise.

Golem → Datenbanksystem zur Wiedergewinnung von → Informationen.

Gop Get Output Parameter. Damit werden nach dem Start alle geladenen Ausgangskanal-Informationen in den → Bildschirmspeicher gebracht.

Gosub Verzweigt zu einem → Unterprogramm.

Goto Verzweigung zu einem → Befehl.

Gradation Verhältnis zwischen der Abstufung fotochemisch erzeugter Schwärzung bzw. → Dichte zu der Abstufung der wirksamen Lichtmenge. Logarithmische Einheiten.

Gradationskurve Charakteristische Kurve, welche die Reaktion einer fotografischen → Emulsion bei unterschiedlichen Belichtungs- und Entwicklungsbedingungen zeigt.
→ Dichte- oder Schwärzungskurve. Sie steigt vom Gebiet der Unterbelichtung über die Normalbelichtung zur Überbelichtung. Sie fällt dann wieder ab zur → Abszisse.

Gradient Neigung einer → Gradationskurve an einem ganz bestimmten Punkt.

Grafische Datenverarbeitung Herstellung und Verarbeitung bildhafter → Informationen mittels → Rechner → (CAD).

Grafischer Bildschirm Hochauflösender → Bildschirm, der sich zur Darstellung bildhafter → Informationen eignet.

Graphic-Design-Programm Möglichkeit für → elektronische Wandlung einer kompletten Schrift.

Graphics Cabinet Grafikschränkchen mit verschiedensten geometrischen Symbolen, Linien, Pfeilen, → Flußdiagramm-Symbolen, → Sonderzeichen usw.

Graphic-Workstation Dient zur gemeinsamen Verarbeitung von Text, Grafik und Bild. Die Seiten werden mit allen Elementen in satzidentischer Schrift auf dem → Bildschirm dargestellt, anschließend gespeichert oder ausgegeben.

Graubalance Mischung zu einem neutralen Grau. Sie ist dann erreicht, wenn in den grauen Tonwerten die richtige Kombination von Punktgrößen in Yellow, Magenta und Cyan vorhanden ist.

Graukeil Graue Tonwerte, die stufenlos ansteigen. → Stufengraukeil. Dient der Kontrolle verschiedener Faktoren, die das fotografische Verhalten von → Fotomaterialien beeinflussen, und zur Kontrolle von → Belichtung und → Entwicklung.

Grauskala Hilfsmittel zum Beurteilen und Messen von → Dichten. Durchsichts- und Aufsichtsskala. Die Schwärzung steigt von Stufe zu Stufe gleichmäßig an.

Grauwert Stufe vom hellen Grau bis zur Schwärzung. Bereiche, die zwischen Weiß und Schwarz liegen.

Grenzfläche Gemeinsame Berührungsfläche zwischen zwei Stoffen.

Grenzflächenspannung Die an der Grenzfläche zweier Stoffe wirksam werdende Kraft, die bestrebt ist, die → Grenzfläche zu verkleinern.

Grundbefehle Bestimmung der Schriften, Schriftgrößen, Satzbreiten, Einzüge, Zentrierkommandos usw.

Grundschleier Grunddichte lichtempfindlicher Materialien. Sie hängt von der Beschaffenheit der fotografischen Schicht, von der Konzentration des Entwicklers und von der Entwicklungszeit ab.

Grundverknüpfungen → Negation, → Konjunktion, → Disjunktion.

Grundzustand Nicht angeregter Zustand eines → Lasers. Die → Ionen → emittieren die gewünschten kurzen → Wellenlängen.

Gruppen Verbindungen von Textblöcken, an denen gemeinsame Veränderungen vorgenommen werden können.

G.T.O. Grafik Text Organisator. Arbeitsplatz zur Integration von Text und Bild.

GWS Grafik Work Station. Darstellung von sieben Farbebenen.

H

H High. Begriff aus der → digitalen Schaltung. Spannungspegel zwischen 2,0 → Volt und 5,0 Volt.

Halbduplexkanal → Datenübertragung in beide Richtungen → (Terminal — EDV — Terminal), jedoch nicht gleichzeitig.

Halbleiter Stoffe, die mit ihrer elektrischen → Leitfähigkeit zwischen den Metallen und den → Isolatoren liegen. Sie werden aus den vierwertigen Elementen → Germanium und → Silizium hergestellt.

Halbleiterbaustein Integrierter → Halbleiter mit 10 Millionen und hochintegrierter Halbleiterbaustein mit 100 Millionen Operationen/s.

Halbleiterdiode Richtungsabhängiger → Widerstand. Die → Diode läßt den → Elektronenstrom in nur einer Richtung fließen (Durchlaßrichtung).

Halbleiterlaser Ähnlich wie → Halbleiterdioden aufgebaut. Sie bestehen aus zwei aneinandergrenzenden p- und n-dotierten Schichten.

Halbtonabbildung Halbtonvorlagen haben neben Tiefen und Lichtern verlaufende Zwi-

schentöne. Kontrastreiche Vorlagen haben einen hohen Dichteumfang.
Halbtonentwickler Oberflächenentwickler.
Halbtonplotter Stellt eine Schwarzweiß-Wiedergabe für Kontrollzwecke in → Videoauflösung her.
Halbtonvorlagen Regelmäßige Tonwertabstufung vom Licht bis zur Tiefe, z. B. Bleistiftzeichnung.
Halogene Reaktionsfähige Elemente. Halogensilber, das ist die Verbindung von Brom, Chlor und Jod mit Silber, ist → lichtempfindlich.
Hand-Held-Computer Portabler, netzabhängiger → Rechner.
Handshake-Prozedur Datenaustausch zu einem → Drucker. Über eine Rückleitung erfährt der → Rechner die Abarbeitung eines → Datenblocks.
Handycam Kamera-Rechner. → Halbleiter-Bildwandler mit einer V 8-Videokassette.
Hanging Indent Hängender Einzug. Die erste Zeile hat volles Format, die weiteren sind eingerückt.
Hard Copy Klarschriftausgabe eines von einem → Rechner verarbeiteten Textes bzw. Ausgabe von ein- und mehrfarbigen → Bildern.
Hardhole-Floppy → Diskette, bei der der Rand der Einspannöffnung durch einen Verstärkungsring steifer und daher widerstandsfähiger ist.
Hardsektoriert → Datenträger mit eingestanzten Löchern.
Hardware Dazu zählt alles, was zur Technik gehört, und zwar → Zentraleinheit, → periphere Geräte, feste Verdrahtung.
Hauptregel Wichtigste Regel zur Trennung von Wörtern innerhalb eines → Silbentrennprogrammes.
Hauptspeicher Dieser nimmt → Daten auf, speichert sie und gibt sie bei Bedarf wieder ab → (Magnetkernspeicher).
HD Hard Disc. → Winchesterplatte.
High **D**ensity Hohe → Aufzeichnungsdichte.
HDLC High Data Link Level Control. Wird bei der → Datenübernahme ein → Block als fehlerhaft erkannt, so wird er so lange wiederholt, bis er fehlerfrei ankommt.
HDP Helio Data Processing. Bild- und Textinformationen werden aus dem → Chromacom-System in digitalisierter Form (materielos) auf Tiefdruckzylinder übertragen.
Headend Zentrale, an die alle angeschlossenen Geräte ihre → Daten senden.
Header Kopfzeile.
Header Information Steuerungsdaten eines bestimmten Artikels.
Header Modul Er übt eine Kontrollfunktion aus und stellt fest, ob bei der → Eingabe Fehler vorhanden sind.
Header Sheets Kommando-Blätter. Diese bestehen aus mit einer Schreibmaschine geschriebenen Bogen mit Anweisungen.
Headliner → Fotosetzgeräte, die sich nur für den → Titelsatz eignen.
Heißleiter Bei steigender Temperatur wird der Widerstandswert vermindert. Dadurch Ansteigen der → Stromstärke.
Helio Check Aufsichtsmeßgerät für die Tiefdruck-Zylindergravur.
Helium Lasermedium. Einatomiges Edelgas, das sehr reaktionsträge ist.
Helligkeitsumfang Differenz zwischen hellster und dunkelster Stelle.
Hellklare Farbe Mit Weiß aufgehellte Buntfarbe.
Help-Funktion Hilfsfunktion in Anwendungsprogrammen, die Entscheidungshilfen für Anwender anbietet.
He-Ne-Gaslaser → Lichtquelle. Zwischen zwei sphärischen Spiegeln bildet sich → kohärentes → Licht, das aus dem teildurchlässigen Spiegel als energiereicher, paralleler → Strahl austritt. Rotes Licht.
Herschel-Effekt Das → latente Bild wird durch rotes (langwelliges) Licht zerstört.
Hertz Maßeinheit der → Frequenz. 1 Hz = 1 → Schwingung/s.
Hex Kurzform von → Hexadezimal. Zahlensystem.
Hexa-Dezimalcode Zahlensystem. Ein → Byte wird in zwei Hälften, sog. Halbbytes unterteilt, wobei nun jedes Halbbyte separat bewertet wird. Der Vorteil besteht darin, daß sich jeder 8-Bit-Code mit zwei Ziffern ausdrücken läßt.
Hexadezimalsystem Hexa = sechs. Die Basis ist 16, es gibt 16 Ziffern (0 bis 15). Zu den 10 Zahlzeichen kommen noch die Buchstaben A (10), B (11), C (12), D (13), E (14), F (15).
Abkürzende Schreibweise für → binäre Zahlen. Um umfangreiche → duale Zahlen übersichtlicher zu machen, werden sie in 4-bit-Gruppen eingeteilt.
HH Hochintegrierter → Halbleiterbaustein mit 100 Millionen Operationen/s.
Hicom Das System sorgt für Kommunikation und Informationsversorgung durch interne Services für Sprache, Text, → Daten und → Bild.
High Level Höheres Protokoll.
Highspeed-Printer → Schnelldrucker. Ausgabegerät.
HIT High Level Interprocessor Transfer. Empfangene → Daten werden automatisch auf einen lokalen → Datenträger abgelegt.
Hochauflösung Sichtbarmachung eines → Bildes auf einem → Bildschirm, wobei ein Farb-

satz in der Größe von A4 rd. 40 Millionen → Bytes benötigt.
Hochfrequenz → Frequenzen von 10 → kHz bis 3000 → MHz.
Hochsprachen → Programmiersprachen wie Algol, Fortran, Pascal, Basic. Zum Lesen einer Hochsprache benötigt der → Rechner einen → Compiler oder → Interpreter.
Hohlspiegel Ist in seiner Wirkung den → Sammel- bzw. → Zerstreuungslinsen ähnlich. Man kann mit ihm wie mit → Linsen vergrößerte und verkleinerte → Bilder erzeugen.
Hohlux RCD Reprokamera mit elektronischer Bedienerführung über → Bildschirm.
Holografie Mit Hilfe von Lichtwellen wird reflektierend die Form des mit → Laser angestrahlten Gegenstandes auf einer beschichteten Fotoplatte aufgezeichnet.
Holografisches Stereogramm Beleuchtung mit 100-Watt-Glühlampe.
Hologramm Ein → Laserstrahl wird mit Hilfe eines Strahlenteilerwürfels in zwei → Strahlen (Objekt- und Referenzstrahl) geteilt. Über einen Spiegel wird der Referenzstrahl auf eine Linse gelenkt, von wo er auf die holografische Platte fällt. Parallel dazu wird der Objektstrahl auf das Objekt gelenkt, das — vom → Laserlicht umgeben — dieses in alle Richtungen reflektiert. Die überlappenden Strahlen bilden eine → Interferenz, durch die eine → Information auf die Platte gelangt.
Horizontale Software → Programm für besondere Aufgabenstellungen, die in fast allen Branchen gleichartig vorkommen.
Horizontalkamera Reflektiertes oder → transmittiertes → Licht fällt waagerecht in das → Objektiv.
Host → Rechner der höchsten Ebene. Er steuert zentral alle Hauptfunktionen und verwaltet die Datenbestände.
HP 150 Personal-Computer mit → Berührungsbildschirm.
HR-Textsystem 6 Teilstrahlen werden einzeln ein- und ausgeschaltet und nicht als Einheit gesteuert. Die Textabtastung erfolgt mit dreifacher Auflösung der sonst üblichen 354 Linien/cm.
Hybridprogramm Die Aufgabe besteht darin, Endlostext zu verarbeiten und in ausgeschlossener Form auszugeben.
Hybridrechner Kombination zwischen → Digital- und → Analogrechner. Die → analog erfaßten Werte werden in → digitale umgewandelt und ausgegeben.
Hybridschaltung Gemischte Schaltung. In → Dünn- und → Dickfilmschaltungen lassen sich nur passive Bauelemente herstellen. Die aktiven Bauelemente werden nachträglich eingesetzt.
Hyphenation Trennprogramm nach Standardregeln.

I

IAS → Integriertes Anzeigen-System.
IC Integrated Circuit. → Integrierte → Schaltung.
ICR Intelligent Character Recognition. Sog. »intelligente« → Lesemaschine mit Korrekturprogramm.
Identifikationsnummer Texte werden mit einer Nummer versehen, an der sie beim → Abruf zur Weiterverarbeitung wiedererkannt werden.
IDN Integriertes Datennetz, bestehend aus den Teilnetzen für Telex, → Teletex, → Datenübertragung, Telegrammdienst und Direktruf.
IEC-Bus → Schnittstelle für den Anschluß bis zu 15 → Peripheriegeräten an den → Rechner.
If Die Verzweigung wird nach zwei Richtungen eingeleitet.
If . . . then Wenn . . . dann. Anweisung, in gewünschter Art → Entscheidungen zu treffen.
IGS → Interaktives Grafisches System.
IH → Integrierter → Halbleiterbaustein mit 10 Millionen → Operationen/s.
Image Master → Schriftbildträger (Fonts).
Image Processing Bildverarbeitung mittels programmgesteuerter Verfahren. Die dargestellten ein- und mehrfarbigen → Informationen sind aus → Rasterpunkten aufgebaut.
Imager III Anlage zur Montage von Farbseiten.
Imaginator Arbeitskonsole für Grafiker. Gezeichnet wird mit einer → Maus und einem grafischen Tablett. 124 Farben pro Bild können gleichzeitig verarbeitet, aber auch beliebig verändert werden.
Imagesetter → Kathodenstrahl-Slave-Belichter.
ImagiTizer Hochauflösender → Flachbettscanner.
Immateriell Unkörperlich, unstofflich, materielos. Z. B. → digitalisierte Schriften, Bilder.
Impactdrucker Ausgabegerät, das die Zeichen durch Anschlagen von Typen erzeugt.
Index Adresse für den schnellen → Zugriff auf → Dateien.
Indicators Anzeigen, z. B. für einen jeweiligen → Betriebszustand.
Indices Zustandsverzeichnisse, die anzeigen, welchen Entwicklungsstand Texte genommen haben.
Informatik Sammelbezeichnung für die Gebiete, die mit Informations-Verarbeitung im Sinne der → elektronischen Datentechnik zusammenhängen.
Information Angabe, Mittei-

lung, Unterlage. Nachricht für den Empfänger zur Auswahl.
Informationsinput Zu Aufsichts-/Durchsichtsvorlagen, Texten, Headlines, Grafiken, Layouts kommen immaterielle Eingaben, deren Transportmittel → magnetisierbare → Datenträger sind.
Informations-Logistik Steuerung eines umfangreichen → Online-Datenflusses.
Informationsspuren → Daten, die auf dem → Magnetband übereinanderliegend fixiert sind.
Informationssuche Bearbeitung von Texten durch manuell oder automatisch gesteuerte Suchmöglichkeiten.
Informationssystem Koordination aller Aspekte einer → Information zu einem Gesamtsystem.
Informationszeile In einem Teil des → Bildschirms erfolgt der → Dialog zwischen Bediener und → System.
Infotec Hochleistungsfernkopierer 6500 in der Größe einer Schreibmaschine.
Inhaltsverzeichnis Der Bediener kann es auf dem → Bildschirm abrufen. Es informiert ihn über → Textnummer, → Schlüsselwort und den → Arbeitszustand der auf → Datenträger gespeicherten → Daten.
Inhouse Interne Verbindungsfähigkeit zwischen unterschiedlichen Geräten.
Inhouse-System Sprache, Text, → Bild und → Daten lassen sich auf einem Endgerät zusammenführen.
Init → Initialisieren. Jede → Diskette muß vor dem Beschreiben → initialisiert werden.
Initialisieren Anfangsstellung eines Zustandes.
Initialize Auf Anfangsstellung gehen.
Ink-Jet Tintendrucker mit Schnittstellenkassette.
Ink-Jet-Drucker Damit werden → Farbproofs mit einem Auflösungsvermögen von 7 Punkten/mm hergestellt.
Inkompatible → Datenträger aus Textverarbeitungsgeräten und → Personal-Computern.
Inkubationszeit Zeit zwischen Einlegen des → fotografischen Materials in den Entwickler und Erscheinen von Bildspuren.
Inlineröhre Die Strahlsysteme sind nicht deltaförmig, sondern linear angeordnet. Die → Konvergenzprobleme werden verringert.
Input → Eingabe in den → Rechner.
Input Mode → Betriebsarten.
Input Size Format einer Vorlage, die im → Scanner eingesetzt werden kann.
Input Speed → Eingabegeschwindigkeit.
Input Store → Eingabespeicher.
Inquiring Überblick über alle Artikel und ihren Stand innerhalb einer ausgewählten Gruppe.
Insert Einfügen. Korrekturen werden ausgeführt, ohne daß Textdaten überschrieben werden. Diese rücken nur weiter.
Insight System für die rechnerunterstützte Fertigung → (CAM) verschiedener Arbeitsphasen bei der Herstellung von → gedruckten Schaltungen.
Instagraphic Sofortaufzeichnungsprogramm farbiger Text- und Bildinformationen vom Rechnerbildschirm.
Instant Fire → Farbproofrecorder.
Instruktionen → Befehle.
Integer Arithmetik → Rechner mit ganzen positiven Zahlen.
Integrated Circuit → Integrierte Schaltung.
Integrieren Ergänzen und Zusammenschließen zu einem übergeordneten Ganzen.
Integrierte Datenverarbeitung Zusammenschluß von Teilen zu einem Ganzen. Vereinigung von einzelnen Datenverarbeitungsaufgaben.
Integrierte Rasterdichte → Lichtabsorption einer Bildstelle eines Rasternegativs bzw. -positivs, die durch die gemeinsame Messung geschwärzter und nicht geschwärzter Anteile entsteht.
Integrierter Rechner Zum → System gehörende → EDV-Anlage mit großen → Arbeitsgeschwindigkeiten.
Integrierte Schaltkreise Bauteile von → EDV-Anlagen der sogenannten 3. Generation.
Integrierte Schaltung Zusammenschluß bzw. Vereinigung von Einzelbauelementen zu einer → elektronischen Schalteinheit.
Integrierter Schaltkreis Vereinigung mehrerer Einzelelemente → (Transistoren, Dioden, Widerstände, Kondensatoren) zu einer untrennbaren Baugruppe in einem Gehäuse.
Integrierte Software Softwarepakete, die verschiedene Einzelprogramme in sich vereinen. Sie ermöglichen den problemlosen Austausch von → Daten und → Informationen zwischen den einzelnen Programmen.
Integriertes Datennetz → IDN.
Intelligenter Scanner → Scanner, der Text und Bild unterscheidet. Die → Belichtung erfolgt mit → Leuchtdioden. Seine Intelligenz für diese Unterscheidung erhält er durch das Zusammenwirken eines → Sensors im → Abtastkopf mit einem → Rechner.
Intelligente Terminals → Terminals, die mit Minirechnern und eigenem → Arbeitsspeicher ausgestattet sind. Sie entlasten die → Zentraleinheit, die damit frei bleibt für die Steuerung des → Datenflusses. Texterfassung und -bearbeitung werden weitgehend selbständig ausgeführt.

Interaktiv Arbeitsteilung zwischen Bediener und → Rechner.

Interaktives Bildplattensystem → Bildplattensystem, das sowohl mit lokaler als auch zentraler Intelligenz gesteuert werden kann. Verbund mit → Bildschirmtext. Für die Nutzung der → Bildplatte werden → Online-Rechner eingesetzt.

Interaktives System Benötigt einen Bildbearbeitungsplatz, an dem gespeicherte → Daten sichtbar gemacht werden können. Ein → Operator kann Manipulationen vornehmen.

Interface → Elektronische Schaltung, auf die die angeschlossenen → Rechner zurückgreifen können.

Interferenz Überlagerung, d. h. Wirkung einer → Welle auf eine andere.
Zwei → Wellen gleicher → Wellenlänge treffen aufeinander, sie addieren sich dann, wenn ihre Wellenberge und -täler zusammentreffen. Sie werden schwächer, wenn ein Wellenberg auf ein Wellental trifft.

Interferometer Meßgerät zur Messung extrem kleiner linearer Dimensionen.

Intern Alles, was sich innerhalb eines → Rechners abspielt.

Interne Speicher Bestandteile eines → Rechners mit schnellem → Zugriff, z. B. → Magnetkern-, → Magnettrommel-, → Magnetdraht-, → Dünnschicht-Filmspeicher.

Internes Netz Ein Netz, das verschiedenste → Rechner- und Büroeinrichtungen unter einem Dach miteinander verbindet.

Interpolation Rechengang. Die von einer → Videokamera → digitalisierten → Daten erhalten eine bessere Schärfe, sie werden verfeinert.

Interpreter Dolmetscher. Damit übersetzt der → Rechner eine → höhere Programmiersprache automatisch in die → Maschinensprache.
Übersetzerprogramm. Die Übersetzung läuft gleichzeitig zur Programmausführung.

Interrupt Erwünschte Unterbrechung eines → Programms.

Interset Setzsystem mit → Zentralrechner und Lasercomp-Interface.

Inversion → Energetisch höhere Zustände eines Systems sind stärker besetzt als die tiefer liegenden. Voraussetzung für den → Laserbetrieb.

Invertierung Umkehrung. Begriff aus dem → Dualsystem. Aus einer Eins wird eine Null und umgekehrt.

I/O Input/Output. Ein- oder Ausgabekanäle von → Rechnern für den Anschluß → peripherer Geräte. Unterschieden wird zwischen sog. intelligenten und von der → Zentraleinheit gesteuerten I/O-Modulen.

Ionen Elektrisch geladene → Atome oder → Moleküle.

IOCS Input Output Control System. Es regelt und kontrolliert den → Zugriff zu den → externen → Speichern.

IPDS Interactiv Pakkaging Design System. Verpackungs-Gestaltungssystem mit Bildschirmarbeitsplatz, → Mikrorechner, Digitalisierer, → Schnittstellen.

IPL Interprocessor Link.

I-Port Wird angewählt, wenn der → Rechner → Daten und → Informationen von außerhalb benötigt.

ISAM Index-sequentielle → Datenverarbeitung. Der → Zugriff auf → Dateien erfolgt über einen → Index.

ISDN Integrated Services Digital Network. Dienstintegriertes → digitales Fernmeldenetz. Textendgeräte senden und empfangen zeichen- und faksimilecodierte Nachrichten. Zusammenfassung aller schmalbandigen Kommunikationsdienste. Telefongespräche, Texte, Grafiken und → Daten werden auf zwei Kanälen übertragen. Charakteristisch ist die einheitliche Kommunikationssteckdose für alle Dienste.

ISEA Integrated Software Engineering Architecture. Diese besteht aus einem koordinierten Phasen-, Methoden- und Projektmanagement-Konzept.

ISI Intelligentes System → Interface. Benutzeroberfläche für → Mopas- und micro-Mopas-Systeme.

Isodensiten Kurven gleicher → Dichte, mit denen → Belichtung und → Entwicklung stufenlos berechnet werden können.

Isohelie Bereiche gleicher Helligkeit. Zerlegung von → Halbtonvorlagen in zwei oder drei Tonwerte.

Isolatoren Stoffe, die den → Strom — trotz anliegender → Spannung — praktisch nicht mehr fließen lassen, z. B. Keramik, Porzellan, viele Kunststoffe, Hart- und Weichgummi, Gase.

Isotrop Aufzeichnungsart. Es werden die → Datenträger sowohl horizontal als auch vertikal magnetisiert.

Isotropen Kobaltdotierte Eisenoxid-Magnetpigmente.

ISY Integriertes Informations- und Steuerungssystem für die Reprotechnik.

ISY Software Programmpaket zur Produktionssteuerung für Repro und Druck.

Isys InterMedia Diskettenkonverter für rd. 280 Formate.

Italic Kursive Schriften.

IWTs Immer wiederkehrende Texte, häufig benutzte Wörter.

J

Job Jede einzelne, in sich abgeschlossene Aufgabe aus mehreren → Programmen.
Jobkennung Diese kann aus mehreren → Feldern bestehen. Sie wird vom → System formal geprüft. Jede Kennung muß mit einer → Jobnummer beginnen.
Jobkontrolle Steueranweisung für die zeitliche Kontrolle der → Programm- bzw. → Arbeitsabläufe.
Job-Management Rechnergesteuertes → System zur Verwaltung von → Programm- und Arbeitsfolgen innerhalb der → Jobs.
Joy-Stick Positionierhebel.
Juke-Box Massenspeichersystem bis zu 192 → DOR.
Justifikation Den verbleibenden Restwert einer Zeile auf die vorhandene Anzahl der Zwischenräume verteilen (Blocksatz).

K

K Angabe über die Größe von → Kernspeichern, z. B. 8 K, 16 K, 32 K usw. Manchmal erfolgt die Angabe in KB (Kilobyte). 1 K = 1024 Bytes.
K → Kelvin. Maß für die → Farbtemperatur des → Lichts.
Kabeltext Verbreitung in Breitband-Verteilnetzen. Texttafeln gelangen über den Fernsehkanal in zyklischer Reihenfolge zum Empfänger. Mehrere hundert Zeilen pro Vollbild stehen zur Verfügung. Damit können umfangreiche Textmengen zum Empfänger gelangen.
Kalt-/Heiß-Leiter Elektronisches Bauelement. Wird bei Erwärmung größer oder kleiner.
Kaltleiter Elektronisches Bauelement. Bei sinkender Temperatur nimmt der Leitwert zu.
Kanäle Übertragungswege. Sie leiten die → Daten zwischen der → Zentraleinheit und den → peripheren Einheiten.
Kapazität Speicher-Fassungsvermögen in → Bits, → Bytes. Belastbarkeit eines → Netzes.
KAR Elektronische Übertragung von → Mikrofilmbildern.
Kassette Behälter (lichtdicht) zum Einlegen von → lichtempfindlichen Materialien.
Kathode Minuspol einer → Vakuumröhre.
Kathodenstrahl Unsichtbarer → Elektronenstrom (kein Lichtstrahl). Aus der → Kathode einer → Elektronenröhre austretende → Elektronenstrahlen.
Kathodenstrahl-Belichter Jedes Zeichen wird durch eine Vielzahl von senkrechten Scanlinien (Lichtstrahlen) erzeugt.
Kathodenstrahlröhre Auf ihr werden die Zeichen mittels hell oder dunkel zu steuernder → Lichtpunkte erzeugt. Ein Lichtpunkt leuchtet so lange auf, bis das → Fotomaterial belichtet ist, dann erlischt er wieder.
KB Kilobyte = 1024 → Bytes.
Kbs Kilobytes per Sekunde. Maß der Bandgeschwindigkeit.
KByte Kilobyte = 1024 → Bytes.
KB512V Spracherkennungstastatur zur Übersetzung von Sprachmustern in → digitale Signale.
KDEM Kurzweil Data Entry Machine. → Lesemaschine, die alle serifenlosen und serifenbetonten Schriften liest.
Kelvin → K. Mit dieser Skala werden die → Farbtemperaturen von → Lichtquellen angegeben. 0 K ist die Temperatur des absoluten Nullpunktes (—273,15 °C). 0° = 273,15 K.
Kennwort Um im → System gespeicherte → Informationen ändern zu können, muß ein Kennwort eingegeben werden.
Kerning Unterschneiden von Buchstaben. Diese werden nach ihrem Dicktenwert unterschnitten.
Kernspeicher → Speicher, der aus → Magnetkernringen aufgebaut ist → (Arbeitsspeicher). In diesem sind die → Verarbeitungsprogramme und die zu verarbeitenden → Daten abgelegt. Er besteht aus einzelnen → Kernspeicherstellen.
Kernspeicherblock Für die → Speicherung der → Information werden für ein Zeichen neun → Magnetkerne belegt, die auf neun Ebenen → (Matrix) liegen.
Kernspeicherstelle Ort zur Unterbringung eines → Bytes im → Arbeitsspeicher.
Kettendrucker → Ausgabe-Einheit. Horizontal rotierende Gliederkette, wobei jedes Glied der Kette drei Schriftzeichen trägt. Druckhämmer schlagen von hinten das gesuchte Zeichen an.
Kettenpunktraster Elliptischer Punkt, mit dem in den Mitteltönen eine Verkettung der Punkte in einer Richtung erreicht wird.
Keybord Tastatur.
Keybord Commands Befehlstasten mit Eingabefunktionen.
Key-in-loader Hilfsprogramm, mit dem der → Rechner die Möglichkeit erhält, → Binär-Datenträger einlesen zu können.
Key-Optics Korrektur über Tasten und → Display-Monitor.
kHz Kilohertz. → Hertz.
Kill Film Advance Filmvorschub unterdrücken. Gültig jeweils nur für eine Zeile.
Kill Flash Nicht belichten. Durch diesen → Befehl können Zeichen im → Dicktenwert berücksichtigt werden, ohne sie zu belichten.
Kill Line Zeile löschen.
Kill Message Arbeitsmeldung löschen.
Kill Word Wort löschen.
Kilobyte 1024 → Bytes (2^{10}).

Angabe zur → Speicherkapazität. Erfolgt in → K oder auch in → KB. Entspricht etwa 500 → BASIC-Wörtern oder -Zeichen.

KIMS Kodak Information Management System. Zu diesem System gehören: Autolader für Mikrofilmkassetten, Mikrofilm-Scanner, → Bildschirme, Gateways, → Datenbank, → Drukker, → Optische Speicherplatten.

KKS Kontaktkontrollstreifen aus drei Kreiselementen mit feinen Linien.

Klarschrift Ein gleichzeitig mit dem → Datenträger erzeugtes → Protokoll des gesetzten Textes, das dann als Unterlage für die Vorkorrektur dient.

Klarschriftleser Die genormten Zeichen werden optisch erkannt.

Klaviatur Tastatur.

Kluft Unbeschriebener Zwischenraum zwischen zwei → Datensätzen eines → Magnetbandes.

KMS Kopiermeßstreifen für die Offsetplatten-Kopie und alle Kontakt-Kopierverfahren mit drei verschiedenen Meßfeldern.

Knoten Verteilungsanschluß zwischen → peripheren Geräten und der → Zentraleinheit.

Knotenpunkt Innerhalb eines Kommunikationsnetzes vorhandene Verzweigungsstellen.

Knotenrechner Im Verzweigungsknoten eines → Netzes zur Leitungs-, Informationssteuerung und Fehlerkontrolle eingesetzter → Rechner.

Koaxialkabel Übertragungsmedium für → Daten (Kupfer).

Kobaltdotiert Jedes Eisenoxidteilchen ist mit dem ebenfalls magnetischen Metall Kobalt überzogen, wodurch die magnetische Energie des Eisenoxids ansteigt. Einsatz bei der Datenträgerherstellung (Floppies).

Kodamatic Entwicklungsmaschine 42 für → Fotosatz-, Kontakt-, Duplikat-, Raster- und Scannermaterialien.

Kohärent Zusammenhängend. → Strahlenbündel einer einzigen → Lichtquelle.

Koma Asymmetriefehler. Durch die → Blende begrenztes schief einfallendes → Strahlenbündel.

Kommando Anweisung an den → Rechner, bestimmte → Operationen auszuführen. → Eingabe über Tastatur, → Datenträger, → Maus, → Digitizer.

Kommunikation Austausch von → Informationen und Daten.

Kommunikationsfilter Übernahmeschnittstelle.

Kompaktkamera Reproduktionskamera in raumsparender Bauweise. → Lichtweg vertikal, daher sind ihr im Format, Vergrößerungs- und Verkleinerungsfaktor Grenzen gesetzt.

Kompaktrechner Verschiedene Funktionen der Satzherstellung und → Datenmanipulation werden in kleinere → Rechenanlagen gelegt, die im → Multiprocessing-Verfahren miteinander korrespondieren.

Kompaktsystem Tastatur, → Bildschirm, → Speicher und → Belichtungseinheit sind in einem Gehäuse untergebracht. Die Tastatur ist frei beweglich, der → Bildschirm verschiebbar.

Kompatibel Verträglich. Austauschbarkeit der Modelle eines → Systems sowie der → Programme (Software).

Kompatibilität Verträglichkeit, Angepaßtheit, Anschlußfähigkeit. Es wird unterschieden zwischen Übertragungs- und Anwendungs-Kompatibilität. → Rechner können nur dann untereinander verkehren, wenn ihre → Schnittstellen kompatibel sind.

Komplement Ergänzung. Wird in der → Datenverarbeitung bei der Subtraktion benutzt. Das Komplement des Subtrahenden wird zum Minuenden addiert.

Komplementärfarbe Bezeichnung für → Farben, die sich in einem → Farbkreis gegenüberliegen, z. B. Yellow/Blau, Magenta/Grün, Cyan/Rot.

Kompressionsalgorithmus Datenströme werden auf durchschnittlich 6-8% ihrer ursprünglichen Länge reduziert. Diese komprimierten Daten werden dann abgespeichert.

Kondensator Besteht aus zwei benachbarten, durch die Luft oder andere Isolierstoffe voneinander isolierten elektrischen → Leitern.

Konfiguration Bezeichnung für alle zu einer → Anlage gehörenden Anlageteile.

Konjunktion → UND-Verknüpfung in der → Elektronik.

Konkav Nach innen gewölbt. → Linsen und Spiegel.

Konnect Datenübernahmegerät.

Konsole Arbeitsplatz zur Systemsteuerung, -bedienung und -überwachung mit Bildschirm, Tastatur, Menüfeld, Maus, Ausgabeeinheit.

Konsolendrucker → Nadeldrucker mit großer Schnelligkeit und klarem Druckbild.

Konstante Daten Produktkennung sowie voreingestellte → Daten des Produkts für ein elektronisches System.

Kontraststeuerfolie Bei Vorlagen mit starken Kontrastunterschieden lassen sich die Kontraste einer Wiedergabe beeinflussen.

Kontrollbit Ein zusätzliches → Bit wird in die neunte Stelle gesetzt, um die Anzahl der → Bits entweder geradstellig oder ungeradstellig zu ergänzen. Damit kann jedes → Byte auf seine Vollständigkeit überprüft werden → (Parytibit).

Kontrolle Prüfung der eingegebenen → Bytes auf ihre Voll-

ständigkeit mittels → Kontrollbit.
Konturenbildausschnitt Bei der Bearbeitung wird der Arbeitsmaßstab im → System so gewählt, daß alle Abtastelemente eines Bildausschnittes auf dem → Monitor erscheinen.
Konturendarstellung Bildschirm-Darstellung einer Typografie des Satzoriginals. Dabei werden Textteile als Konturen dargestellt.
Konvergenz Zusammenlaufen von parallelen → Lichtstrahlen nach dem Durchlaufen einer → Sammellinse.
Konversion Umwandlung von → Daten aus einer bestimmten Bit-Struktur in eine vom Anwender und Besteller gewünschte Ausgabeform.
Konverter Umwandler. Gerät zum Lesen und Schreiben unterschiedlicher → Diskettenformate. Um die → konvertierten Daten in ein Setzsystem zu übernehmen, wird der Konverter entweder → online mit dem → System verbunden, oder die → Daten werden → offline per Diskettentransport übertragen.
Konvertieren Datenumwandlung in eine für das → System verarbeitungsfähige Form.
Konvertierungsprogramm Programm zur Umwandlung → codierter Daten in eine gewünschte Form, z. B. bei der Übernahme von → Daten aus Bürosystemen in den → Satzrechner.
Konvex Nach außen gewölbt. → Linsen und Spiegel.
Konzentrator Die von Datenendgeräten an einen Hauptrechner gesendeten Daten werden in einem Netzknoten durch einen → Rechner auf eine geringere Anzahl von Leitungen mit höherer Leistung konzentriert.
Koordinatenprinzip Schnittpunkt der Breiten- und Höhenskala. Bezugspunkt eines Zeichens oder einer Linie.
Kopiervorlage Elektronisch oder fotografisch erzeugte → positive oder → negative, → seitenrichtige oder → seitenverkehrte lichtdurchlässige Vorlage bzw. Montage.
Koppelfeld Damit werden alle Rechnereinheiten eines → EDV-Systems miteinander verbunden.
Korn Silberhalogenid-Kristalle fotografischer → Emulsionen bzw. Silberkörner.
Körperfarben Die Grundfarben des Drucks sind Yellow, Magenta und Cyan. Die Mischung der drei Farben ergibt kein reines Schwarz, da die Pigmentierung der einzelnen Farben ungleich ist. → Subtraktive Farbmischung.
Korpuskular Elektrisch geladen.
Korrekturbefehle Korrekturcode, der allen → Befehlen vorangestellt werden muß, z. B. Streichen, Berichtigen, Einfügen eines Wortes oder mehrerer Wörter.
Korrekturklarschrift Der Text wird mit → Wortnumerierung ausgedruckt.
Korrekturlochstreifen Nach einer → Klarschrift oder nach belichtetem → Fotomaterial wird die Korrektur ausgeführt.
Korrekturstation Externes Gerät, mit dem fehlerhafte → Datenträger korrigiert werden.
Korrekturumfang Möglichkeit der Veränderung von Bildlicht und -tiefe, → Gradation, Farbkorrektur, → Unbunt-/UCR-Anwendung.
Kristallgitter Anordnung von → Atomen, → Molekülen, → Ionen in festen Stoffen. Diese Anordnung ist mitbestimmend für die Erscheinung von Kristallen.
KRM → Lesemaschine, die gelesene Texte akustisch ausgeben kann.
Krypton Lasermedium. Edelgas, das aus gasförmiger oder flüssiger Luft gewonnen und als Füllgas verwendet wird.
Kunstsprache → Programmiersprache.

L

L Anzahl der Rasterlinien/cm.
L Laserbelichtungseinheit (Kurzbezeichnung).
L Low. Begriff aus der → digitalen Schaltung. Spannungspegel zwischen 0,0 und 0,7 → Volt.
LAN Local Area Network. Lokale → Netzwerke, z. B. Ethernet. Sie sind vorwiegend in Büros installiert.
LAP B Link Access Protocol Balanced. Übermittlungsvorschrift, die den Datenaustausch zwischen gleichberechtigten Stationen regelt.
Laser Light amplification by stimulated emission of radiation. Lichtverstärkung durch angeregte (induzierte, stimulierte) Strahlungsemission.
Mit Laserlicht läßt sich Energie transportieren.
Laser-Dioden Neue → Belichtungseinheit für → Lichtsatz, → Scanner und → Plotter.
Laserdrucker Arbeitet nach dem → elektrostatischen Prinzip und ist direkt an ein Setzsystem anschließbar. Ausgabestation für mehrere vernetzte → Personal-Computer.
LaserJet → Schnelldrucker für Text und Grafik mit einer Auswahl von 32 Schriften.
Laserplatemaker Bei der → Lasersatzherstellung wird in Verbindung mit dieser → Anlage in einem Arbeitsgang gleichzeitig eine Druckplatte hergestellt.
Laserraster Die → Rasterpunkte haben eine Form, als seien sie von einer bereits gedruckten Vorlage abgenommen. Die Winkelung 0°, 18,4°

und 45° weicht von der gewohnten Art ab. Die → Raster haben zum Teil eine untereinander leicht abweichende → Rasterweite.

Lasersatz Die Aufzeichnung von Texten auf → Fotomaterial erfolgt mit einem → Lichtstrahl eigener Art, dem → Laser.

Laserscanner Der → Lichtstrahl des → Lasers wird von einem Spiegelsystem in sechs Teilstrahlen gleicher Intensität zerlegt. → Modulationseinheiten übernehmen das Ein- und Ausschalten. Das verarbeitete → analoge → Bildsignal wird dem Rasterrechner zugeführt. Je nach Signalwert wird aus dem Rasterspeicher ein entsprechendes → digitales Signal zur Steuerung der Punktaufzeichnung abgerufen und zu den → Modulationseinheiten geschickt.

Laserstrahl Scharf gebündelter → monochromer → Lichtstrahl. Die Elementarteilchen sind → Photonen. Ist der Strahl rot, setzt er → panchromatisches → Fotomaterial voraus.

Laserstrahl-Kamera Kamera, bei der ein → Laserstrahl die Vorlage (Original) zeilenweise abtastet.

Lasersysteme → Festkörper-, → Flüssigkeits-, → Gas-, → Halbleiter-, → Röntgen-, → Excimer-, → Freie-Elektronen-Laser.

Laser-Transmissions-Hologramm Beleuchtung mit → Laser- oder Quecksilberdampfdrucklampe. Das Bild erscheint in einer Farbe.

Laserwriter Laserdrucksystem.

Latentes Bild Vorhandenes, aber nicht sichtbares Bild.

Laufwerk → Parameter der → Kompatibilität von → Speichermedien. Kassetten-, Disketten- und Wechselplattenlaufwerke.

Layout Anordnungsskizze. Wichtiges Arbeitsmittel der Arbeitsvorbereitung bei der Text-/Bildverarbeitung.

Layout Design Station Baustein für die elektronische Aufbereitung von Seitenlayouts. Arbeitsplatz für Grafiker. Vorlagen werden mittels → Videokamera gefilmt und → digitalisiert. Die Auflösungsfeinheit ist bedeutend geringer als die eines Scanners. Mit den → digitalisierten → Daten wird gestaltet.

Layoutjob → Job für die Satzgestaltung. Für einen Textblock werden vorweg vier Angaben benötigt: Linker Abstand, Oberer Abstand, Blockhöhe, Blockbreite.

Layout Magician Arbeitsplatz zum Erstellen von Seitenlayouts.

Layout-Programmer Eigener, von einem → Scanner unabhängiger Arbeitsplatz, mit dem sämtliche Layoutarbeiten vorab erfaßt und korrigiert werden können. Über einen Farbmonitor kann die Endmontage nach vorgegebenem → Layout mit Signalfarben dargestellt werden.

Layoutpult Wesentlicher Teil eines Bedienungsfeldes, das zum Übertragen von Proportionen aus einem → Layout verwendet wird.

LCD Liquid Cristal Display. Flüssigkeitskristall-Sichtanzeige.

LCI Kommunikations-Interface für → Fremddatenübernahme. Möglichkeit der freien Belegung von Konvertiertabellen.

LCS Liquid Cristal Shuttle. Zeilenweise arbeitende → Belichtungseinheit, die eine nach dem → elektrostatischen Prinzip arbeitende Fototrommel belichtet.

LCS-Drucker Eine Schaltzeile aus Flüssigkristallen gibt den → Lichtweg einer Leuchtstoffröhre punktweise zur Fotoleitertrommel frei.

LDR Light Dependent Resistor. Lichtabhängiger → Widerstand. Wird aus → Halbleitermaterial wie → Selen hergestellt.

Leaders Führungspunkte zum Auffüllen einer Zeile.

Lebensdauer Bei → magnetisierbaren → Datenträgern wird sie in Millionen Durchläufen auf einer → Spur angegeben.

LED → Lichtemissionsdioden.

Legend Elektronische Farbkonsole für Seiteneinteilung, Erstellen und Montieren geometrischer Formen, Manipulieren und Einfärben von Texten, Generieren und Positionieren von Masken, Einpassen, Freistellen, Montieren von Farbbildern usw.

Leiter Stoffe, durch die ein elektrischer → Strom fließen kann. Gute Leiter: Metalle, Kohle, verdünnte Säuren und Laugen, Salzlösungen. Schlechte Leiter: feuchte Erde, der menschliche Körper, Leitungswasser.

Leit- oder Steuerwerk In → Registern wird festgehalten, was durch den → Befehl veranlaßt wird, wo im → Speicher die benötigten → Daten zu finden sind und wo sich der nächste → Befehl befindet.

Leitfähigkeit Eigenschaft eines Stoffes, elektrischen → Strom zu leiten. Die Proportionalitätskonstante gibt den Wert der Leitfähigkeit an.

Leiterplatte Montageplatte zur Halterung einzelner Bauelemente (Platinen).

Lens Optische → Linse.

Lesemaschine Sie liest die mit genormter und/oder eingespeicherter Schrift beschriebenen Blätter. Jedes gelesene Zeichen wird in einen → Datenträger als → Code übertragen.

Lesepult »Auge« des Systems → OCR. Hier werden die zu lesenden Unterlagen zur Bearbeitung vorgelegt.

Let Befehlszeile, in der gerechnet wird, wird eröffnet.
Letterspacing Sperren von Buchstaben.
Leuchtdiode LED. Wandelt elektrische Energie in Lichtenergie um. Sie reagiert schnell und kann mit kleinsten → Spannungen betrieben werden. Zur Darstellung von Buchstaben wird z. B. eine 5 x 7-LED-Matrix verwendet.
Leuchtdioden-Technik Das → Licht wird von → Lichtemissionsdioden (LED) erzeugt und über → Lichtleitfasern zu einem beweglichen Kopf geführt, der direkt über dem lichtempfindlichen → Material hin- und herwandert.
Lexicom → Programm für Texterfassung, Textbearbeitung, Textspeicherung, → DFÜ.
LGA Light Gate Array. Lichtschrankenanordnung. Belichtungstechnik in → Lichtsetzanlagen, bei der chemische Zellen verdunkelt oder lichtdurchlässig gemacht werden.
LGS Linotype Graphic System. CRTerminal 300, Imagi Tex-Editier-Bildschirm mit Tablett und → Maus, ImagiTex-Scanner, Speichereinheit, Linotronic 300.
Licht Sichtbarer Bereich des → Spektrums elektromagnetischer → Strahlung. Beim Übergang angeregter → Elektronen in → energetisch tiefer liegende Bahnen wird die Energiedifferenz in Form von → Licht ausgestrahlt.
Lichtabsorption Verschlukken (Absorbieren) von Teilen des aufgestrahlten → Lichts durch die Vorlage.
Lichtdosiergerät Schaltwerk und Fotozelle an einer Reprokamera. Die Fotozelle kommt in den wirksamen Strahlengang der → Lichtquelle, und in Form von → Impulsen wird die exakte Lichtmenge automatisch eingestellt.
Lichtempfindlichkeit Kenngröße einer fotografischen → Emulsion, die Auskunft gibt über die erforderliche Belichtung. Angegeben in → DIN oder → ASA.
Lichtfang Der Dichtewert einer Rasterfläche ist nicht nur von der → FD abhängig, sondern zusätzlich auch von der Lichtdurchlässigkeit und der Lichtstreuung im Bedruckstoff, daß das eingestrahlte Meßlicht auch in diesen eindringt und gestreut wird und teilweise unter den → Rasterpunkten eine → Absorption stattfindet.
Lichtfarben Rot, Grün und Blau sind die Grundfarben des → Lichts, auf denen sich jeder farbige Eindruck aufbaut. Die Mischung der drei Farben ergibt Weiß. → Additive Farbmischung.
Lichtgeschwindigkeit → Licht breitet sich mit einer Geschwindigkeit von 299 792,458 km in der Sekunde aus. Dies gilt für den luftleeren Raum.
Lichtimmissionsdiode → Leuchtdiode.
Lichtleitfaser → Glasfaser.
Lichtpunkt Das strichförmige Bild einer → Lichtquelle wird mit einer Zylinderlinse zu einem Punkt zusammengezogen und so aufgezeichnet.
→ Cursor. Mit ihm werden verschiedene Stellen auf dem → Bildschirm angesteuert.
Lichtquellen Glühlampen, Xenonblitzröhren, Halogenlampen, Plasmalampen, → Kathodenstrahlröhren, → Laser, → Leuchtemissionsdioden.
Lichtsatz Ein → Kathoden- oder → Laserstrahl baut ein Zeichen strich- oder punktweise auf → Fotomaterial auf.
Lichtstärke Lichtstrom, der in einer bestimmten Richtung ausgesendet wird. Einheit: → Candela (cd).
Lichtstift Damit lassen sich → Daten wie Zeichen oder Positionen von Linien und Punkten genau bezeichnen und an den → Rechner weiterleiten. Er dient auch als Zeichengerät für Linien oder Punkte.
Lichtstrahlen Sie breiten sich wie alle elektromagnetischen Wellen im Vakuum mit → Lichtgeschwindigkeit aus. Die Ausbreitung erfolgt geradlinig.
Lichtweg → Licht breitet sich so lange geradlinig aus, bis es auf ein Medium trifft, das dichter als Luft ist.
Lichtwellen Das gesamte → Spektrum der sichtbaren → elektromagnetischen Wellen. Die Wellenlängenbereiche reichen von 400 → nm (Blau) bis 800 → nm (Rot).
Lichtwellenleiter Übertragungsmedium für → Daten.
Light Emitting Diods → LED-Technik. Über die gesamte Breite des zu belichtenden Materials sind einige tausend → LEDs nebeneinander angeordnet.
Light Source Lichtquelle, z. B. Xenonblitzlampe.
Limit Direkter Zugang zu Anfang und Ende des Textes.
Lineare Struktur Die Anweisungen im → Programm erfolgen nacheinander.
Line Correction Korrektur im ausgeschlossenen Text.
Lineentwicklung Strichentwicklung. Reduktion des belichteten Silberhalogenids zu metallischem Silber erfolgt schnell.
Linefilm Strichfilm, hauptsächlich für Kontaktarbeiten.
Line Length Zeilenbreite.
Lineruler Lichtpunkt-Linienzieheinrichtung.
Linotronic 500 → Laserbelichter mit einem Aufzeichnungsformat von 457 x 655 mm.
LinoTypeCollection Über 1600 Schriftschnitte auf Einzelblättern für Setzer und Gestalter.
Linsen → Sammellinsen, →

Zerstreuungslinsen (optisches Glas).
Linsenformen Bikonvex, plankonvex, konkavkonvex (Sammellinsen) — bikonkav, plankonkav, konvexkonkav (Zerstreuungslinsen).
Linus G Logorechner. Arbeitsstation, die grafisches Design automatisch → digitalisiert.
LIS Letrachrome Imaging System. Mit diesem → System lassen sich im 3-Schritte-Verfahren Farbvorlagen in über 500 Farbnuancen erstellen.
List Zeigt das entsprechende → Programm auf → Bildschirm oder → Schnelldrucker.
Listing → Programme, die Zeile für Zeile ausgedruckt werden.
Literal Beliebige Folge von Zeichen aus der Schreibmaschinentastatur.
Lithentwicklung Spezialentwicklung für → Lithfilm. Die Entwicklung geht anfangs sehr langsam vor sich, dann greift sie sprunghaft auf die belichteten Silberhalogenidkristalle über.
Lithfilm Film mit steiler Gradation (ultrahart), geeignet für Strich- und Rasterarbeiten.
Lithoskop Mit einer Kamera wird jeder der Yellow-, Magenta-, Cyan- und Tiefe-Auszugsfilme eines gerasterten Farbsatzes aufgenommen, in den → Speicher eingelesen und als Farbbild auf dem → Monitor druckgerecht dargestellt.
Load Das → Programm wird vom → Daten- in den → Arbeitsspeicher geholt.
Local Area Networks Lokale Netzwerke mit Übertragungsgeschwindigkeiten bis zu 40 Mbit/s. Reichweite etwa 5 km.
Lochstreifenleser Abtastgerät, das alle auf einem → Lochstreifen befindlichen → Daten dem → Rechner zur → Verarbeitung übergibt.
Lochstreifenstanzer Gerät, das → Daten nach erfolgter Rechnerverarbeitung wieder auf → Lochstreifen aufzeichnet.
Logarithmen Exponenten der Grundzahl 10.
Logik Folgerichtiges Denken und Handeln nach bestimmten als logisch akzeptierten Regeln. In der → Datenverarbeitung Abarbeiten nach Regeln.
Logikelemente Elektronische Bau- und Schaltelemente. Sie verknüpfen mehrere → digitale Eingangssignale zu einem eindeutig zugeordneten Ausgangssignal.
Logisch Folgerichtiges schlüssiges Denken und Handeln. Erkennbar durch richtiges Verknüpfen von Aussagen. Logische Schaltungen.
Logischer Befehl Programmschritt, der das → System zur automatischen Fortsetzung vorgegebener Bedingungen veranlaßt.
Logos → Sonderzeichen, Ligaturen, Mediaeval-Ziffern, Kapitälchen, wenn diese nicht im Zeichensatz vorhanden sind.
Lokales Netz Hausinternes Netz. → Inhouse. Es ermöglicht den Austausch zwischen mehreren unabhängigen Geräten. Mit Nebenstellenanlagen ist eine Kommunikation möglich.
Lokales System Teilsystem einer Großrechenanlage, das bestimmten Teilnehmeraufgaben zugeordnet ist.
Longitudinal Herkömmliche horizontale Magnetaufzeichnung.
Look-up-Table Neuberechnung von Farbwerttabellen über einen → Rechner.
Löschen Überschreiben einer gespeicherten Aufzeichnung mit neuen → Informationen bzw. Löschen ohne Überschreibung mit Kommando → "kill".
Lotus 1-2-3 Personal-Computer-Programm.
Lower Rail Taste für Fontwechsel.
LP-308 → Laserdrucker.
LPB-CX → Laserdrucker.
LSI Large Scale Integration. Großschaltkreise.
LSI-Technik Techniken der Großschaltkreise.
Lumen Einheit des → Lichtstroms.
Lumineszenzdiode Sie strahlt ihr → Licht durch eine im Gehäuse der → Diode eingegossene Glaslinse ab.
Lux Einheit der → Beleuchtungsstärke. 1 Lux ist gleich die Beleuchtungsstärke, die auf einer Fläche herrscht, wenn auf 1 m² der Fläche gleichmäßig verteilt der → Lichtstrom fällt.

M

M → Mega, Mengeneinheit 1 Million, z. B. Megabyte, Megalux.
M Berthold-Netzwerk mit → Scanner, Bildschirmspeicher, Satz-Vorverarbeitung, Peripherie, Logo-Scanner, Graphic Workstation, Text/Grafik/Bild Recorder, Laser-Proof.
Macintosh → Personal-Computer für die Satzherstellung.
MacPublisher Textorientiertes → PC-System.
Magic Modular Area Composition Graphics und Illustrations Composition System. Gestaltungssystem für Text und Bild.
Magic Data Base Damit lassen sich verschiedene Komponenten — auch mit mehreren → Workstations — zu einem → Verbundsystem vernetzen.
Magnaplan → Software-unterstützte randparallele Seitenmontagefunktion.
Magnascan → Scannermodelle.
Magnatran Verfahren zur Ausgabe von Farbdias.
MagnaType → Personal-Computer-Satzprogramm.

MagnaWord Endlos-Textprogramm.
Magnetband → Datenträger. Die → Informationen werden in Form von magnetisierten Stellen gespeichert (Mylar, eine Seite mit einer dünnen Eisenoxidschicht überzogen). Spule mit einem Durchmesser von rd. 25 cm.
Magnetbandkassette → Datenträger. Dient zur Aufzeichnung von → Daten in winzigen magnetischen Punkten.
Magnetbandleser Das beschriebene → Magnetband wird dem → Rechner zur weiteren → Verarbeitung übergeben.
Magnetbandspeicher Magnetband einer → EDV-Anlage.
Magnetbandstreamer Gerät mit extrem schnellem → Zugriff zur → Datensicherung. Schützt vor Datenverlust.
Magnetblasen-Chip Winzige, zylinderförmige Magnetbereiche. Die Magnetblasen haben einen Durchmesser von 5 μm. Sie speichern → Informationen mit einer Dichte von 0,75 Millionen → Bits/cm^2.
Magnetdrahtspeicher Schneller → Speicher mit extrem kurzer → Zugriffszeit. → Dünnschicht-Filmspeicher. Er besteht aus Magnetdrähten, die mit Kupferbändern im rechten Winkel gekreuzt sind.
Magnetfeld Jeder von → Strom durchflossene → Leiter ist von einem Magnetfeld umgeben. Die magnetischen Kraftlinien umkreisen einen Kupferdraht in Ringen, die senkrecht zur Stromrichtung stehen. Jedes Magnetfeld kann zur Erzeugung elektrischen → Stroms benutzt werden.
Magnetic Disc → Plattenspeicher.
Magnetic Drum Trommelspeicher.
Magnetic Tape → Magnetband.
Magnetische Datenträger → Magnetband, → Magnetbandkassette, → Magnetplatte, → Floppy Disc.
Magnetkarte → Datenträger. Karten im Format 92 x 356 mm. 384 davon werden in einem Magazin zusammengefaßt.
Magnetkern Grundbestandteil eines Kernspeichers. Alle Magnetkerne werden von 4 Drähten (Spalten-, Zeilen-, Lese-, Schreibdraht) durchkreuzt. In einem Matrixrahmen sind viele hundert Kerne miteinander verbunden.
Magnetkernspeicher → Interner Speicher (Haupt- oder → Arbeitsspeicher). Besteht aus Tausenden kleiner → Magnetkerne oder → Magnetringe. Arbeitet mit Zahlen des → binären, → oktalen oder → hexadezimalen Zahlensystems.
Magnetografie Aufzeichnung der zeitlichen Veränderung magnetischer Felder.
Magnetplatte Dünne Leichtmetallscheibe, die auf beiden Seiten mit einer magnetisierbaren Eisenoxidschicht überzogen ist. Die Platte hat konzentrische, voneinander unabhängige → Spuren.
Magnetplattenspeicher Alle Medien, die → binäre Zeichen speichern, werden als sog. → Speicher bezeichnet. → Datenträger sind → Magnetband oder → Magnetplatte.
Magnetplatten-Massenspeicher Für überwiegend kurze → Jobs oder zur Verwaltung großer Datenmengen. Die → Daten werden nur einmal in das → System eingegeben und dort abgespeichert.
Magnetplattenstapel Mehrere → Magnetplatten sind übereinander angebracht.
Magnetschriftleser Gerät, das Zeichen magnetisch erkennt.
Magnification Range Reproduktionsmaßstab. Vergrößerungs- und Verkleinerungswerte, die im → Scanner möglich sind.
Magpie Magazine Page Interactive Editor. Seitenumbruchsystem.
Mail Merge Mehrzweckprogramm zur → Dateimischung.
Makro-Befehl Kurzname für eine ganze Gruppe von Einzelbefehlen.
Makro-Betrieb Einzelne Codierbefehle werden zu ganzen Ketten von → Codierungen zusammengefaßt.
Makros M. Vorgefertigte Programmteile für Routinearbeiten. Häufig benötigte Befehlsfolgen, Hersteller-Software.
Manager Computer IBM-kompatibel und → Btx-fähiger → Rechner mit LCD-Display.
Manipulation Eingriff des Bedieners zum Zweck der Bildkorrektur, Bildbearbeitung in den Rechnerablauf.
Manual Input Eingeben von Hand.
Manual Operation Eingreifen von Hand.
MAP Manufacturing Automation Protocol. Standardisierung von Information im Produktionsbereich. Geeignet für herstellerneutrale Kommunikation von → Rechnern, Steuerungen, Maschinen.
Mapping Bezeichnung für den Bildaufbau auf einem → Bildschirm. Funktionsprüfung bei der Reparatur.
Marker Vergrößerter → Cursor. Er erscheint automatisch auf dem → Bildschirm, wenn eine → Funktion angewählt wird.
Maschinensprache Gestaltung von → Befehlen und Datenmaterial in einer Form, die von der Maschine verarbeitet wird (Binärwerte).
Maske Lichtundurchlässige Begrenzung eines Bildfeldes.
Maskenschneidegerät Schneidet nach → Programm Folien, belichtet Linien auf → Filme.
Massendaten Umfangreiche

Datenmengen. → Magnetband-, → Magnetplatten-, → Magnettrommel- und → Magnetkartenspeicher, → Optische Speicher. Sie dienen der → Speicherung von großen Datenbeständen.

Masterterminal Enthält alle Meldungen vom → Belichter und versorgt diesen mit → Daten. Außerdem kann mit Kommandos in den Verarbeitungsablauf des → Belichters eingegriffen werden.

Maßhaltigkeit → Filme unterliegen mehr oder weniger starken Maßveränderungen, wobei zwischen zeitlicher und bleibender Maßveränderung zu unterscheiden ist.

Match-Code Kurzname, über den → Informationen aufzufinden sind.

Matchprint Farbprüfverfahren (Proof-System). Zu diesem System gehören Trägermaterial, Farbfolien, Laminator, → Prozessor.

Materielle Schriftspeicherung Grids, → Fonts, Scheiben.

Mathematics Compositon → Software für komplizierte mathematische Formeln.

Matrix Eine Ebene im → Kernspeicher. Die → Bytes sind in solchen Ebenen angeordnet.

Matrixdrucker Ausgabeeinheit. Er arbeitet mit Nadeln, Düsen, thermo- oder elektrofotografischem Druck. Ausgabe von → Protokollen mit → Befehlen für → Online- und Offline-Betrieb.
→ Schnelldrucker mit 24 Nadeln in einem Druckknopf. Schriftbild wie bei einer hochwertigen Schreibmaschine. Die Schriftart kann während des Druckens gewechselt werden, z. B. für Headlines, Text, Hochzahlen und Fußnoten. Anschließbar an alle → Rechner.

Maus Kleines Handgerät zur Steuerung von Abläufen. Damit wird ein → Cursor auf dem → Bildschirm gesteuert. Durch Antippen der Tasten können Textstellen und Grafiken ausgewählt und zur Bearbeitung abgegrenzt werden. Überträgt die Bewegungen auf einer flachen Oberfläche auf einen → Bildschirm.

Maxis Redaktionssystem.

Maxitext Texterfassungsprogramm mit der Möglichkeit, → Multicodes aufzubauen.

MB Megabyte. 1 Million → Bytes.

MBK → Magnetbandkassette.

MCS Modular Composition System. Bausatz-Verbundsystem. → Hard- und softwaremäßig ausbaufähige Bausteine.

MCS 2000 → Flachbettscanner für Schwarzweiß-Arbeiten mit → Helium-Laser-Lichtquelle.

MCS 6000 → Workstation zur → interaktiven Verarbeitung von Text-, Grafik- und Bilddaten mittels Maustechnik.

MCS 9600 → Laserbelichter für gemeinsame Text-/Bildausgabe.

MCS PowerView → Interaktiver Darstellungsbildschirm.

MDR Mini-Disc-Reader. Textübertragungsgerät.

MDT Mittlere Datentechnik. Sie liegt zwischen Klein- und Großrechenanlagen.

Measure Format.

Measure System Maßsysteme. Didot, Pica, Millimeter, Zoll.

MediaCom → Konverter als Bindeglied zwischen → Datenverarbeitung und Satzherstellung.

Medium Material eines → Lasers, das zuerst mit Energie »vollgepumpt« wird, um bei anschließender Anregung diese Energie in Form von → elektromagnetischer Strahlung schlagartig wieder auszusenden. Zur Anregung kommt es entweder durch → Licht oder durch → Photonen.

Mega Bezeichnet das 10^6fache = 1 Million, z. B. → Megabyte = 1 Million → Bytes.

Megabyte Ein häufig verwendetes Maß für die Kapazität von → Datenträgern. 1 MB = 1 Million → Bytes.

Megadoc-System Massenspeicher mit → DOR-Platte.

Mehrplatzsystem → Rechner mit mehreren Anwenderplätzen.

Mehrzweck-Terminal Fernschreiber-Terminal, Thermodrucker-Terminal, → Bildschirm (CRT), → Matrixdrucker.

Mem Zeigt noch freie → Speicherplätze an.

MemoMaker Textverarbeitungsprogramm, um Textdaten fotosatzgerecht zu erfassen.

Menüfeld Optische Anzeige, was bearbeitet werden kann. Nach Anwählen des gewünschten Befehls mit der → Maus wird der Arbeitsschritt vollzogen. Eine → Befehlssprache ist nicht notwendig.

Menütechnik Methode zur Bedienerführung bei Bildschirm-Dialogsystemen.

Merge Mischen.

Metamerie Bei Betrachtung mit → Licht einer bestimmten → Farbtemperatur stimmen bedingt gleiche Farben überein, unterscheiden sich aber bei einer anderen → Farbtemperatur.

MFM Modified Frequency Modulation. Modifizierte Frequenzmodulation. Aufzeichnungsformat für doppelte → Aufzeichnungsdichte.

MHz Megahertz. → Hertz.

MicroTEX → Software für IBM-kompatible → PCs zum Setzen technischer Texte, z. B. Formeln.

Micro 1/2 Gerät für die → Computergrafik. Die → Software läßt Tabellen-, Linien-, Kreis-, Balken- und sog. Kuchendiagramme zu.

Mike → Rechner, der mündliche Anweisungen befolgt. Der technische Vorgang besteht in einer Umsetzung von Ton- und → Lichtwellen unterschiedlicher → Spektralfarben. Der → Rechner vergleicht die Befehls-Tonwelle mit seinem gespeicherten Wellen-Wortschatz und führt bei Übereinstimmung Anweisungen aus.

Mikrocomputer Hauptbestandteil ist der → Mikroprozessor. Der → Zentralspeicher ist auf einem oder mehreren gesonderten Speicherchips untergebracht.

Mikroelektronik → Integrierte Schaltungen, Elemente und Schaltungen der → Dünn- und → Dickfilmtechnik. Kleinste Abmessungen der Bauelemente und der Leiterbahnen.

Mikrofiche Transparenter, postkartengroßer Planfilmträger zur → Speicherung von → Informationen (Form des Mikrofilms).

Mikrofilm → Ausgabe (Aufzeichnung) für Archivierungszwecke auf kleinstem Raum.

Mikrofilmausgabe Ergebnisse werden über → Datenträger in die → Anlage eingegeben. Seitenweise wird über eine → Logik analysiert, auf → CRT dargestellt und über Spiegelsysteme auf → Mikrofilm belichtet.

Mikrometer Ein tausendstel Millimeter.

Mikroprozessor Prozeßrechner, der auf kleinstem Raum Funktionsabläufe der → EDV steuert.

Mikrorechner Besteht die → Zentraleinheit aus einem → Mikroprozessor, so muß dieser durch weitere Bauteile erweitert werden → (RAM, ROM).

Mikrosekunde μsec = 1 Millionstelsekunde.

Millisekunde msec = 1 Tausendstelsekunde.

Mindestdichte Für gerasterte Filme D 2.4.

Minicom Montage- und Retuschesystem mit Realbild-Sichtkontrolle.

Minis Mini- oder Hand-Held-Rechner.

Minitel → Terminal für Bildschirmzeitung.

Minuspol Negativer Pol. → Elektronen (negativ) werden vom Negativpol abgestoßen und vom Positivpol angezogen, sie bewegen sich also durch einen → Leiter vom negativen zum positiven Pol.

MIPS Millionen Instruktionen pro Sekunde. Verarbeitungsleistung eines → Rechners.

MIS-Technik Metal Insulator Semiconductor. Geringe Spannungssteuerung.

Mixed Hardware → Rechner mit gemischten technischen Ausstattungen verschiedener Anbieter.

Mnemotechnik Abgekürzte Bezeichnung der Befehlsdarstellung.

Modem Modulator/Demodulator. Gerät zur → Datenübertragung über Telefonleitungen.

Modifikation Verzerrung von Schriften und Bildern.

Modifikator Verzerrobjektiv, mit dem im → Fotosatz stufenlose Verzerrungen eines Schriftbildes ereicht werden.

Modifizieren Verändern, umwandeln.

Modular Bausteinartig.

Modulation Beeinflussung einer → Amplitude, → Frequenz oder Phase von meist höherfrequenten Vorgängen. → Laserstrahlen werden zum Übertragen von Signalen verwendet.

Modulbauweise Bauelemente, die zu einer Gruppe zusammengefaßt sind. In der → Elektronik ist dies eine Schaltungseinheit.

Modulieren Abwandeln, Ändern einer → Schwingung.

Molekül Kleinstes Teilchen einer Verbindung, das noch die Eigenschaft der Verbindung aufweist.

Monitor → Bildschirm. Auch ein spezielles Programm.

Monitorsystem Steuert den gleichzeitigen Ablauf mehrerer voneinander unabhängiger → Programme.

Monochromasie Bezeichnung für die Schmalbandigkeit des → Laserlichts.

Monochromatisch Licht aus einer Grundfarbe, das sich nicht mehr zerlegen läßt.

Monolithische Technik Aktive und passive Schaltelemente mit den benötigten Verbindungsleitungen sind auf einem → dotierten → Siliziumplättchen. Monolithisch integriert.

Monolithspeicher Diese bestehen aus integrierten Festkörperbauteilen. Der monolithisch aufgebaute Schalter wird im Schreibvorgang durch Steuerströme in einen von zwei möglichen Zuständen gebracht.

Monotone Scanner Gerät für eine Schwarzweiß-Reproduktion von Farbvorlagen. Abtastung erfolgt durch einen → He-Ne-Laser und einen → Argon-Laser.

Montagekopiermaschine Anlage für die Verarbeitung von Farbsätzen, wobei ein → Scanner die benötigten Paßmarken liefert. Der Rechner-Arbeitsplatz ist ein → PC.

Montage- und Retuschearbeitsplatz Folgende Arbeiten können durchgeführt werden: Teilbilder positionieren, Bilderfreistellungen, Ineinanderkopierungen, Bildumrandungen, Erstellen geometrischer Elemente und Einfügen technischer Raster, Einfärben von Bildelementen, Einfügen von Text, Farbretusche, Ausflecken.

MOPAS Modulares Programmsystem zur automatisierten Satzherstellung. Das → System besitzt Befehlsstrukturen in vier verschiedenen Ebenen.

MOPS Magneto-optisches Sandwich. Über der Magnetschicht ist ein Fotoleiter zwi-

schen zwei transparenten → Elektroden aufgebracht.
MOS-Technik Metal Oxide Semiconductor. Verkürzte Verbindungswege innerhalb kompletter → Schaltkreise.
Move Umstellen.
Move Block Blockumstellung im → Bildschirm.
MP/M Multi Programming Monitor. Betriebssystem für Mikrorechner.
MPS Micro Page System. Bildbearbeitung und → Layout-Eingabe über → Digitizer, → Maus, Tastatur.
MPS Mini Publishing System. → Textverarbeitungssystem.
MS-DOS Rechner-Betriebssystem, überwiegend bei → Personal-Computern eingesetzt.
Multi-Interface Es hat Leseeinrichtungen für → Disketten, Mini-Disketten und Kompaktkassetten. Jede Art von → Datenträger kann eingelesen werden.
Multinex 355 Automatische Repetier-Kopiermaschine.
Multiplan Personal-Computer-Programm.
Multiplexing Mehrfachnutzung von Leitungsbündeln für verschiedene → Informationen.
Multiprocessing Mehrere unterschiedliche → Prozessoren kommunizieren mit jeweils eigenständiger Steuereinheit und sind in einem Rechnernetz verbunden.
Multiprogramming Mehrere → Programme befinden sich gleichzeitig im → Speicher.
Multiuser-Betrieb Mehrbenutzer-Betrieb an einer → Zentrale.
Multran Scanner-Datenterminal zwischen Abtast- und Aufzeichnungseinheit mit → Bildschirm, Eingabetastatur, Doppel-Floppy-Laufwerk, → Rechner und → Belegdrucker.
Multitasking Eigenschaft eines → Rechners, mehrere Dinge gleichzeitig zu tun. Die Abläufe einzelner Aufgaben sind in → Fenstern auf dem → Bildschirm zu beobachten und zu kontrollieren.
MWR Mini Wire Recorder. Das Gerät dient zur → Datenfernübertragung.
μm 1 Millionstel Meter.

N

n → Blendenzahl.
n n-leitende Schicht eines → Transistors. Bewegliche Ladungsträger sind negativ geladene → Elektronen.
N → Numerus.
Nachbreite Leerraum hinter dem Bild eines Zeichens.
Nachkorrektur Sie erfolgt nach Aufarbeitung der Textdaten durch das → Satzprogramm.
Nadeldrucker → Ausgabeeinheit. Er bringt → Daten und hochauflösende Grafiken mit einer Leistung von 600 Zeichen/s zu Papier.
NAND Zusammensetzung aus → NOT AND. → Negation der UND-Funktion.
Nanosekunde nsec = 1 Milliardstelsekunde.
NC Numerical Control. Zahlenmäßige Steuerung.
Negation NICHT-Verknüpfung in der Elektronik.
Negativ Die Stellen, die im Original schwarz sind, erscheinen → transparent, und die Stellen, die im Original weiß sind, erscheinen → opak. Bei → Durchsichtsvorlagen werden opake Stellen transparent und transparente opak.
Neon Lasermedium. Edelgas, das sehr reaktionsträge ist und als Füllgas verwendet wird.
Netz System elektrischer Leitungen bzw. Form von Inhouse- oder öffentlichen Netzen, z. B. Fernsprechnetz.
Netzanschluß Anschluß an Inhouse- oder an öffentliche Netze, z. B. Post-Netze.
Netzformen Stern-, Baum-, Bus-, Ring-, Linien-Netzwerke, Schleifen.
Netzplan Grafische Darstellung zeitlich-sachlicher Zusammenhänge.
Netzplantechnik Erforderlich für Planung und Überwachung von → EDV-Anlagen oder Systemen.
Netzteil Transformiert die normale Netzspannung und paßt sie den Erfordernissen des → Rechners an.
Netzwerk Es setzt sich zusammen aus → Koaxialkabel oder → Glasfaserkabel, Transceivern und Controllern. Benutzer-, Serverstationen.
Neutron Elektrisch neutrales, nur in gebundenem Zustand stabiles Elementarteilchen mit der Masse des Wasserstoffkerns.
New Alle im → Arbeitsspeicher befindlichen → Programme werden gelöscht.
New File Neue → Arbeiten werden eröffnet.
NewsPlan Gestaltungsstation zur elektronischen Herstellung von Seitenlayouts am → Bildschirm. Video-Signale können über ein → Interface eingespeist und → Bilder von → Bildplatten oder → Videokameras verarbeitet werden.
Newtonsche Ringe Ringartige Gebilde in den → Spektralfarben zwischen eng anliegenden Schichten.
Nibble Halbes → Byte mit vier → Bits.
Nicht permanente Fehler Staubpartikel, also Fehler, die plötzlich auftreten, auf einem Datenträger.
nm Nanometer = 1 Milliardstel Meter $= 10^{-9}$. 1 nm = 10 → Å.
NOF-Schrift National Optical Fond. Zeichensatz aus 10 Ziffern und 6 Symbolen.

Non-Impact Printing Dazu zählen alle berührungslosen bzw. elektronischen Druckverfahren.
Non-Impact-Verfahren Berührungslose Drucktechniken wie → Thermo-, → Ink-Jet-, → Laserdrucker- und Kopier-Druckverfahren.
Nonprintmedien → Mikrofilm-, Datenverarbeitungs-, elektronische Nachrichtenübermittlungstechniken.
NOR Zusammensetzung aus NOT-OR (Nicht-Oder). → Negation der ODER-Funktion.
Normfarbtafel Darstellung der Farbmaßzahlen in Form eines gleichschenkligen Dreiecks, an dessen Ecken die drei Normfarbwerte liegen.
NOT NICHT-Verknüpfung.
NPS Newspaper Pagination System. Zeitungseitenumbruchsystem.
NRZ-Verfahren Non Return to Zero. Zur → Aufzeichnung wird ein bipolarer → Strom verwendet. Jede Umpolung bedeutet das Speichern einer Eins.
nsec → Nanosekunde, Zeiteinheit bei Rechneroperationen.
NSG Neue → Software-Generation. Grundidee dieses Konzepts ist, alle → Hardware- und → Software-Komponenten → kompatibel zueinander zu halten.
NTC Negativer Temperatur Coeffizient. → Heißleiter.
Numerisch Nur aus Ziffern bestehende Darstellung einer → Information.
Numerische Daten Damit werden Rechen-, Vergleichs- und Übertragungsoperationen ausgeführt. Sie bestehen aus den Ziffern 0 bis 9.
Numerische Steuerung Hier werden Bewegungsabläufe durch → digitale Information mittels → Datenträger gesteuert.
Numerus Grundzahl oder Basis.
Nutzkapazität → Magnetband 20—80 MB, → Floppy Disk 1 MB, → Winchester Platte 160 MB, → Compact Disk 550 MB, → Optische Speicherplatte 3000 MB.

O

O Output. Ausgabe.
OASIS Online Application System Interactive Software. Betriebssystem für Mikrorechner.
Oberflächenspannung Kraft, die vorwiegend eine Flüssigkeit der Ausdehnung ihrer Oberfläche entgegensetzt.
Objektiv Sammelndes optisches System aus mindestens zwei → Linsen. Dem Objektiv fällt die Aufgabe zu, den Aufnahmegegenstand zu sammeln und in entsprechender Größe auf das nächste optische Element zu übertragen.
OCR Optical Character Recognition. Optische Zeichenerkennung.
OCR-Lesefähigkeit Sie hängt ab von der verwendeten Schrifttype und der Druckqualität z. B. eines → Teletexendgerätes.
OCR-Prinzip Optische Zeichenerkennung bei → Lesemaschinen.
OCR-Leser → Lesemaschine.
OCR-Schrift OCR-A, OCR-B. Kompromiß bezüglich menschlicher und maschineller Lesbarkeit.
OEM Original Equipment Manufacturer. Herstellung von Bauelementen und -gruppen für andere Hersteller.
Offline Unverbunden. Bei der Satzherstellung wird im allgemeinen mit → Datenträgern gearbeitet. Sie stellen die Verbindung zwischen den einzelnen → Aggregaten dar.
Offline-Speicherung Texte, die in ein → System eingegeben werden, kommen auf → Datenträger zu stehen, die einzeln oder stapelweise auswechselbar sind.
Offline-Verarbeitung Die → peripheren Einheiten arbeiten unabhängig von der → Zentraleinheit.
Oktalsystem Stellenwertzahlensystem auf Basis 8. Anwendung in der → EDV. → Binäre Zahlen werden in 3er-Gruppen abgeteilt.
Online Verbunden. → Rechner und → Belichtungseinheit sind mit Kabel direkt verbunden.
Online-Betrieb Verbindung von Aggregat zu Aggregat direkt über elektrische Leitungen.
Online-Verarbeitung Die → Zentraleinheit steuert die → Arbeit der → peripheren Einheiten direkt.
Online-Verbundsystem Großes Satzsystem. Es besteht aus → Rechner, → Tastatur/Bildschirmgeräte, → Lesemaschinen, → Magnetplattenspeicher, → Schnelldrucker, → Belichtungseinheit. Alles ist direkt verkabelt.
Opak Lichtundurchlässig.
Opazität Lichtundurchlässigkeit eines → fotografischen Materials. Kehrwert der → Transparenz. Verhältnis der aufgestrahlten zur durchgelassenen Lichtmenge.
OPC Organic Photo Conductor. Organischer Fotohalbleiter.
Open Access Integriertes Personal-Computer-Programm mit einer → Datenbank.
Open Shop Betriebsart des Rechenzentrums. Der Auftraggeber bedient die Rechenanlage selbst.
Operation Bezeichnung für einen Rechenvorgang in einem → EDV-System.
Operator Maschinenbediener, der das → Programm über ein → Eingabegerät in die Maschine lädt.

O-Ports Die → Ausgabe von → Informationen erfolgt über diese → Schnittstellen.

Opti-Copy Flexibles, vielseitiges Werkzeug zur Druckformherstellung.

Opti-Copy-Imposer Rechnergesteuerte Präzisionskamera.

Optik Gebiet der Physik. Befaßt sich mit den Eigenschaften des → Lichts und seinen Wechselwirkungen.

Optilyser Video-Diabetrachter. Mit den visuell ermittelten Filterwerten für beliebige Farbmischungen kann ein Vergrößerer programmiert werden. Die Bildvorlage wird aufgenommen, das entstehende Video-Signal einem → Prozessor zugeführt.

Optische Achse Gerade Verbindungslinie der Krümmungsmittelpunkte. Ein an dieser Achse verlaufender → Lichtstrahl geht ohne Ablenkung durch das optische System hindurch.

Optische Datenspeicherung Technik der maschinenlesbaren Datenspeicherung mit → Lichtstrahlen und optischen Systemen mit enormen → Speicherkapazitäten.

Optische Dichte Eingestrahlte → Lichtintensität geteilt durch transmittierte Lichtintensität.

Optische Nachrichtenübermittlung Signalübertragung in → Glasfasern mit hohen Frequenzen, z. B. in der → Breitbandkommunikation.

Optischer Datenträger Kann nur einmal beschrieben werden. Es ist nicht möglich, an einer Stelle, an der → Daten gelöscht wurden, neue aufzuzeichnen. Der → Datenträger ist nicht vollreversibel.

Optischer Parallelrechner Dieser hat optisch bistabile Halbleiterkristalle mit extrem kurzen → Schaltzeiten.

Optischer Plattenspeicher Kapazität etwa drei Gigabyte, das sind 1 Million Textseiten oder 3000 Farbwiedergaben oder 30 000 Schwarzweiß-Wiedergaben.

Optischer Speicher Vielzahl verschiedener Technologien, vom fotografischen → Film über die mit einem → Laserstrahl abgetasteten Platten bis zum → holografischen Volumenspeicher.

Optischer Transistor Kristalle aus Gallium-Arsenid oder Indium-Antimon. Mit Hilfe eines → Laserstrahles wird er von einem optischen Zustand in einen anderen geschaltet.

Optisches Speichermedium Die gespeicherten → Informationen lassen sich nicht mehr verändern. An optischen → Speichern für veränderbare → Informationen wird bereits gearbeitet.
→ Bildplatte, Digitalplatte für Ton und → Daten, → DOR-Platte.

Optisches System Zur Übertragung eines belichteten Zeichens auf → Fotomaterial. Es verstärkt, vergrößert und verkleinert das Zeichen oder stellt es 1 : 1 dar.

Optoelektrischer Modulator Elektrische → Impulse werden durch einen Kristall in → Licht umgesetzt.

Optoelektronik Spezialgebiet der → Elektronik. → Licht- oder Ultrarotstrahlen übernehmen die Steuerung. Wird ein ungeschützter → Halbleiter-Kristall von → Licht- oder UR-Strahlen getroffen, lösen sich → Elektronen aus dem Kristallgefüge.

Opto-Speicher Konservierung → analoger Ton- und Bildsignale, Faksimiles, digitaler → Datenspeicher.

OR ODER-Verknüpfung.

Oracle Technische Beschreibung siehe Teletext!

Ordinate y-Achse (senkrecht) in einem Koordinatensystem.

ORG Organisationsprogramm. Es übernimmt die Steuerung der → Anlagenteile untereinander sowie die Überwachung des Datenverkehrs zwischen → Zentraleinheit und → Peripherie.

Organisationsbefehl Der → Programmierer wird in die Lage versetzt, Wiederholungsschleifen, Sprünge, Übergänge im → Unterprogramm vorzusehen.

Organisationsprogramm Langfristiger und fester Bestandteil einer → Anlage.

OROM Optical Read Only Memory. → Digitaler Datenspeicher.

Orthochromatisch Fotografische → Emulsion, die hauptsächlich im blauen, ultravioletten, grünen und gelben Spektralbereich empfindlich ist. Fotosatzfilme sind in der Regel orthochromatisch sensibilisiert.

Output Ausgabe von → Daten.

Output Size Filmformat, das durch einen → Scanner belichtet werden kann.

Overlap Überlappung. Der Schreibzylinder dreht sich während der Aufzeichnung auf Film so, daß sich die Bildlinien überlappen.

Overlay-Technik Überlagerungstechnik. Programmteile werden im → Arbeitsspeicher zur besseren Ausnutzung der Speicherkapazität überlagert.

Overwrite Überschreiben. Vorhandene → Daten werden auf dem → Datenträger überschrieben, wobei die darunter liegenden gelöscht werden.

Ozasol-Proof Zum System gehören Farbfolien für Negativ- und Positivkopie in den Standardfarben und zahlreichen Sonderfarben.

P

p p-leitende Schicht eines → Transistors.
PA Portabler Drucker 7255 mit Anschlußmöglichkeit an Autobatterien, Solarzellen, Netzteil.
PAB → Programmablaufplan.
Packungsdichte Auf einem → Speicher mögliche → Aufzeichnungsdichte von → Daten.
PAD Packed Assembly and Disassembly Facility. Kommunikationsrechner für → Datex-P, der den → asynchronen Datenstrom »paketiert« und ankommende Netzpakete »depaketiert«.
Page Zusammenhängender → Speicherbereich.
Page Image Processor PIP. Die Eingabe in das → System erfolgt von einem oder mehreren Textverarbeitungs-, Gestaltungs-, Grafiksystemen oder einer → CAD/CAM-Einheit. Diese Technologie erlaubt Änderungen, auch nachdem eine Seite bereits vom Front-End-System übernommen worden ist.
PagePlanner Personal-Computer-Satzprogramm, das zwischen Textphase (Ausschluß/ → Silbentrennung) und Umbruchphase unterscheidet.
PagePro → Interaktive → Grafik-Workstation.
Pageset Seitensatz.
PagiCom System für die Bild-/ Textintegration, Umbruch und → Datenbank.
Pagination Seitenmontage.
Paging Vor- und Zurückblättern innerhalb des Textes eines Artikels.
Pagi-Set Spezielle Fotosatzfilme für den Einsatz in Hochleistungsbelichtern.
Pagitek System für Werksatzumbruch.
Pagodi → Texterfassungsgerät.
Paketvermittlung Programmgesteuerte elektronische Nachrichtenvermittlung. Sie erfolgt ohne durchgeschaltete Verbindungen, z. B. → Datex-P.
PAM Persönlicher Applikations-Monitor. Ermöglicht sofortigen Überblick über alle gespeicherten → Daten und → Programme.
Panchromatisch Fotografische → Emulsion, empfindlich für alle sichtbaren → Spektralfarben und den nahen UV-Bereich.
Panel Schalttafel, Bedienungspult.
Pantamax Matrixschrift mit 9 mm Versalhöhe.
Parallele Datenübertragung Alle → Bits eines Datenwortes stehen zur gleichen Zeit an 8 Datenleitungen an.
Parallel Port → Schnittstelle für → Ausgabegerät, z. B. eines → Schnelldruckers.
Parallelrechner Neue Generation von extrem schnellen → Rechnern. Die optisch bistabilen → Halbleiterkristalle liegen in ihren → Schaltzeiten im → Picosekunden-Bereich.
Parameter Eine je nach Erfordernis willkürlich festgelegte Konstante, die während der Ausführung des → Programms unverändert bleibt.
Paritätskontrolle Überprüfung der gespeicherten → Daten mittels → Prüfbit.
Parity Prüfung. Prüflampe bei → Schnelldruckern, die dann aufleuchtet, wenn der → Datentransfer nicht ordnungsgemäß abläuft.
Paritybit → Kontrollbit. Zu den 8 → Bits eines → Bytes kommt als neuntes ein Kontrollbit, damit wird die Anzahl der Bits entweder geradstellig oder ungeradstellig. Prüfung der Vollständigkeit.
Parity-Prüfung Fehlererkennungsverfahren nach Quersummentechnik.
Particle Floating Bildpunktsteuernde Druckmaschinen.
Partition Fester Abschnitt eines eingeteilten → Hauptspeichers.
PASCAL Neben → BASIC die wichtigste → höhere Programmiersprache.
Passerdifferenz Abweichungen vom paßgenauen Übereinanderdruck beim Mehrfarbendruck. Entsteht durch fehlerhaftes Einpassen der Teilfarben oder durch Verziehen von Schicht- und/oder Montageträger.
Passive Bauelemente → Dünn- und → Dickfilmschaltungen, das sind → Widerstände und → Kondensatoren.
Paste-up Klebemontage (Zeitungsseite).
PC → Personal-Computer. Geeignet als → Texterfassungsgerät, wobei die → Daten auf ein Satzsystem überspielt werden.
PCB Printed Circuit Board. Gedruckte → Schaltkreisplatinen. Auf ihren Oberflächen sind stromleitende Stege.
PC D → Mikroprozessor für Datenaustausch über das → Teletex-Netz.
PCDOS Betriebssystem für Mikrorechner.
PCM Plug Compatible Manufacturing. Steckerkompatible Herstellung von Systemkomponenten.
PCP Picture Contrast Profile. System Brunner für fortgeschrittene Meßtechnik und Standardisierung im Offsetdruck. Bewertung von Farbabständen unter Einwirkung unterschiedlich starker Bildkontraste.
PCR Polychromatic Color Removal. Polychromatische Farbrücknahme. Unterfarbenreduzierung für den → Unbuntaufbau. Druckorientierte rechnerische Umwandlung der → Flächendeckungsanteile in den einzelnen Farbauszügen.
PCR Programmed Color Reduction. Programmierte Farbreduzierung.

PCS Personal Composition System. System für den Bereich der technischen Dokumentation.
PC-Satz Satzherstellung einschl. Ausschließen, → Silbentrennen und Seitenumbruch über → Personal-Computer.
PC-Tex → Personal-Computer als Texterfassungsplatz im → Offline-Betrieb.
PDAP Publikationsdesign- und Anzeigenplazierungsprogramm.
Peaking Detailkontrast.
Pel Picture Element. Bezeichnung für ein Bildelement. Ein Pel läßt sich durch ein → bit darstellen.
Perforator Erfassungsgerät zur Herstellung → gelochter Datenträger.
Periphere Einheiten Alle → Anlagen, die sich außerhalb der → Zentraleinheit befinden und mit dieser verbunden sind.
Peripheriegeräte → Ein- und Ausgabegeräte sowie → externe Speichergeräte um den → Rechner, der im Mittelpunkt eines → Text- und/oder Bildsystems steht.
Permanente Datenträger → Lochkarte.
Permanente Fehler Beschädigung der → Magnetspuren in der → Diskette.
Permanentspeicher Mikrodisc- und Mikrodiskettenspeicher.
Personal C IBM → PC/AT oder PC/XT.
Personal-Computer Klein- und Kleinstrechner. Herstellung sog. → Fremddaten, die dann in ein → System eingespielt werden können, z. B. → Texterfassung.
Personal Typesetting Workstation Anfallende → Satzbefehle werden sofort in die gewünschte Form umgesetzt.
PG Präsentationsgrafik. Gestaltungsprinzip ist eine prägnante Kürze einer → Information.
pH Pondus oder potentia hydrogenii. Wirksamkeit des Wasserstoffes. → pH-Wert.
Photomultiplier Tube Fotomultiplier. Sekundärelektronenvervielfacher. Lichtwandler plus Verstärker.
Photonen Quanten → elektromagnetischer Strahlung, in denen sich die → korpuskulare Natur einer → elektromagnetischen Welle darstellt.
pH-Wert Pondus oder potentia hydrogenii. Maßeinteilung für die in Lösungen enthaltene Konzentration an Wasserstoffionen. Skala von 0 bis 14, wobei 7 neutral ist.
Physical Layer Bildübertragungsschicht. Geräteschnittstelle zu den Verbindungsleitungen des Nachrichtennetzes.
Physical Level Physikalische Ebene, welche die physikalischen und elektrischen Eigenschaften des → Netzanschlusses spezifiziert.
Pica Englische und amerikanische typografische Maßeinheit. 1 Pica = 4,218 Millimeter.
Picosekunde psec = 1 Billionstelsekunde.
Picture Transmitter Bildsender für die Übertragung von Schwarzweiß- oder Farbfotografien in zwei- oder vierpoligen Telefonnetzen.
PIP Page Image Processor. Seitenaufbereitungseinheit.
Pipelining Überlappende Abarbeitung von → Daten bzw. Instruktionsströmen in fester Reihenfolge.
PIR Programmed Ink Reduction. Programmierte Farbrücknahme → Unbuntaufbau.
Pits Vertiefungen, die in die → Spurrillen eines Datenträgers eingebrannt sind.
Pixel Picture Element. → Bildpunktgröße, kleinste abzubildende Informationseinheit auf einem Bildschirm. Portionsgrößen, die aus einem → Speicher abgerufen werden. 1200 Pixel entsprechen etwa einem 59er → Raster.
PIXON Verfahrenstechnik, die dreidimensionale Farbraumtransformationen ermöglicht, wobei die → Grundfarben in ihrem Verhältnis zueinander sowie zur Tiefe auf eine festgelegte Weise verändert werden.
PL/1 Programming Language 1. → Programmiersprache Nummer Eins. Einsatz im Bereich von Großrechnern. Industrielle Standardsprache, unterschiedlich einsetzbar, weil sehr wandlungsfähig.
Planartechnik Herstellungsverfahren von → Halbleiterbauelementen in gleicher Ebene.
Plasma-Bildschirm Gerät mit flacher Bauweise und Plasma-Leuchtplatte zur Anzeige ein- oder mehrfarbiger Darstellungen in Form von Zeichen oder Grafiken.
Plated Disc → Datenträger mit einer → Aufzeichnungsdichte von rd. 20 000 → bpi.
Plattenkopie Herkömmliche → Lichtquellen — Xenon-, Metallhalogenidlampen — werden zur Kontaktkopie von Offsetdruckplatten eingesetzt.
Plattenspeicher Großraumspeicher. Die → Magnetplatten sind auf einer Achse befestigt und rotieren mit sehr hoher Geschwindigkeit. Der Zugriffsmechanismus erlaubt → Zugriff zu jedem gespeicherten → Datensatz.
Gescannte Bildinformationen sind in → digitalisierter Form → (Bildpunkte) abgespeichert. Die vier Teilfarben Y, M, C, T liegen hintereinander.
Plotter Auswerter, Kurvenschreiber. Ausgabe von Diagrammen, Kurven, geometrischen Figuren und anderen grafischen Darstellungen.
Pluspol Bezeichnung für den Schlußpunkt einer → Spannung

oder → Stromquelle sowie von Bau- und → Schaltelementen.
PMS Page Make-up Station. Anlage für den satzmäßigen Seitenumbruch.
PMU Page Merge Unit. Seitenverschmelzungseinheit.
PM-Verfahren Phase Modulation. Die binäre Eins wird durch die Umpolung von plus (+) nach minus (—) dargestellt.
Point Kleinste Einheit des → Pica. 1 Point = 0,351 mm.
Point Size Schriftgröße.
Polarisation → Schwingungen des → Lichts in einer einzigen Richtung.
Polarisationsfilter Dient zur Ausschaltung polarisierten → Lichts, aber besonders zur Auslöschung spiegelnder Reflexe (Aufsichtsdensitometer).
Polygon-Spiegel Vieleck-Spiegel, bei dem jede Winkelstellung eine andere Position auf dem → Fotomaterial ergibt. Die Bildlinie wird horizontal positioniert.
Pooler Gerät zum Zusammenfügen kleinerer Datenmengen auf einen → Datenträger.
Port Buchse am → Rechner als Anschlußmöglichkeit.
Positiv Seitenrichtiger oder seitenverkehrter → Film, dessen opake Stellen im Original schwarz und dessen transparente Stellen im Original weiß sind.
Post-Modem Die Post läßt nur ganz bestimmte Übertragungsarten zu, und zwar für 1200, 2400, 4800 und 9600 → bps.
PostScript Schlüssel zur Verbindung beliebiger Text- und Grafiksysteme mit → Laserbelichtern oder → Laserdruckern.
Potentiometer Spannungsteiler. Dient zur Feineinstellung der Belichtungsintensität.
Potenz Rechensystem, bei dem Zahlen mit sich selbst multipliziert werden, z. B. 2^{10} = 1024.
PowerPage Mehrere speziell für den Umbruch entwickelte → Programm-Moduln.
PPN Page Production Node. Zentraler Knotenpunkt, der alle Einzelkomponenten eines Atex-Satz- bzw. -Redaktionsystems verbindet.
PPS Produktions-Planung und -Steuerung. → EDV-Programme für die Reduzierung von Durchlaufzeiten durch die Fertigung.
PPZ Präzisions-Paßzeichen für die Offsettechnik.
Prägehologramm Ein → Interferenzmuster wird in eine Druckplatte geätzt und dann auf eine Alu-Folie gedruckt.
Presenter Computergrafik-Gerät mit hochauflösendem → Farbmonitor für das Erstellen von hochwertigen Dias als Overlays mit Zugriff auf → Datenbanken.
Previewer Gerät, das erkennen läßt, in welcher Weise ein → Scanner die Vorlagen verarbeiten wird.
Previewing Echtdarstellung von Typografie und Schrift.
Primärlochstreifen Nach dem Verarbeiten eines Manuskriptes hergestellter erster → Lochstreifen. Technik der ersten bandgesteuerten Setzmaschinen.
Primärspeicher → Magnetkernspeicher mit kurzen → Zugriffszeiten.
Print Anweisung zum Drukken auf Papier oder zur Bildschirmdarstellung. Form der → Ausgabe.
Printer Ausgabegerät. → Schnelldrucker.
Printer-Plotter → Schnelldrucker. Eignet sich zur Darstellung von Buchstaben, Zeichen und grafischen Informationen.
Print Light Anzeige für das → Belichten einer Zeile.
Printon Tageslicht-Fotomaterial.
Printon CDL Reihe von Kontaktkopiergeräten, bei denen die → Belichtung von einem → Mikroprozessor gesteuert wird.
Printon Desc Rechnergesteuerter Arbeitsplatz für das Trockenätzen.
Printout → Belichtung auf Papier oder → Film.
Prints Gedruckte → Leiterplatten.
Problemorientierte Programmiersprache Dem jeweiligen Anwendungsgebiet angepaßte → Maschinensprache.
Problemorientierte Sprache Sie nimmt keine Rücksicht auf die technischen Möglichkeiten einer → Anlage.
Process Bearbeiten allgemein.
Programm Aufeinanderfolge oder Gesamtheit aller → Befehle oder → Instruktionen. Es dient zum Betrieb einer → Anlage (Steuer-, Hilfs- und Wartungsprogramme). → Logische Folge von → Instruktionen für einen → Arbeitsablauf.
Programmablaufplan Stellt die zeitliche Aufeinanderfolge aller Programmschritte für eine → Aufgabe in der → Anlage dar.
Programmdisketten Darauf sind die verschiedenen → Programme abgelegt.
Programme Satz-, Maschinensteuer-, Umwandlungs-, Speicher-, Sortier-, Abruf-, Fließsatz-, Flattersatz-, Femdsprachensatz-, Tabellen-, Formelsatz-, Umbruch-, Korrektur- und Bildverarbeitungsprogramme aller Art. Programme zum Einfügen von Seitentiteln und Seitenziffern, Fußnoten, zur Steuerung von Datensichtgeräten, zur Umfangberechnung, → Silbentrenn- und → Ästhetikprogramme.
Programmieren Tätigkeit nach einem erstellten → Datenflußplan und einem → Programmablaufplan. Es wird ein → Programm erstellt.
Programmierlogik Die »Sprache« eines → Rechners setzt

sich aus verschiedenen → Befehlen zusammen. Jedes → Programm bildet einen → Algorithmus zur Problemlösung. Nach Lösung des ersten Schrittes erfolgt durch die Rückkehr an den Programmanfang die Lösung weiterer gleichartiger Aufgaben.

Programmiersprachen Hilfsmittel zur Formulierung von → Programmen.

Programmierung Belichtungssteuerung mittels Kleinrechner.

Programmpaket Programm-Sammlung. Ergibt Problemlösungen für ganz bestimmte Aufgabengebiete.

Programmschleife Folge von → Befehlen, die mehrmals durchlaufen wird (Gleichartigkeit). Von einem bestimmten Punkt des Programmablaufes wird zu einer früheren → Instruktion zurückgesprungen.

Programmschritt Befehl. Kleinste Einheit eines → Programms.

Programmübersetzer → Programm, das eine Reihe von → Befehlen einer → Programmiersprache in eine gleichwertige Befehlsfolge einer anderen Programmiersprache übersetzt.

Programmverzweigung Fortsetzung des → Programms an einer anderen Stelle.

Projectaline Projektions-Montagegerät mit Millimeternetz- und Satzspiegel-Einteilung in verschiedenen Maßsystemen.

Projektionsfotosatz Eine → Lichtquelle leuchtet ein Zeichennegativ aus und projiziert es auf → fotografisches Material.

PROM Programmable Read Only Memory. Vom Hersteller → programmierter Nur-Lese-Speicher. → Festwertspeicher.

Proof Textkopien, Bildkopien. Ausgabe über einen → Drukker.

Proof-Recorder Übernimmt → digitalisierte Bilddaten von → Magnetplattenstapeln und gibt sie auf Farbaufsichts- oder Durchsichtsmaterial aus, evtl. als Zweitvorlage.

Proofverfahren Farbprüfverfahren, z. B. Cromalin, Matchprint, KC-Proof, Photoproof, Klimofax.

Protokoll Festgelegte Vorschriften über alle Faktoren bei der Datenübertragung.

Proton Positiv geladenes Elementarteilchen.

Prozedur Zusammenfassung von mehreren → Befehlen zu einem → Unterprogramm bei den → höheren Programmiersprachen.

Prozessor Zentrales Bauteil eines → Mikrorechners.

Prozeßrechner → EDV-Anlage, die in direkt gekoppelter Arbeitsweise und im → Echtzeitbetrieb durch entsprechende → periphere Geräte einen Prozeß verfolgt.

Prüfbit → Kontrollbit.

PS Personal Scanner zum → Digitalisieren von Schreibmaschinenschriften und Grafiken.

Pseudokursiv Durch Schrägstellung des → elektronischen Strahles um z. B. 12 Grad lassen sich im → Lichtsatz kursive Schriften erzeugen. Sie entsprechen nicht den Original-Kursiven.

PSI-100 → Interface für die Datenkommunikation, das bidirektional mit bis zu 19 200 → Baud arbeitet. Es können Texte mit allen → Satzbefehlen auf einem → Personal-Computer erfaßt und in das → Satzsystem überspielt werden.

PSN Packed Switched Network. Die zu übertragenden → Daten werden erst in einem → Speicher gesammelt, dann werden die → Daten paketweise zusammengefaßt und mit einer → Adresse versehen.

PTC Positiver Temperatur Coeffizient. → Kaltleiter.

PTS Personal Typography System. Beschickung eines Satzbelichters über → PCs. Das Ergebnis ist Satzqualität. Software-Leistungspaket.

PTW Personal Typesetting → Workstation.

Pufferspeicher Zwischenspeicher. Er gleicht oft unterschiedliche Arbeitsgeschwindigkeiten der verschiedenen Geräte einer → EDV-Anlage aus.

Put → Programm wird auf → Datenträger gespeichert.

P400G → Laserdrucker, der mit lichtimmittierenden → Dioden arbeitet.

PX MX Mehrplatzsystem für Textverarbeitung und Zugriffsmöglichkeit auf → Datenbanken.

Q

Quadding Ausschließen nach links, rechts oder auf Mitte.

Quad Out Festausschluß.

Quadruple Density → Disketten mit doppelter → Aufzeichnungs- und → Spurdichte.

R

Ragged Right Flattersatz linksbündig.

RAM Random Access Memory. → Speicher mit wahlfreiem → Zugriff. Das RAM ist das »Notizbuch« des Mikroprozessors. → Daten, die dort einlaufen, können gespeichert und gelöscht werden. Der → Rechner stellt eine Anzahl von → Speicherplätzen vom Schreib-Lese-Speicher zur Verfügung.

R.A.M. Rapid Access Metol/Hydrochinon. Möglichkeit der → Entwicklung von → Fotomaterial.

RAM-Disk Ein im → Zentralspeicher simuliertes Diskettenlaufwerk. Der Inhalt ist »flüchtig«, d. h., er muß vor dem Ausschalten des Gerätes durch Auslagern abgesichert werden.
Randausgleich Einrichtung von Schreibmaschinen, um gleichlange Zeilen (Blocksatz) setzen zu können.
Random Access Direkter → Zugriff.
Random-Speicher Random Access Memory. → Speicher mit direktem → Zugriff.
Randsteller Elektronischer Randsteller, der Anfang und Ende einer Zeile festlegt.
Raster Liniennetz auf Glas (Distanzraster) oder Folie (Kontaktraster) zur Zerlegung eines → Halbtonbildes in unechte Halbtöne.
Raster Das englische Wort "raster" bezeichnet nicht die Rasterung eines Bildes, sondern die Umsetzung in Scanlinienstrukturen.
Rasterbildschirm Hochauflösender → Bildschirm. Inhalte werden durch → Raster dargestellt.
Rasterentwickler Hart bis ultrahart arbeitend.
Raster Image Processor Text- und Steuerdaten werden interpretiert, Schriften entschlüsselt und → elektronisch in Scanlinien umgewandelt. Die → Informationen werden als Videodaten an ein → Bildverarbeitungssystem übergeben.
Rasterpunkt Unterschiedlich große Punkte, mit denen ein Bild in unechte Halbtöne zerlegt wird. Die Formen der Punkte sind schachbrettartig, rund, elliptisch, kissen-, steg-, linienförmig.
Rasterpunktbetrachter Zum Beurteilen von Bildelementen auf geätzten oder umkopierten Filmen.
Rasterpunktgröße in Prozent Bezieht sich immer auf die geschwärzten Rasterpunkte eines Negativs oder Positivs (Lichtpunkt/Tiefenpunkt).
Rasterrechner Teil des → Scanners, in dem alle erforderlichen → Daten für die → Rasterpunktform und -größe sowie die Stelle, an der geschrieben wird, miteinander verknüpft werden.
Raster-Scan-Monitor Hochauflösender → Bildschirm.
Rasterumfang Schwärzungsumfang einer → Halbtonvorlage, den ein → Raster mit einer Belichtung wiedergibt.
Rasterwinkelung 0° Yellow, 15° Magenta, 75° Cyan, 135° Tiefe (DIN 16547).
Rasterzähler Folie mit Testfiguren. Sie wird auf die Vorlage gelegt und bis zur Rasterübereinstimmung eingedreht.
Ravenna Vollautomatische Reprokamera mit Xenon-Impulslicht.
Raystar Nach dem Flachbettprinzip arbeitende → Laser-Aufzeichnungseinheit für Rasterweiten bis zu 60 L/cm.
RD Rasterdaten.
RDII Box als Standardschnittstelle für → Belichter.
Ready Set Go → PC-System für die Herstellung von Dokumenten, Werbebriefen, Flugblättern.
Real Time Processing → Echtzeitbetrieb. Auftreten und Verarbeiten von → Informationen fallen zeitlich zusammen.
Real-Time-Verfahren → Real Time Processing.
Rechenbefehl Leitet innerhalb eines → Programms die notwendigen Rechenoperationen ein.
Rechenwerk Die Werte aus dem → Hauptspeicher werden in den Rechenteil gebracht, dort erfolgt die → Operation. Teil der → Anlage, führt sowohl → arithmetische als auch → logische Operationen aus.
Rechenzeit Die Zeit, die ein → Arbeitsprogramm in der → Zentraleinheit belegt.
Rechner Elektronische, speicherprogrammierbare → Anlage zur Verarbeitung von → Daten und → Informationen oder Signalen.
Rechneranlagen Elektronische Büromaschinen, Anlagen der mittleren Datentechnik, Kompaktrechner, kleine, mittlere und große Datenverarbeitungssysteme, Großrechner-Systeme.
Rechnerebenen Während der Texteingabe oder Korrektur übernimmt der → Mikroprozessor zusätzliche Aufgaben, wie z. B. Ausschließen, Belichten, Drucken usw.
Rechnergeneration 1. Elektronenröhren, 2. → Transistoren, 3. Integrierte Schaltkreise, 4. → Chips. Rechenwerk, Satzrechner, Bildrechner.
Redaktionssystem System, das allen an der Produktion Beteiligten Funktionsunterstützung gibt.
Redocation Funktion mittels der ein → Ablauf oder ein → Programm wieder an den Anfang gesetzt werden kann.
Reduktion Chemische Reaktion. Bei Halogensilber führt sie zur Schleierbildung.
Redundanz Überfülle. Es wird keine zusätzliche Information geliefert, sondern nur die beabsichtigte Grundinformation gestützt. Nach einer → Datenkompression wird gezielt Redundanz hinzugefügt, um die Signalgruppe vor → Bit-Fehlern zu schützen.
Reelles Bild Wirkliches Bild.
Referenzzeichen → Intern gespeicherte Zeichen in der → OCR-Lesemaschine. Vergleich mit dem → Typoskript.
Reflexion Teile auftreffenden → Lichts werden entweder in eine oder alle Richtungen zurückgeworfen (reflektiert).

Reflexionsgesetz Einfallender → Strahl, Einfallslot und gebrochener Strahl liegen in einer Ebene.
Reflexionsoriginale Alle Arten von Vorlagen, vorausgesetzt, sie sind dünn genug, um auf den Aufnahmezylinder eines → Scanners gespannt zu werden.
Register Speichereinheit im → Arbeitsspeicher zur kurzfristigen Aufnahme kleinerer Informationsmengen.
Reject Die betreffende unkorrekte Seite wird in die Fehler-Ablage geworfen, und die Ausgabe auf dem → Datenträger wird bis zum Ende der vorhergehenden Seite zurücktransportiert.
Rekeyboarding Zweimaliges Tasten eines Textes.
REM Remark. Bemerkung.
Remission Unregelmäßige → Reflexion, die bei rauhen Oberflächen auftritt.
Renum Befehle werden neu numeriert.
Repeat Wiederholen eines Vorganges.
Repeater Aktive Signal-Regeneratoren.
Replacement Umtausch beschädigter → Schriftträger.
Repro-CAD-System Komponenten sind Digitizertisch, Sensorstift, → Maus, → alphanumerischer → Bildschirm mit Tastatur und Grafikbildschirm, → Rechner.
Repro-Data Sachbearbeiter-Dialog-System.
Reproduktion Im Herstellungsprozeß erste Station der Umsetzung einer → Information.
Reprofähig Bezeichnung für reproduktionsfähige Vorlagen. Das gilt auch für Vorlagen, die noch eine Positivretusche erfordern.
REPROM Reprogrammable → ROM. → Speicher, dessen Inhalt durch UV-Licht löschbar ist. Er kann dann wieder geladen werden.
Repropak Reproduktions-Steuerungspaket für die Anforderungen von Flexodruck-Rotationsmaschinen.
Reproreif Vorlagen, die ohne Bearbeitung (Retusche) reproduziert werden können.
Reprotool-CAD System für einfache und mittelschwere Reproarbeiten. Maskenschneidesystem für programmiertes Schneiden, Gravieren oder Zeichnen von → Masken, Freistellern, Deckern.
Reprovergrößerer Vergrößerungsgerät für fotomechanische Farbauszugsherstellung mit → Farbfiltern und Farbmischkopf. Geeignet für Zweitvorlagenherstellung.
Res Resolution. Anzahl von Scanlinien/cm.
Reset Zurücksetzen. Datenbestand wird an den Anfang gesetzt.
RESOX Replenishment against Exhaustion Seperate from Oxidation. Getrennte Regenerierung gegen Oxidation und Erschöpfung des Entwicklers als Folge der Entwicklung.
Response Elektronisches → Bildverarbeitungssystem.
Return Retour. Z. B. Zeilenendkommando.
Reverse Leading Filmrücktransport.
REZU Rechnergesteuerter Zeitschriften-Umbruch.
RHI Repro Horizontal Imposer. → CAD-Repetierkamera, mit der komplette Druckformen ohne manuelle Montage → PC-gesteuert hergestellt werden können.
RIP → Raster Image Processor. Zwischenglied, das aus → digitalen → Informationen und → Parametern Farbflächen, Verläufe und Bildelemente entstehen läßt.
Scanliniengenerator als Bindeglied zwischen → Satz- und Bildverarbeitungssystemen. Wandelt Textdaten aus einem → Setzsystem in Scanlinien um.
Rohtext Wird auf eine Arbeitsdiskette eingelesen und dann auf den → Bildschirm abgerufen. Über Tastatur können einzelne Textteile plaziert und → modifiziert werden.
Rollfilm Film von der Rolle mit oder ohne Perforierung.
Roll out — Roll in Verfahren zur Räumung eines → Arbeitsspeichers, z. B. bei → CRT-Anlagen.
ROM Read Only Memory. Nur-Lese-Speicher. Das gesamte → Programm für einen → Rechner ist darin untergebracht.
Röntgenlaser Mit den gebündelten → kohärenten Röntgenstrahlen lassen sich mikroelektronische Bauteile und Beugungsgitter herstellen.
Rotfilter Im Strahlengang von → Fotosetzgeräten. Es erlaubt die Positionierung der Zeichen auf orthochromatisches → Fotomaterial, ohne daß die Zeichen dabei belichtet werden.
Rotschaltung Möglichkeit, → Befehle in einer anderen Farbe darzustellen, so daß sie sich schon rein optisch vom anderen Text unterscheiden.
Routine → Programm.
Rotary Koater Labor-Rotationsandruckgerät in Tischausführung für Tief-, Flexo-, Rotationssiebdruck.
RPG II → Programmiersprache.
RPP → Rasterpunktprüfer. Testfilm.
RPS 2024 Compact Reprokamera mit 8-Linsen-Optik für Größen zwischen 16 und 600%.
RPS 6000 Vollautomatische Tageslichtkamera mit integrierter Entwicklungsstation für → Copyproofmaterialien.
RS-232 Schnittstelle für die Datenübertragung in → serieller Form in beide Richtungen.

RTCS Real Time Composition System. → Echtzeitsystem.
RTS Rechnergesteuertes Textsystem.
RTS Request to Send. Steuerleitung einer → V24-Schnittstelle.
Rubberbox Mit diesem Instrument eines → Grafikcomputers lassen sich Elemente vergrößern, verkleinern, strecken, stauchen, drehen, verschieben und mehrfach kopieren.
Rückweisungsrate Nicht identifizierte bzw. fehlerhafte → Daten, die vom → System oder Lesegerät nicht angenommen werden.
Ruled (Lines) Regel für ein wiederholtes Belichten von Linienelementen, welche dann eine ganze Linie bilden.
Run → Befehl an ein → System, das dann ein Programm in der Reihenfolge der → Zeilennummern ausführt. Das im → Speicher stehende → Programm beginnt zu laufen.
Rundsenden Vollautomatisches Verteilen einer einmal eingegebenen Nachricht an bis zu 30 Anschlüsse.
RZ-Verfahren Return to Zero. Aufzeichnungsmethode. Die Sättigung der magnetisierten Flächen auf einem → Magnetband in einer Richtung (binäre Eins) oder in der anderen Richtung (binäre Null).

S

S → Schwärzung.
Safir Repro Großflächen-Reproduktionssystem als Ergänzung zur Lichtpaustechnik.
Sammellinse → Konvexlinsen; sie sind in der Mitte dicker als am Rand. Bikonvex, plankonvex, konkavkonvex.
Satelliten-Eingabestation Diese besteht aus Tastatur und Floppy-Laufwerk mit → Mikroprozessor und hat die gleichen satztechnischen Möglichkeiten wie eine normale Produktionseinheit.
Satlight Tragbares Kompaktgerät aus → Scanner, Bildprozessor, Ausgabeelektronik, → Datenkompressions- und Telekommunikationselektronik. Digitalabtaster für 4-Farb-Bilder mit Digitalscanning-Technik.
Satz → Logische Verarbeitung einer → EDV-Anlage. Mehrere Sätze ergeben einen → Block.
Satzanweisung Schriftliche Anweisungen mit allen für die Satzherstellung erforderlichen Angaben.
Satzautomation Satzherstellung in einer »elektronischen« Setzerei.
Satzbefehl Anweisungen an das → Satzprogramm bei der Texterfassung.
Satzbreite Eingestellte Breite einer Zeile.
Satzhöhenindikator Er mißt die gesetzte Menge, und er steuert die vorgegebene Satzhöhe an.
Satzkommando → Satzbefehl.
Satzleistung Die → Belichtungsleistung einer → Belichtungseinheit innerhalb eines bestimmten Zeitraumes.
Satzparameter → Parameter.
Satzprogramm Anwenderprogramm zur Lösung der satztechnischen Probleme. Typografische Satzbefehle, → Silbentrennprogramme, Dicktentabellen, Korrekturprogramm, → Ästhetikprogramm, Programmteile zur Lösung spezieller Aufgaben.
Satzrechner Datenverarbeitungsanlage, speziell für die Satzherstellung.
Save Das → Programm wird auf → Datenträger abgespeichert. Sichern eines → Programms.
SBV Satz-Bild-Verarbeitung.
SBC Single Board Computer. Auf einer → Platine zusammengefaßte Rechnerelemente.
Scale-Programm Dient zum Festlegen von Abbildungsmaßstäben, Ausschnittsbestimmungen und Positionierungen von zu scannenden Bildern.
Scandata Subsystem für die zentrale → Speicherung und Verwaltung von Textdaten.
Scan-Fluid Fettlose Flüssigkeit zum Aufbringen von Dias auf die → Scanner-Trommel.
Scannen Abtasten, bestreichen, zerlegen. Linienweises optoelektronisches → Abtasten einer Vorlage einschließlich → Speicherung.
Die zu verarbeitenden farbigen → Aufsichts- oder Durchsichtsvorlagen werden durch einen → Scanner abgetastet = → Datenerfassung.
Scanner Elektronisch arbeitende → Anlage zur Herstellung von → Farbauszügen nach Farboriginalen. Es werden sowohl → Aufsichts- als auch → Durchsichtsoriginale abgetastet. Die Helligkeits- und Farbwerte der Originale werden durch → Fotomultiplier in elektrische → Impulse umgesetzt und im → Rechner verarbeitet.
Scanner-Kontaktraster Rasterwinkelung 96°, 81°, 51°, 21° für quadratische und 96°, 171°, 51°, 111° für elliptische Punktformen.
Scanner-Vorlagen Schwarzweiß- oder Farbfotoabzüge, Dias, Wasser- und Plakatfarbenvorlagen, Bleistiftzeichnungen, Spraytechniken. Die Vorlagen sollten nicht stärker als 0,5 mm sein.
Scanning Abtast- und Aufzeichnungsvorgang.
Scan Pitch Scanfeinheit. Anzahl der abgetasteten bzw. belichteten → Bildlinien.
Scan Programmer Damit können alle Einstelldaten für Anlagenfunktionen auf → Datenträger abgespeichert werden.

Scan Rate Scangeschwindigkeit, die durch zwei Zahlen angegeben wird. Die erste Zahl gibt in s an, wie lange es dauert, um 1 inch/1 cm abzutasten, die zweite Zahl ist die gewünschte Abtast- oder Aufzeichnungsfeinheit.
Scanskop Gerät, mit dem Vorlagen nach verschiedenen Arbeitsprogrammen reproduziert werden können.
Scantext 2000 System für die Integration von Text/Grafik/Bild mit Gestaltungsplatz, → CCD-Flachbettscanner, → Laserbelichter, Systemnetzwerk.
Scanview Gerät mit hochauflösendem → Farbmonitor, das farbliche Detailkorrekturen vor der → Belichtung ermöglicht. Die → Bildschirmdarstellung zeigt entweder alle vier Farben gleichzeitig oder die einzelnen Farbauszüge (auch in Schwarzweiß). Die Ergebnisse können vor der Belichtung auf einem Farbmonitor betrachtet und korrigiert werden.
Schaltalgebra Damit lassen sich Grundverknüpfungen → digitaler Bausteine anhand von → Schaltern erklären.
Schaltkreise Diese werden auf chemischem Weg in → Silizium eingeätzt.
Schaltung Anordnung elektronischer Bauelemente zu einem → Stromkreis.
Schlüsselwort Innerhalb eines mit → Textnummer versehenen Teiles wird ein bestimmtes Wort gesucht. Dieses wird über Tastatur eingegeben, der → Rechner sucht es und gibt es in den → Bildschirmspeicher.
Schmalbandfilter Werden für → Farbauszüge bei Vorlagen mit hohen Dichteumfängen eingesetzt. Damit wird eine ausreichende Sättigung der Eigenfarbe erreicht.
Schnelldrucker Ausgabegerät mit Klarschrift in höchster Geschwindigkeit. Das Ausdrucken erfolgt zeilenweise. → Matrix-, → Trommel-, → Band-, → Typenrad-, → Thermo-, → Laserdrucker, → Plotter.
Schnellscan Wird in etwa einer Minute von dem abzuscannenden Original erstellt und auf dem → Bildschirm sichtbar gemacht. Nach erfolgter Korrektur wird die Bilddarstellung zur Feinabtastung und → Belichtung oder Aufzeichnung zum → Scanner zurückgeschickt.
Schnittstelle Verbindung von unterschiedlichen Komponenten, Wirkungskreisen, Funktionen. Kabel und/oder Stecker, mit denen EDV-Systemkomponenten untereinander verbunden werden können. Datenübergabepunkt, z. B. vom → Rechner zum → Drucker.
Schreibautomat Gerät zur Herstellung von Texten auf → Magnetband oder → Magnetkarte.
Schreibdichte Einstellen der Enddichten im Licht und in der Tiefe.
Schreib-Lesekopf Damit werden → Daten auf → Magnetplatten geschrieben oder von ihnen gelesen.
Schreiblinien Die um einen Zylinder gelegte Vorlage bewegt sich am → Abtastkopf eines → Scanners vorbei. Der Zylinder führt eine Bewegung um seine Achse aus, gleichzeitig bewegt er sich seitlich. Die Vorlage wird spiralförmig erfaßt, die Schreiblinien verlaufen senkrecht.
Schreibsatz Mit einem schreibmaschinenähnlichen Gerät werden Barytpapier oder transparente Folien beschrieben, anschließend wird der Text montiert.
Schreibschutz Zur Sicherung von → Daten hat jede → Diskette einen Schreibschutz.
Schriftauswahl Möglichkeit des Einsatzes aller Schriften im → Foto- und → Lichtsatz.
Schriftbildträger Materielle → Schriftbildträger im → Fotosatz und immaterielle Schriftbildträger im → Lichtsatz.
Schriftgrößenbereich Angabe über die Möglichkeiten der Größenveränderung in einer → Anlage.
Schriftrahmen Form von Filmnegativen für → Fotosetzmaschinen.
Schriftscheibe Schriftbildträger. Glasscheibe aus optischem, dimensionsstabilem Glas, versehen mit einer Chromschicht. Auch Scheiben aus Kunststoff.
Schriftträger → Schriftbildträger.
Schrifttrommel Form von Filmnegativen für → Fotosetzmaschinen der älteren Generation.
Schwarzfarben Im Farbauszug alle Farben, die wie das schwarze Feld der Farbkontrollkarte wiedergegeben werden sollen.
Schwärzung Bezeichnung des → Logarithmus der → Opazität bei → Aufsichtsvorlagen.
Schwarz-Weiß-Information Zerlegung einer → Bildlinie in weiße und schwarze Bildelemente beim → Lichtsatz.
Schwingung Zeitliche periodische Zustandsänderung. Sie tritt auf, wenn bei Störungen eines elektrischen Gleichgewichts Kräfte wirksam werden, die versuchen, den Gleichgewichtszustand wiederherzustellen.
SCLC Sinclair Computer Logic Chip. Spezial-Chip, der besondere Anweisungen enthält.
Screen → Bildschirm — auch mehrere Stationen. Geteilter Bildschirm mit engen Spalten.
Screen Directory Dient dem schnellen Auffinden von sogenannten → Schnellscans, wobei alle im Bildspeicher vorhandenen Daten als verkleinerte Bilder auf dem Farbbildschirm dargestellt werden. Möglich-

keit der Auswahl des als nächstes zu bearbeitenden Bildes.
Scrib Systemunabhängige Reiseschreibmaschine zur direkten Kopplung mit Textverarbeitungssystemen, mit → Bildschirm, Minischreiber und → Magnetbandkassetten-Aufzeichnung.
Script-Boy Konzepthalter mit Leselupe.
Scroll-Einrichtung Der gespeicherte Text läßt sich bewegungsvariabel auf einem → Bildschirm absuchen.
Scrollen Möglichkeit, einen Text vor- und rückwärts über den → Bildschirm laufen zu lassen.
Scrolling → Scrollen.
SDE Structured Document Editor. Formatierungssystem, das zur Datenübernahme eine sogenannte → künstliche Intelligenz benutzt.
SDLC Synchronous Data Link Control. Beschreibt eine → synchrone bitorientierte Prozedur.
Sedezimalsystem → Hexadezimalsystem. Ein Stellenwertzahlensystem auf der Basis 16. Abkürzende Schreibweise für → binäre Zahlen.
Segmente Teile eines → Datenträgers oder → Schriftbildträgers.
Seitenmontage Elektronisches Zusammenführen von Bild und Text. Sichtkontrolle über den → Bildschirm.
Seitenmontagesystem Damit werden folgende Arbeiten durchgeführt: Teilbilder positionieren, Bildfreistellungen, Ineinanderkopierungen, Bildumrandungen, Erstellen geometrischer Elemente, Einfügen technischer Raster und Schriften, Farbretusche, Ausflecken.
Grundausstattung: → Scanner für Datenerfassung und -ausgabe, Einheit zur Datenverarbeitung.
Einsatz von zwei Scannern, wobei der erste zum Abtasten der Vorlagen und der zweite zum Belichten der montierten Farbsätze dient.
Erweitertes System: Zwei Scanner zur Datenerfassung, ein bis zwei Datenverarbeitungsplätze und ein Scanner zur Datenausgabe.
Sektor Teil einer → Spur mit → Adresse, → Datenblock und → Zwischenraum. Jede Spur auf einer → Magnetplatte ist unterteilt in → Sektoren. Eine Spur hat acht Sektoren. Besteht aus Sektorerkennung, Erkennungslücke, Datenblock und Datenblocklücke.
Sektorierung Ein Rechnersystem teilt die Diskettenoberfläche in → Spuren und diese wiederum in → Sektoren ein. Daten werden systematisch gespeichert. Die Einteilung ist vom Rechnersystem abhängig.
Sekundärlochstreifen Zweiter, ausgeschlossener und korrigierter → Lochstreifen.
Sekundärspeicher → Platten- und Trommelspeicher.
Select End Line Criteria Bestimmte Zeilenende-Kennzeichnung.
Select New Left Margin Es ist ein neuer linker Rand zu wählen.
Select Space Compression Flag Bestimmte Leerraum-Unterdrückungs-Kennzeichen.
Select Vertical Line Spacing Es ist ein Zeilenabstand zu wählen.
Selektivkorrektur Farbwerte werden nach einem speziellen → Programm korrigiert.
Selen Chemischer Grundstoff (Nichtmetall).
Selenzelle Bauteil, das höhere oder niedrigere → elektrische Spannung abgibt. Ausschlaggebend ist die einwirkende → Beleuchtungsstärke.
Semiautomatic Halbautomatisch.
Sensitometrie Meßtechnische Erfassung von Eigenschaften → fotografischer Materialien.
Sensor Meßvorrichtung, die der zu messenden Lichtmenge ausgesetzt ist. Schaltvorrichtung an elektronischen → Anlagen, die durch Berühren betätigt wird, z. B. → Touch Screen.
Sequentiell → Speicherung von → Befehlen in der Reihenfolge, in der sie ausgeführt werden.
Sequentielle Datenträger → Lochstreifen.
Sequentieller Zugriff Aufsuchen gespeicherter → Informationen nach Durchsuchung des Datenbestandes.
Serie D/M Klasse von Systembausteinen, die in ihrer Leistung aufeinander abgestimmt sind. »D« mit text- und akzidenzorientierten Komponenten, »M« für die integrierte Text-, Grafik- und Bildverarbeitung im → Magic.
Serie 100 → Personal-Computer Macintosh, → RIP, → Laserbelichter.
Serie 300 Digitales Baustein-System.
Serie 400 System für Text-/Bild-Integration.
Seriell Informationselemente → (Bits) werden über eine Kabelverbindung hintereinander übertragen.
Serielle Übertragung Die zu einem Zeichen gehörenden → Bits werden nacheinander über denselben Kanal übertragen.
Setzsystem Bausteinartige Zusammenstellung von Texterfassungsgeräten, → Gestaltungsbildschirmen, → Satzrechner und → Ausgabeeinheiten.
Shift Umschalttaste für mehrfache Tastenbelegung.
Shift Lock Dauer-Versal.
Shift/Unshift Auf der Tastatur erfolgt die Umschaltung Versalien/Gemeine in der üblichen Art der Schreibmaschine.
Shuttle Gatterzeile aus Flüssigkristallen, deren Lichtdurch-

lässigkeit elektrisch gesteuert wird.

Sichtanzeige Anzeige in optischer Form.

Sichtbares Licht Wellenlängenbereich von etwa 380 bis 780 → Nanometer.

Sichtfenster Bei → Fotosetzgeräten und -maschinen. Der Verlauf einer Zeile kann optisch kontrolliert werden.

Sigmagraph 6000 System mit → interaktiver → Workstation für Eingabe, Retusche, Maskierung, Herstellung von Tonflächen, Tonwertveränderungen, Bildkombinationen.

Signet-Scanner Setzt grafische Darstellungen aller Art (Strichvorlagen) in → digitale Werte um.

Signature Farbprüfsystem mit elektrofotografischem Film, der die Tonermenge entnimmt. Das Tonerbild wird unter Druck und Hitze auf das Auflagenpapier übertragen.

Silbentrennprogramm → Programm zur Verarbeitung von endlos getastetem Text durch den → Satzrechner. Die → Silbentrennung erfolgt durch → logische Regeln in der jeweiligen Sprache.

Silbentrennung Trennung von Wörtern innerhalb des Ausschlußbereiches nach Standardregeln. Diese können durch ein → Ausnahmewortlexikon ergänzt werden.

Silizium Chemischer Grundstoff; wird für Halbleiter benötigt. Verbindung Quarzsand/Kohle.

Simplexkanäle Der Datentransport erfolgt ausschließlich in einer Richtung, also vom → Terminal zur → EDV-Anlage oder umgekehrt.

SIMSCRIPT Simulated Programming Language. Simuliert im → Rechner → Arbeitsabläufe.

Simultanbetrieb Vorder-/Hintergrund-Verarbeitung. Im Vordergrund wird erfaßt, im Hintergrund wird belichtet oder über → Drucker ausgegeben.

Simultanverarbeitung Gleichzeitiges Arbeiten mehrerer → peripherer Einheiten.

Single Bezeichnung für → Disketten mit einfacher → Schreibdichte.

Sinix Betriebssystem, → kompatibel zum Weltstandard → Unix.

Slant off Schriftzeichenneigung beendet.

Slant on Beginn einer Schriftzeichenneigung.

Smart Scanner Flachbett-Scanner mit → CCD-Abtastung für Schwarzweiß- und Farbvorlagen.

SMD Storage Module Drives. → Magnetplattenspeicher.

SNA System Network Architecture. Konzept für → logischen Aufbau, das zu einem Standard geworden ist.

Soft Copy Auf einem → Bildschirm-Terminal sichtbarer Text oder sichtbares → Bild.

Softproof Immaterieller Andruck in Form der Darstellung des Druckergebnisses auf einem → Farbmonitor.

Softsektoriert Programmäßige → Sektorierung mit kleinem Loch im Abtastschlitz.

Software Programmiersystem. Gesamtheit der → Programme.

Software Sizing Mathematisches Verfahren, das es erlaubt, von einem gespeicherten Hauptzeichensatz aus andere Schriftgrößen → offline oder → online zu erzeugen.

Solarisation In diesem Bereich nimmt die → Schwärzung eines → Negativs mit zunehmender Belichtung wieder ab.

Son → Kommando, um einen → Job, der sich in einer Warteschlange befindet, auf dem → Bildschirm darzustellen.

Sonderbefehle Zumeist an bestimmte → Anlagen gebundene Befehle.

Sonderzeichen Alle Interpunktionszeichen, mathematischen Symbole und alle anderen Zeichen, die weder Buchstaben noch Ziffern sind.

Sonderzeichengenerator Er ermöglicht auf dem → Bildschirm die Darstellung von nichtlateinischen Schriften und von → Sonderzeichen.

Sort Sortieren.

Sortierstation Zweite Stufe der → Bilddatenbearbeitung. Es werden aus den → Plattenspeichern alle Teilfarben auf einem neuen → Plattenstapel gesammelt. Ganzseiten werden nach einem Ausschießschema zusammengestellt und dann ausgegeben.

Spaceband Größe eines Wortzwischenraums.

Spannung Bei unterschiedlicher elektrischer Ladung zwischen zwei Punkten meßbare elektrische Potentialdifferenz.

Speicher → Interner und löschbarer Speicherbereich innerhalb der → Zentraleinheit. Meistens → Arbeitsspeicher. Jeder Teil des internen Speichers kann drei Arten von Daten speichern: 1. zu verarbeitende → Daten, 2. → Programme, 3. → Betriebssysteme.

Speicherdauer 1. Vorübergehend, Speicherdauer abhängig von der eingegebenen Datenmenge. 2. Vorübergehend, Speicherdauer vorbestimmt. 3. Langfristige, unbestimmte Speicherdauer.

Speicherdichte Sie wird auf Zoll bezogen (1 Zoll = 1 Inch = 25,4 Millimeter), z. B. 800 → Bits pro Inch (800 → bpi).

Speicherelement Magnetische Speicher, → Halbleiterspeicher, → Optische Speicher.

Speicherhierarchie Anordnung der verschiedenen Speicherelemente. Primär-, Sekundär- und Tertiärspeicher.

Speicherkapazität Fassungsvermögen eines → Speichers in

→ Bit, → Byte, Silben, Zeichen, Stellen, Wörtern, → Pits.
Speichermedien Alle Speicher, → extern und → intern.
Speicherplatz Bestimmte Zahl von Möglichkeiten eines → Rechners, → Informationen → digital zu speichern. Fassungsvermögen, das in → MB angegeben wird. So brauchen 5 Millionen Zeichen 5 MB.
Speicherstelle Ein oder mehrere → Bytes in einem → Speicher.
Speicherung → Informationen verarbeiteter → Daten werden auf → externe Speicher gelegt und dort bis zur weiteren Verarbeitung oder Ausgabe belassen.
Spektralanteile → Spektralfarben.
Spektralbereich Der vom menschlichen Auge im Bereich von 380 — 780 → nm sichtbare Teil. Die Farbfolge geht von Blau über Grün zu Gelb und Rot.
Spektrale Empfindlichkeit Reaktion auf die → Lichtwellenenergie.
Spektralfarben Rot, orange, gelb, grün, blau, violett.
Speller Programme zur Rechtschreibfehler-Erkennung. Nach dem Erfassen vergleicht ein »Wörterbuch« den zu prüfenden Text.
Spell Star Prüfprogramm für Rechtschreibfehler.
Spezial-Terminals Geeignet für Online-Dialogverkehr.
Sphärische Aberration Öffnungsfehler. Die äußeren Sphären einer → Linse brechen das hindurchfallende → Licht stärker als die der mittleren.
Spur Konzentrisch verlaufende Kreise bei → Magnetplatten. Ein → Magnetband ist in der Längsrichtung in → Daten oder → Informationsspuren eingeteilt.
Spurdichte → Floppy Disk: 96, → Winchester Platte: 800, → Compact Disk: 16 000, → Optische Speicherplatte: 16 000 Spuren.
Spurelement Einem → Bit zugeordneter Bereich einer → Spur.
Spurenanzahl Einfache → Spurdichte 40 → Spuren, doppelte Aufzeichnungsdichte 80 Spuren pro Diskettenseite.
Spurrillen Durch einen energiereichen Lichtstrahl → (Laser) werden in eine → DOR-Platte → Daten und → Informationen in Form von → Rillen spiral- oder kreisförmig eingebrannt. Beim Abspielen tastet der → Laserstrahl die Vertiefungen ab.
Sputtern Verfahren, bei dem Kobalt-Chrom mit → Ionen beschossen wird. Dadurch lösen sich die Kobalt- und Chrom-Atome, die sich dann auf der Trägerplatte abscheiden.
SRP Shared Resources Processor. Systemkonfiguration mit bis zu 40 Arbeitsstationen.
SSI Small Scale Integration. → ICs mit mehreren Bauelementen.
Stabdrucker Ausgabe-Einheit. Ein Hammer schlägt die Typenfinger über ein Farbtuch auf das Papier.
Stack Speicherbereich. Während der Ausführung des → Unterprogramms werden Rückkehradressen abgespeichert.
Stack Pointer → Register. Es zeigt an, welche Rückkehradresse aufgerufen werden soll.
Standardbetriebssystem Wird bei Mikrorechnern eingesetzt, z. B. CP/M → MS-DOS, → Unix usw.
Stand-alone Geräteeinheit, die unabhängig von anderen Geräteeinheiten arbeitet.
Stapelfernverarbeitung → Daten, die von einer Datenstation als → Stapel zu einer anderen übertragen werden.
Stapelübertragung Abgeschlossene → Informationen werden in einer Folge gesendet.
Stapelverarbeitung Arbeitsverfahren im → Arbeitsspeicher.
Starburst Grafikcomputersystem mit einer Auflösung von 4096 x 2732 → Bildpunkten.
Start/Stop-Betrieb → Asynchrone Übertragungen werden entweder zeichen- oder blockweise gesteuert abgewickelt. Mit einem Steuercode wird die Übertragung eines → Blocks gestartet oder gestoppt.
Statische Aufladung Entsteht durch Reibung, dadurch erhöhte Staubablagerung auf dem → Datenträger.
Steckverbindung Anschlußstelle für Zusatzgeräte, z. B. weitere → Speicher oder Programmkassetten.
Step-Matic 1753 Automatische Montage-und Kopiermaschine für Filme und Druckplatten.
Steuerlochstreifen Ausgeschlossener → Lochstreifen zur Steuerung für die → Belichtungseinheit.
Steuerwerk Es steuert und koordiniert den → Arbeitsablauf. Kommandozentrale.
Stochastische Rasterung Bildzerlegung bei diesem Verfahren nicht durch ein geometrisch gleichmäßiges Gitternetz, sondern durch eine zufällige Punktverteilung.
Stop → Programm wird beendet.
Strahlen Energiestrom. → Elektronen- oder → Lichtstrahl, der sich geradlinig ausbreitet.
Strahlenbündel Gesamtheit von → Lichtstrahlen, die eine beliebig geformte → Blende durchsetzen.
Strahlfotosatz Ein → Kathoden- oder → Laserstrahl baut das Zeichen strich- oder punktweise auf → Fotomaterial auf.
Streamer Bandlaufwerke oh-

ne Start-/Stop-Einrichtung. → Magnetband für die → Datensicherung.

Stream Line Function Möglichkeit des freien → Digitalisierens von Figuren.

Stretching Horizontales oder vertikales »Ziehen« (Verzerren) eines Bildes.

Streulicht Bildfremdes → Licht, das bei der Widergabe von dunklen Bildpartien zur Verflachung der Zeichnung führt.

Strich-Entwickler Hart bis ultrahart arbeitender Entwickler.

Strichvorlage Vorlage, die aus zwei Tonwerten besteht, und zwar Licht und Tiefe. Sie weist keine Halbtöne auf.

Stringkonvertierung Übersetzung von Codefolgen. Textmanipulation.

Strings Jobindividuelles Reihen von → Befehlen und/oder Zeichen.

Strobe Steuersignal. Zeigt bei → serieller Datenübertragung die zur Übermittlung bereiten → Informationen an.

Strom Transport → elektrischer Ladungen. Die Stromrichtung verläuft im äußeren Kreis einer Stromquelle vom Plus- zum Minuspol (konventionelle Stromrichtung). In der Physik wird die Bewegungsrichtung der Ladungsträger beachtet. Die durch negativ geladene → Elektronen bewirkte Elektronenleitung verläuft entgegengesetzt zur konventionellen Richtung.

Stromkreis Geschlossener Kreis elektrischer → Leiter, durch die → elektrischer → Strom fließen kann.

Stromrichtung In einem festen → Leiter bewegen sich die → Elektronen vom negativen zum positiven Pol. In der Elektrotechnik ist die Stromrichtung umgekehrt, d. h. vom positiven zum negativen Pol.

Stromstärke Die in einer Zeiteinheit durch einen Leiterquerschnitt hindurchfließende → elektrische Ladung (Elektrizitätsmenge).

Struktogramm Grafische Darstellung eines → Programmablaufes.

Struktur Jedes → Programm besteht aus der Kombination der drei möglichen elementaren Strukturen: Linear, Verzweigt, Zyklisch.

Strukturierte Programmierung Aus einheitlichen Bausteinen werden die → Programme zusammengesetzt, die → Schnittstelle wird definiert. Kettenartige Bausteine können beliebig ausgetauscht werden.

Studio 870/880 Anlagen der elektronischen Farbauszugstechnik und der vollelektronischen Seitenmontage mit hochentwickelten Farbmonitorstufen. Schnelle Datenverarbeitung und → simultane Abwicklung mehrerer Aufgaben.

Studioproof Gerät zur Ausgabe von → Hardcopies auf Farbfotomaterialien aus dem Datenbestand des → Monitors.

Stufengraukeil Grauskala. Stufenweise im Dichtewert ansteigend.

Stufenlos Die Herstellung von Schriftgrößen außerhalb des → typografischen Maßsystems.

Stufenloser Graukeil Die → Dichten steigen kontinuierlich an. Die Dichtezunahme je cm wird als Keilkonstante bezeichnet.

Style Sortierfolge. Befehl, mit dem bei der sortierten Ausgabe einer Klasse die → Jobs in einer ganz bestimmten Reihenfolge ausgegeben werden.

Substitutionsfehler Fehler, die auf Grund des unvollständigen Erkennungsprogramms oder fehlerhaft geschriebener Zeichen vom → OCR-Reader einwandfrei erkannt werden, jedoch nicht den gewünschten → Code erzielen.

Subtraktive Farbmischung Körperfarbenmischung. Die Druckgrundfarben wirken auf dem Weiß des Papiers wie → Filter. Werden Yellow, Magenta und Cyan übereinandergelegt, so wird kein → Licht mehr durchgelassen, und der Eindruck ist Schwarz.

Suchen/Ersetzen Über die Tastatur wird ein falscher Begriff oder ein zu änderndes → Kommando eingegeben. Die → Elektronik sucht im → Speicher alle diese Fehler und bringt sie auf den → Bildschirm. Durch das Kommando »Suchen/Ersetzen« lassen sich diese Fehler automatisch korrigieren.

Such-Routinen Zusammenstellung logisch verbundener Befehle zum Auffinden. Ein fehlerhaftes Wort oder eine sonstige → Kennung werden über die Tastatur eingegeben und abgerufen. Bei zusammengesetzten → Befehlen werden sie an beliebigen Stellen in das → Hauptprogramm eingesetzt (Teilprogramme).

Super-Modivar Optik für stufenlose → Modifikationen. Ein Zeichen kann bei gleichbleibender Höhe verschmälert und bei gleichbleibender Breite in der Höhe verringert werden.

Super-Pel Dieses wird vom jeweils darzustellenden Tonwert gesteuert bzw. aufgebaut.

Supershift Bei dreifach belegten Tasten werden die oberen Zeichen durch Super-Versal angesteuert.

Supervisor Steuert die Einleitung, Durchführung und die Beendigung des → Programmablaufes.

Suspension Verteilung kleinster Feststoffteilchen in einer Flüssigkeit.

Swift Mit → Rechner und → Bildplatte durchführbares Trainingsprogramm in Form eines Bildschirmdialogs. Mit Hilfe dieses → Programmes ist es mög-

lich, Arbeitsabläufe für ein → Bild-/Textsystem logisch zu erfassen.
Symbole Genormte Zeichen für die Erstellung von → Fluß- und Ablaufdiagrammen, z. B. Start, Stop, Verarbeitungsschritt, Anschluß, Ein-/Ausgabe, logische Entscheidung, Unterprogramm, Pfeile u. v. a. m.
Symphony → Integriertes Softwarepaket.
Synchrone Übertragung Übertragung von Daten derart, daß Sende- und Empfangsanlagen ununterbrochen mit konstantem Taktpuls arbeiten. Bei dieser Übertragungsart werden besondere Prüfverfahren eingesetzt.
Synchrotronstrahlung → Elektromagnetische Strahlung, die von energiereichen geladenen → Elektronen emittiert wird, wenn sie durch ein → Magnetfeld auf gekrümmte Bahnen gezwungen werden.
System Alle Maschinen und Geräte (Hardware) und → Programme (Software), mit denen → Arbeitsabläufe sinnvoll gesteuert werden können.
Systemanalytiker Planer von → EDV-Systemen und deren Einsatz. Problemuntersuchungen der einzelnen Sachgebiete.
Systemarchitektur Zusammensetzung eines → Systems aus verschiedenen Bausteinen.
System-Floppy Auf einem Teil der → Speicherkapazität werden gesetzte Texte aufgezeichnet, auf einem zweiten Teil befindet sich das Trennlexikon, auf einem dritten Teil ist die Möglichkeit zur Erweiterung des Programmspeichers (Unterschneidung, Korrekturroutine, satztechnische Angaben) untergebracht.

T

t → Belichtungszeit (Kurzbezeichnung).
Tageslichtmaterial Lichtempfindliches Material, das bei gedämpftem Tageslicht verarbeitet werden darf. Die besonderen Eigenschaften werden dadurch erzielt, daß in eine stark UV-empfindliche, unsensibilisierte → Emulsion Elektronenakzeptoren eingearbeitet werden. Beim Einwirken geringer Lichtintensität arbeiten diese dem Entstehen des → latenten Bildes entgegen.
Tangens Verhältnis der Gegenkathete zur Ankathete.
Tape Low Ausgabeband geht zu Ende.
Task Aufgabe.
Tastaturauflage Die Auflage ist der Texttastatur angepaßt und mit Sonderzeichen-Layouts versehen, die jeweils mit dem Zeichen des Sonderfonts übereinstimmen.
Tastatur-Layout Wichtiges Arbeitsmittel der Arbeitsvorbereitung.
Tastatursatz Der Begriff ist entstanden durch die Ähnlichkeit der Tastaturen von Schreibmaschinen, Schreibsatz-Composern, Schreibautomaten, → Filmsetzmaschinen, Texterfassungsgeräten, Personal-Computern.
TC Telecopy. Fernkopierer für Text und Bild.
TCS Tele Copier System. Vollautomatisches Hochleistungskopier- und -vervielfältigungssystem.
Teilbild-Farbkorrektur In einem → System decken elektronisch gezogene Linien die zu korrigierenden Zonen eines Bildes ab.
Telefax Dienst der Post. Besteht aus Telefon und Fernkopierer. Das Fernsprechnetz übernimmt die Verbindung zwischen zwei Kopierern. Der eine sendet die elektronische Übersetzung des Originals, der andere macht daraus eine Kopie. Es können damit Kopien von Bildern, Texten und Grafiken empfangen und gesendet werden. Übertragung für nichtcodierte → Informationen.
Telefont Linotype-Dienst zur Fernübertragung von Schriften zu einer → Satzanlage.
Telekommunikation Die bei Sprach-, Text-, Daten- und Bildübertragung eingesetzte Verständigungstechnik zwischen verschiedenen → Systemen.
Telematica Medienmesse für → Btx, Bürokommunikation, Bildkommunikation, Hörfunk, Broadcast, → Datenbanken.
Telematik Dazu zählen: → Mikroelektronik, digitale Nachrichtentechnik, → Glasfasertechnik, Satellitentechnik.
Tele-Processing → Datenfernverarbeitung → (online/offline). Aufgabenstellung von → Terminals; die Ergebnisse werden an entfernte Datenstationen zurückgegeben. Kurze Reaktionszeiten.
Teletex Fernmeldedienst der Deutschen Bundespost. Ständig empfangsbereiter Kommunikationsteil, der mit dem Postnetz verbunden wird und zum Senden und Empfangen von Informationen dient. Teletex wird auch mit → Bildschirmtext, → Datenbanken und Faksimiletechnik arbeiten können. Bürofernschreiben mit vollständigem Zeichensatz und schneller Übertragung. Geeignet zum Austausch von Textdaten zwischen verschiedenen Textverarbeitungs- oder → Lichtsatz-Rechnern.
Teletex-Endgeräte Speicherschreibmaschinen sowie Textbe- und -verarbeitungsanlagen, soweit sie zugelassen sind. Übertragungsgeschwindigkeit liegt bei 300 Zeichen/s bzw. 2400 bits/s.

Teletex-Station Möglichkeit der Texterfassung als auch Texte zu senden bzw. zu empfangen. Die Mindestausstattung: eine Tastatur, ein → Drucker und ein Sende-/Empfang-Speicher.

Teletext Ein britisches System zur Übermittlung von begrenzten → Datenbankinhalten im Einwegverkehr auf drahtlosem Wege (oder über Kabel) auf die → Bildschirme von entsprechend ausgerüsteten Fernsehgeräten.

Telex Telegraph Exchange. Bezeichnung für den internationalen Fernschreibverkehr. Übertragungsgeschwindigkeit 50 Zeichen/s mit beschränktem Zeichenvorrat.

Telexnetz Wählnetz mit einer Übertragungsgeschwindigkeit von 50 → bits/s → asynchron im Start/Stop-Verfahren. → Halbduplexbetrieb.

Tellurschicht Dient zur Erhöhung der Oberflächenhärte eines → Datenträgers. Tellur ist ein halbmetallisches Element. Der → Laserstrahl brennt die → Rillen ein.

Temporärer Datenträger → Magnetband.

Terminal → Datensichtgerät oder → Display oder → Monitor. Gerät zur Sichtbarmachung von bereits verarbeiteten → Daten.

Terminal Server Steuer- und Bedieneinheit mehrerer Datenendgeräte.

Terromagnetisch Terromagnetisches Material ist eine Verbindung aus Gadolinium, Eisen und Kobalt. Beschichtung von → Datenträgern.

Tertiärspeicher Streifen- und → Magnetspeicher.

Testen Heraussuchen und Richtigstellen von Programmfehlern eines → Rechners.

Text Die in der internationalen Standardisierung verbindliche Definition lautet, daß Faksimile, Videotext, Grafik und Schriftsatz als Text bezeichnet werden.

Textaufbereitung Dazu zählen: Lesen, Editieren, Formatieren, Darstellen, Kopieren, Reorganisieren, Qualifizieren, Einordnen und Wiederfinden.

Textausgabe Kann z. B. über eine oder mehrere → Anlagen erfolgen.

Text Control Textsteuerung. Es können sowohl Text- als auch Steuerungsdaten geändert werden.

Text-Datenseiten Dies sind mit einer Schreibmaschine geschriebene Blätter. Sie enthalten den Text, der eingelesen und wieder ausgegeben werden soll.

Texteingabe Übergabe bereits erfaßter → Daten über einen Leser an den → Rechner.

Texterfassung Entweder im → Online- oder → Offline-Betrieb durch Auswahl geeigneter → Datenträger.

Text/Grafik/Bild-Recorder → Ausgabegerät mit → Laser- oder → CRT-Belichter.

Textnummer Zum schnelleren Auffinden der verschiedenen Texte werden diese mit Nummern versehen. Ein Inhaltsverzeichnis wird auf den → Bildschirm gerufen und die gewünschte Textnummer dann eingegeben.

Textran → Programm für Textausgabe, Erzeugen feiner Linien sowie randscharfer Kanten.

Text-Reader Möglichkeit des Betriebes mit einem → Satzrechner als auch mit Ausgabemedien wie → Magnetband, → Magnetbandkassette.

Textspeicherung Texte werden nach der Verarbeitung abgespeichert, um dann für eine evtl. notwendige Zweitkorrektur oder auch für eine spätere Verwendung abgerufen werden zu können.

Textsystem Tastatur mit speziellen Kommandotasten, → Bildschirm, → Rechner, → magnetisierbaren Datenträgern.

Textverarbeitung Texte werden im → Rechner verarbeitet, daran anschließend erfolgen Textspeicherung und Textausgabe.

Textverarbeitungssystem Vielfalt der Kombination von → Eingabe, → Speicherung und → Ausgabe.

Textverwaltung Direktzugriff und Ansprache der Texte über ein Nummernsystem, Sortierung und automatische Ausgabe, Erstellung statistischer Angaben.

Thermisch Umstrukturieren Durch einen energiearmen Schreibstrahl wird ein Punkt auf einer speziellen Beschichtung erwärmt. Er geht dadurch in eine andere Gefügestruktur über.

Thermisch Verformen Durch die Wärme des → Laserstrahls wird eine kleine Gasblase erzeugt. Das → Licht wird dadurch → diffus reflektiert.

Thermistor → Widerstand, dessen Widerstandswert von der jeweiligen Temperatur abhängig ist.

Thermodrucker Ausgabeeinheit. Schriftzeichenbildung durch eine → Matrix von 5 x 7 Punkten. Die Punktkombinationen werden über eine → Optik in Form von Wärme auf beschichtetes Papier projiziert.

Thermodur-Verfahren Die Offsetdruckplatte wird nach dem Entwickeln für wenige Minuten auf etwa 230 °C erhitzt. Dadurch wird die Auflagenbeständigkeit auf ungefähr das Dreifache erhöht.

ThinkJet Tintenstrahldrucker im Kleinformat.

Time-Sharing-Processing An eine zentrale Großrechenanlage sind über entfernte Datenstationen viele Benutzer angeschlossen. Anteil der Zeitabschnitte: Sekunden oder Bruchteile von Sekunden.

Tintenstrahldrucker → Schnelldrucker zur Korrekturausgabe.

TIPS Text and Image Processing System. Komplettsystem für Text, Bilder, Logos.

TIPSNET Lokales Kommunikationsnetz.

Titelsatz Herstellung von Überschriften (Headlines) mit einem → Fotosetzgerät.

Titelsetzgerät Headliner. Geeignet für kleinere Textmengen. Es kann gestaltend gesetzt werden (Sichtkontrolle).

TMF-Verfahren Fernseh-Zusatzgerät, das Faksimileübertragungen empfängt und mittels Farbdüsen ausdruckt, und zwar schwarz-weiß oder farbig.

Token Komprimierter → Befehl in Kurzform, der → Speicherplatz und Rechenzeit spart. Kontrollinformation, die aus einem Bitmuster besteht.

Token Passing Methode, die den Zugriff durch Sonderberechtigungen im Griff behält.

Tonkorrektur Sie erfolgt in den Bereichen Hochlicht, Mitteltton, Tiefe, Spitzlicht.

Tonwertumfang Differenz der Schwärzung zwischen hellstem und dunkelstem Teil in einem Diapositiv, Dianegativ oder auf einer Aufsichtsvorlage.

TOP Technical Office Protocol. → Software für Lösungen im technischen Bürobereich.

Toray-Platte Wasserlose Offsetdruckplatte.

Touch Screen → Berührungsbildschirm.

TP Teleprocessing. Datenfernverarbeitung.

TPE Total Publishing Environment.

TPI Tracks pro Inch. → Spurdichte bei → Disketten. Sie wird in tpi — 48 tpi, 96 tpi — angegeben.

TPO Type Procesor One.

TPS Technical Publishing Software. Programm für das technische Dokumentationswesen mit Anschlußmöglichkeit eines Schwarzweiß-Scanners.

Trace → Spur. Ablaufverfolgung eines Rechnerprogramms. Dient der Fehlersuche im → Programm, da jeder Speicherabschnitt protokolliert wird.

Trägerwelle Beeinflußte → Schwingung oder → Impulsfolge. → Lichtstrahlen, z. B. → Laser werden zum Übertragen von Signalen oder Nachrichten eingesetzt. → Modulationsschwingung.

Transceiver Sender-Empfänger-Baustein. Bindeglied zwischen → Koaxialkabel und Arbeitsstation.

Transferrate Übertragungsgeschwindigkeit in → KB/s oder → MB/s von → Speichern zum → Rechner.

Transistor → Halbleiter-Bauelement, bestehend aus drei Schichten von unterschiedlichem Leitwert, und zwar → Basis, → Emitter und Collector. Bauteil einer → EDV-Anlage. Wird als Verstärker, Gleichrichter, Schwingungserzeuger und als → elektronischer Schalter eingesetzt.

Transmittieren Durchdringen. Übertragen, übersenden.

Transparenz Maß für die Lichtdurchlässigkeit. Verhältnis der durchgelassenen zur aufgestrahlten Lichtmenge.

Transportables Interface Kann durch Kabel an jedes beliebige Büro-Text-System angeschlossen werden.

Transportbefehl Er bewegt sowohl die → Daten als auch die → Befehle selbst innerhalb einer → Anlage.

Transportlochung Transportspur im → Datenträger Lochstreifen.

TRC Text to Raster Converter. Umwandler.

TRD Typenraddrucker. Ausgabegerät.

Trennfuge Trennkommando, das manuell eingegeben wird und in der Hierarchie über der automatischen → Silbentrennung steht. Damit lassen sich unschöne oder sinnstörende Trennungen durch das → Programm vermeiden.

Trennstelle An dieser Stelle wird ein Wort durch die automatische → Silbentrennung getrennt.

Trinitronröhre Die Schlitzmaske ist durch ein Gittersystem ersetzt. Diese Röhre ist sehr lichtstark.

Triple Bildverarbeitungssystem mit → Scanner, Make-up-Station, Proof-Printer und Pagesetter.

Trockenretusche Die Retusche erfolgt durch partielles Überbelichten beim Kopieren gerasterter Farbauszüge, wobei der zu korrigierende Bereich mittels einer → Maske lokalisiert wird.

Trommelscanner Eine → Durch- oder → Aufsichtsvorlage wird auf eine Trommel gespannt. während des Abtastvorgangs dreht sich die Vorlagenwalze. Der → Abtastkopf nimmt auf einer Schraubenlinie nacheinander die Bildinformationen auf.

TTL Through The Lense. Durch das → Objektiv wird über ein Kontrollsystem eintreffendes → Licht gemessen.

TTL-Technik → Transistor-Transistor-Logik. In vielfacher Art auf → integrierten Schaltkreisen zu finden.

TXL4 Seitenleser für das Eingeben von Dokumenten in Rohfassung, die dann über ein → Setzsystem als Druckerprotokoll oder → Belichtung ausgegeben werden.

Typenraddrucker Wird zur Textausgabe direkt an die → Anlage angeschlossen. Jedes Typenrad enthält, unabhängig von der verwendeten Schriftart,

89 bis 96 unterschiedliche Zeichen.

Type Server Steuer- und Bedieneinheit zur Bereitstellung von Schriften für einen → Job bei Satzbelichtern.

TypeSet → Programm für → PCs in der → Programmiersprache »C«. Das Softwarepaket besteht aus den Anwendungen Satzerfassung, → Fremddatenübernahme, Korrekturlesen, Ausschließen, Umbruch und Anschluß an ein → Setzsystem.

Typographer Gestaltungsprogramm für Personal-Computer.

Typografische Befehlssprache Textzeichen wie Buchstaben, Ziffern und Sonderzeichen sowie Satzanweisungen.

Typoscript Weißes Papier mit → OCR-lesbaren Schriften für die → Eingabe in → Lesemaschinen zur → Texterfassung auf → Datenträger.

Typoscript-Korrektur Einfügungs-Korrektur, die von der → Lesemaschine automatisch erfaßt und ausgeführt wird.

Typotext Texterfassungssystem über → Personal-Computer.

Tyxset Technisch-wissenschaftliches → Programm.

U

Übersetzer → Fliegender Akzent, der mit beliebigen Buchstaben kombiniert werden kann.

Übersetzerprogramme Sie haben die Aufgabe, die → Programmiersprache (Kunstsprache) in die Sprache des → Rechners umzusetzen.

Übertragen Tätigkeit einer → EDV-Anlage oder eines → Satzrechners, und zwar dann, wenn verarbeiteter Text in einem → Datenträger direkt an eine → Belichtungseinheit oder auch auf einen → Speicher übertragen wird.

Übertragungsarten → Simplex, halbduplex, vollduplex.

Übertragungsgeschwindigkeit Leistung zwischen zwei über → Netz verbundene → Anlagen in → Bit/s.

Übertragungsrate Angabe der Abgabegeschwindigkeiten von → Datenträgern. So können → Winchester-Festplatten mehrere → MB/s, → Floppies bis 500 → KB/s und → Magnetbänder 100 KB/s abgeben. → Optische Speicherplatten geben bis zu 1 MB/s ab.

Übertragungsweg Leitung zum Austausch von → Informationen und → Daten innerhalb eines Kommunikationssystems.

UCA Under Color Addition. Farbe wird dort unterlegt, wo sie zur Kontrastverstärkung erforderlich ist. Testform zur Festlegung der benötigten Unterfarbenaddition unter der Tiefe.

UCR Under Color Removal. → Unterfarbenbeseitigung. Die → Dichte in den → Farbauszügen wird zurückgenommen, der Schwarzauszug wird verstärkt. Unterfarbenentfernung mittels → Scanner. Regulierbare Farbreduktion.

UDKs User Defined Keys. Frei programmierbare Tasten einer Satzanlage.

UDOS Universal Disc Operating System. → EDV-Betriebssystem. → Daten werden entgegengenommen, aktualisiert, sortiert und → konvertiert.

Ultratec Reprofilme für Strich- und Rasteraufnahmen mit extrem hohem Kontrast. Fixierbad ohne Härterzusatz.

Umfeld Dient zur Schärfensteuerung der → elektronischen Bildherstellung.

Umsetzer Der Umsetzer im → Netz ermöglicht den Zugang zum nationalen und internationalen → Telexdienst.

Unbuntanteil Alle drei Grundfarben des Drucks ergeben Schwarz, wenn sie gleich anteilig übereinander gedruckt werden. Die Nuance ist unbunt. Im Tertiärbereich kommen aber dunkle Töne mit Farbstichen vor (Braun, Oliv usw.). Der Anteil der am wenigsten beteiligten → Grundfarbe ist dann der Unbuntanteil der Farbnuance.

Unbunt-Aufbau Vollständige Entfernung der geringstanteiligen Grundfarbe. An keiner Stelle sind mehr als zwei → Buntfarben und die Tiefe. Sämtliche Farbnuancen werden nur durch zwei der drei Grundfarben erzielt, wenn sie mit Schwarz abgetönt werden. Die Farbschicht wird dadurch dünner.

Unbunte Farben Weiß, Grau, Schwarz.

Unbuntverfahren Der tertiäre Farbbereich wird nur mit zwei → Grundfarben und Schwarz ermischt. Dieses Verfahren setzt eine hochentwickelte Scannertechnologie voraus. Die Reprokamera kann dafür nicht verwendet werden.

Unicom → Multi-Interface für jede Art von → Datenträger.

Universalrechner Alle → Rechner für kommerzielle und private Bereiche. Die → Konfiguration legt den Verwendungszweck fest.

Unit Einheit, Festausschluß.

Unix Betriebssystem für grafische → Workstations. → Floppy Disc-orientiert.

Unjustified Endloser, nicht ausgeschlossener Text.

Unscharfmaskierung Scannereinstellung. Optisch-elektronischer Effekt, der die scheinbare Schärfe eines → Bildes steigert. Übertreibung der Kontur eines Bilddetails.

Unshift Stellung der Tastatur für Gemeine.

Unterfarbenbeseitigung Der Regler an einem → Scanner verringert die Schwärzung der

Farbtrennungen in den neutralen Schattenpartien gleichmäßig in allen drei Farbkanälen.
Unterprogramm Teilprogramm, das während des Hauptprogrammablaufs öfters durchlaufen wird. Es dient dazu, mehrfach benötigte Programmteile nur einmal zu → programmieren und abzuspeichern.
Untersetzer → Übersetzer.
Updaten Auffrischen variabler Steuerinformationen.
Upper Rail Auszeichnung im Text.
User System- oder Arbeitsplatzeinheit-Benutzer.
USM → Unscharfmaskierung bei der → Scannertechnik.
UST Universal String Translator. → Programm für die → Konvertierung von Zeichen und/ oder → Befehlsketten.
Utility Nutzbarmachung. Anwendungsfähigkeit eines → Systems.
UX Imagesetter Ausgabeeinheit mit Infrarot-Laserdiode als → Lichtquelle. Belichtet werden Texte, Grafiken, Spezialeffekte und → Raster.

V

V Abbildungsfaktor.
Vakuumröhre → Elektronenröhre.
Valenzelektron Die zur Elektrizitätsleitung notwendigen → Elektronen, die der äußersten Schale der Elektronenhülle entstammen.
Variable Befehle Sie werden durch Kennbuchstaben angewählt, denen eine → Parameterangabe in Zahlenwerten folgt.
Variable Daten Zuordnung von Seiten zu den am → Bildschirm aufgebauten Ausschießschemata.
VCS View Control System.
Das Gerät mißt und vergleicht die Signale, die den → Cursor in Bewegung setzen.
VD Vektordaten.
VDR Voltage Dependent Resistor. Widerstand für unterschiedlich große elektrische → Spannungen.
VDT 500 Spezieller → Personal-Computer für Satzaufgaben.
VDT 500 Portable Tragbare Version des Satz-Personal-Computers.
VDT-Prinzip → Video Display Terminal. Visuell-optische Methode.
Vector → Speicher für viele gleichartige → Daten unter einem gemeinsamen Namen.
Vektor Verbindungslinien beim → Lichtsatz. Die Kontur eines Zeichens wird durch Begrenzungspunkte definiert. Diese werden durch vertikale Linien miteinander verbunden und erzeugen so den Umriß eines Zeichens.
Verarbeitung In einen → Rechner eingegebene → Text-/ Bilddaten werden → interaktiv oder automatisch aufbereitet, abgespeichert, ausgegeben.
Verarbeitungsebene Nach Wichtigkeit festgelegte Verarbeitungsschritte von Anwenderprogrammen.
Verarbeitungsprogramm Befristeter Bestandteil einer → Anlage.
Verbindung Vorübergehende Zusammenfassung von → Gruppen und Blöcken, um gemeinsame Verschiebungen oder Änderungen vorzunehmen.
Verbundsystem In einem solchen → System sind alle Geräte über Kabel verbunden. Unbegrenzt ausbaufähig. Die Geräte und Anlagen dieses Systems werden als System-Konfiguration bezeichnet.
Vergleich Es besteht die Möglichkeit, den → Bildschirm eines → EBV-Systems in zwei Hälften zu teilen. Damit kann dasselbe Bild jeweils vor und nach der Bearbeitung gleichzeitig dargestellt und verglichen werden.
Vergleichen Eine Tätigkeit, die eine → EDV-Anlage ausführen kann. Bestimmte Bedingungen sind dabei zu überprüfen.
Vergleichsbefehl Während des gesamten → Ablaufs eines Programms sind immer wieder → Vergleiche erforderlich, mit denen zwischen zwei Möglichkeiten entschieden werden kann.
Vergütung Linsenflächen, die gegen Luft stehen, werden mit einem Blaubelag vergütet (Reflexschutzschicht). → Reflexe werden unterdrückt.
Verringern Die Zeile wird durch Verringern der Wortzwischenräume auf die gewünschte Breite gebracht.
Verteilte Intelligenz Zentralrechnerunabhängigkeit durch Bildschirmarbeitsplätze mit eigenen → Rechnern und individuell ladbarer → Software.
Vertikale Software → Programme für Problemaufgaben, die mit branchenüblicher → Software unlösbar sind.
Vertikaler Raumbedarf Messen einer Schrift von der Oberbis zur Unterlänge, zuzüglich eines gewissen Leeraumes ober- und unterhalb des Zeichens.
Vertikalkamera → Reflektiertes oder → transmittiertes → Licht fällt senkrecht in ein Spiegelsystem; von dort wird es waagerecht weitergeführt.
Verzweigen Programmverzweigung im → Programmablaufplan.
Verzweigte Struktur Die Anweisung wird in Abhängigkeit zur vorausgestellten Bedingung ausgeführt.
Video-Ausgang Ausgangsbuchse von → Rechnern ohne eigenen → Bildschirm.
Videobandbreite Liegt gegenwärtig bei 5 → Megahertz.

Video-Display → Bildschirmgerät.
Videokamera Aufzeichnungsgerät in → Bildbearbeitungssystemen für farbige → Halbtonbilder. Die → Bilddaten werden als → Bildpunkte im → System gespeichert. Die Aufzeichnungsfeinheit ist grober als die eines → Scanners.
Videomixing Verbund zwischen → Bildplattensystem und → Bildschirmtext.
Video-Online-Verbindung Direkte Verbindung, z. B. zwischen einer Redaktion und der Verwaltung.
Video-Schreibmaschinen-Terminal → Bildschirmgerät für Rundfunkanstalten und Presseagenturen.
Videotex Internationale Bezeichnung der Übertragung von Texten und Grafiken über Farbfernsehgeräte.
Videotext → Teletext.
Vidikonröhre Das Prinzip einer Fernsehkamera, die Hell-Dunkel-Signale registriert und an die → CRT-Schreibröhre weitergibt. Möglichkeit der Umkehrung → Positiv/Negativ.
Viewdata Das von der britischen Post entwickelte System zur Übermittlung von → Datenbankinhalten im Einweg- und Zweiwegverkehr über Telefonleitungen auf die → Bildschirme von entsprechend ausgestatteten Fernsehgeräten.
Viprint Kombination aus → Densitometer, → Interface und → Printer.
Virtuelles Bild Scheinbares, nur gedachtes Bild bei der optischen Abbildung. Im Gegensatz zu reellen Bildern nicht abbildbar.
Virtuelle Speichertechnik Simulation von → Arbeitsspeichern, die zur Erweiterung realer → Speicherkapazität eingesetzt wird.
Visor MS Laserfotografisches Bildwiedergabegerät. Bei diesem Verfahren werden alle Video-Informationen, die ein → Analog- oder → Digitalsystem liefert, verarbeitet.
Vista III Konsole zur Gestaltung von Layouts.
Vistor Elektronisches → Layoutsystem zur Gestaltung von Text und Bild.
Visualizer Gerät zur optischen Kontrolle zuletzt getasteter Zeichen und Kommandos.
VLP Video Long Play. Ein → Laserstrahl tastet berührungslos die Informationsspur (→ Pits) ab und wird in den Vertiefungen durch die Kantenbrechung → diffus reflektiert. Ermöglicht rechnergestützten → Zugriff auf jedes Einzelbild.
VLSI Very Large Scale Integration. Bis zu 1 Million → Transistorfunktionen auf einem → Siliziumplättchen.
Vollduplexkanal Datenübertragung in beide Richtungen (Terminal — EDV — Terminal) erfolgt gleichzeitig.
Volt Einheit der elektrischen → Spannung.
Vorauskorrektur Korrektur vor Eintritt der Textdaten in das eigentliche → Satzprogramm.
Vorbreite Leerraum vor dem Bild eines Zeichens.
Vorder-/Hintergrund-Verarbeitung Sie gleicht die Unterschiede im Ablauf zwischen der Arbeit des Bedieners und der Rechenzeit des → Rechners aus. Vordergrund ist die Tastatur mit → Bildschirm, Hintergrund ist der → Belichter.
Vorgabe Richtlinien zur Herstellung maschinengerechter Andrucke: Auflagenpapier, Andruckfarben, Druckreihenfolge, Dichtemessungen, Kopiekontrolle, Rasterweite, → Rasterwinkelungen.
Vorkorrektur Korrektur vor Verarbeitung des Textes im → Rechner. Es muß eine → Klarschrift oder eine Schnelldrukkerausgabe → (Protokoll) des gesetzten Textes vorhanden sein.
V 24-Schnittstelle Bei fast allen Setzsystemen vorhanden. Sie ermöglicht ohne zusätzlichen Konverter die → Datenübernahme aus Bürotextsystemen.
VTX Videotext. Schmalbanddienst. Einwegregelung vom Sender zum Empfänger ohne Möglichkeit eines Dialoges.
Vtx-Seite Tafel. Diese besteht aus 24 Zeilen zu je 40 Zeichen. Übertragungsrate ist 4 Tafeln/s.

W

Wafers → Siliziumscheiben.
Wafertape Mini-Magnetbandkassette bis 48 → KB.
Waiting Warten auf → Belichtung.
Walzendrucker → Ausgabe-Einheit. Die Typenwalze trägt auf ihrem Umfang für jede Schreibstelle einer Zeile einen vollständigen Zeichensatz und rotiert ständig in gleicher Richtung.
WAN Wide Area Network. Betriebsübergreifende → Breitbandnetze.
Warteschlange Zu belichtende → Dateien werden unter Angabe ihres Namens, ihrer Herkunft, ihres Ziels und einer Option eingeordnet.
Wash-Off-Film Auswaschbare → Emulsionsschicht mit anderem Aufbau als der Silberfilm. An bildfreien Stellen hat die Oberfläche keine → Emulsion mehr. Auf diesen Stellen kann dann gezeichnet werden.
Wechselstrom Die Richtung des → Stroms wechselt 100mal in der Sekunde. Der → Elektronenstrom bewegt sich dabei 50mal hin und zurück (50 → Schwingungen/s).
Weißfarben Im Farbauszug alle Farben, die wie das weiße

Feld der Farbkontrollkarte wiedergegeben werden sollen.
Weißlicht-Transmissions-Hologramm Beleuchtung mit Punktlicht.
Wellenlängen Sichtbares → Spektrum des Lichts: Rot 780 — 650 nm, Orange 650 — 590 nm, Gelb 590 — 540 nm, Grün 540 — 490 nm, Blau 490 — 430 nm, Violett 430 — 380 nm.
Widerstand Bewegungshemmende Kraft, mit der in einem geschlossenen → Stromkreis den fließenden → Elektronen entgegengewirkt wird. Er erfüllt zwei Aufgaben, und zwar Begrenzung der → Stromstärke und Steuerelement in → elektronischen Schaltungen.
Width → Dickte.
Winchester-Platte Festplatte mit Übertragungsquoten von mehreren → Megabytes/s. → Datenspeicher.
Winchestertechnologie Starre → Magnetplatten mit hoher → Speicherdichte sind gemeinsam mit Magnetköpfen in einem Gehäuse untergebracht.
Window-Technik Sie ermöglicht die Erledigung von unterschiedlichen Arbeiten in sogenannten → Fenstern, die einzeln oder gleichzeitig auf den → Bildschirm geholt werden können.
WOLF Wash Off Line Film. Steilarbeitender Auswaschfilm für Ganzseitenaufnahmen.
Word Processing Typewriter Schreibmaschine für Büro-Textverarbeitung.
Workstation → Text- und Bildbearbeitungssystem in Verbindung mit → Scannern, → Videokameras und → Farbmonitoren.
Wortbalkentechnik Bildschirmdarstellung. Einzelne Buchstaben werden zum Wort addiert und dann als geschlossenes Feld dargestellt.
Wortnumerierung Die Numerierung des Textes dient der Übersicht und ist eine Hilfe, um langwieriges Aufzählen zu vermeiden oder zu verkürzen.
WPS Workstation Publishing Software. → Programm für den Bürobereich.
WYSIWYG What you see is what you get. Bezeichnung für originalgetreue → Bildschirmdarstellung.

X

Xerografischer Drucker Elektrostatischer → Schnelldrucker für die Ausgabe von Texten und Grafiken.
Xerox Elektronisches → Laser-Drucksystem 9700, mit dem Formulare elektronisch konzipiert, gespeichert und beidseitig bedruckt werden.
XICS → Softwarepaket für Satz- und Umbruch.
XNS Xerox-Netzwerk-System.
Xon/Xoff Variante des Start/Stop-Betriebes bei → V24-Schnittstellen. Erfordert den Voll-Duplex-Betrieb.
XVC2 → Interaktives Gestaltungsterminal mit eigenem → Satzrechner für typografische Textbearbeitung.
Xygraphix → Workstation, mit der sich → CAD- und gescannte Strichzeichnungen → interaktiv vergrößern, verkleinern, beschneiden und mit Text kombinieren lassen. Eignet sich zum → interaktiven Seitenumbruch.
Xyvision System für die → Integration von Grafiken, Text und Bild. Text-/Bildverarbeitung.
XyWrite → Personal-Computer-Textverarbeitungsprogramm.
X2 Universeller Zoom-Kopierer für Formatgrößen A 5 bis A 3.
X. 21/X.25 International empfohlene → Schnittstellen für Datenendgeräte zum Datenaustausch.

Y

Yes → Personal-Computer als 16-Bit-Rechner.

Z

Zeichen Charakter. Auf → Schriftbildträgern oder → digitalisiert.
Zeichendichte Die Informationsdichte auf dem → Datenträger → Magnetband, gemessen in → Zeichen/cm.
Zeichengenerator → ROM im → Drucker oder → Bildschirm.
Zeichenketten-Konvertierung → Zeichenketten von bis zu 50 Zeichen bzw. → Codes können in andere umgewandelt werden.
Zeichenvorrat Gesamtanzahl der zur Verfügung stehenden Zeichen eines → Schnelldruckers.
Zeichen/Zoll Maßeinheit für Schreibschritte von → Schnelldruckern.
Zeilenbalkendarstellung Bildschirmdarstellung. Die Balkenlänge entspricht jeweils der tatsächlichen Zeilenlänge.
Zeilendrucker Schnelldrucker für die zeilenweise Protokollausgabe.
Zeilenschaltung Abstand der Zeilen im Text von → Schriftlinie zu Schriftlinie in Millimetern.
Zeilenspeicher Teil des → Rechners, der die getasteten und belichteten Zeilen abspeichert.
Zeilensprungverfahren Das aus 625 Bildschirmzeilen bestehende Fernsehbild wird 25 mal pro Sekunde ausgesendet. Damit wird eine Bewegung vorgetäuscht. Das gesamte Bild wird in zwei Halbbilder zu je 22 Zeilen zerlegt.
Zeilenvorschub Abstand von

→ Schriftlinie (untere Begrenzung der Mittellängen) zu Schriftlinie.

Zeit-Gamma-Kurve Auf der → Abszisse eines Koordinatensystems werden die Entwicklungszeiten und auf der → Ordinate die → Gammawerte aufgetragen.

Zeitmultiplexverfahren Der Datentransport erfolgt ausschließlich → digital innerhalb eines festgelegten Zeitraumes.

Zentraleinheit Sie besteht aus den drei Grundeinheiten → Steuerwerk, → Rechenwerk, → Hauptspeicher.

Zerstreuungslinse → Konkavlinsen, die in der Mitte dünner sind als am Rand. Bikonkav, plankonkav, konvexkonkav.

Zoom Vergrößerung oder Verkleinerung einer Abbildung auf dem → Bildschirm. Zusatzobjektiv bei → Fotosetzgeräten.

Zugriff Im → Arbeitsspeicher kann jeder beliebige Absatz eines Textes direkt erreicht werden.

Zugriffsarm Mit diesem Teil eines → Magnetplattenspeichers wird auf eine Platte geschrieben, aber auch von einer Platte gelesen.

Zugriffszeit Zeitspanne zwischen Aufruf einer → Speicherstelle und dem Ende eines Schreib- und Lesevorganges.

Zusatzspeicher Externes Speichermedium, das den Standardspeicher ergänzt.

ZVE Zentrale Verwaltungs-Einheit. Verwaltung und Organisation — Steuerung des → Datenflusses — Ausgabesteuerung — Steuerung des Datenverkehrs zwischen zwei ZVE.

Zwischenraum Unbeschriebener Teil auf einem → Magnetband, der wegen der Anlauf- und Bremswege notwendig ist.

Zwischenspeicher → Magnetisierbare Datenträger, auf denen → Daten und → Informationen zur Weiterverarbeitung abgelegt werden.

Zyklische Struktur → Schleife. Eine Bedingung wird mehrfach durchlaufen. Es erfolgt ein Rücksprung vor die Bedingung.

Zykluszeit Die Zeit, die nötig ist, um vom → internen Speicher ein einzelnes → Zeichen für die → Ein-/Ausgabesteuerung verfügbar zu machen.

Zylinder Kreisförmige → Spuren einer Plattenseite mit gleichem Abstand zur Rotationsachse. Spuren, die in einem → Magnetplattenstapel untereinander liegen.

Quellennachweis

Für das ausführliche Informationsmaterial und die Fotos dankt der Verfasser den nachfolgend alphabetisch aufgeführten Unternehmen:

Agfa-Gevaert N.V., Mortsel, Belgien, 1986
Bacher GmbH, Warmlingen-Tuttlingen, 1986
Compugraphic Deutschland GmbH, Langen, 1986
Crosfield Electronics Ltd., Hemel Hempstead, England, 1986
Dainippon Screen MFG Co Ltd., Kyoto, Japan, 1986
Dr.-Ing. Rudolf Hell GmbH, Kiel, 1986
H. Berthold AG, Berlin, 1986
Linotype GmbH, Eschborn bei Frankfurt, 1986
Miles33, Bracknell, England, 1986
Monotype Corporation, Salfords Redhill, England, 1986
Scangraphic Dr. Böger GmbH., Wedel/Hamburg, 1986
Scitex Corporation, Herzlia, Israel, 1986

Fachliteratur

Fachliteratur über elektronische Bild- und Textverarbeitung, über Reproduktion und Fotosatz, aber auch über alle anderen Bereiche der Druckindustrie finden Sie — und zwar immer nach dem neuesten Stand — in der Bibliografie »Lieferbare deutschsprachige Fachliteratur Druckindustrie und Randgebiete«. Mehr als 1300 Titel werden mit ausführlichen bibliografischen Daten und Kurzbeschreibungen vorgestellt. Dieses bibliografische Verzeichnis erhalten Sie kostenlos und unverbindlich bei Ihrem Buchhändler oder — wenn dort nicht vorrätig — vom Buchdienst B + S, Postfach 1668, D-2210 Itzehoe.